本书受中南财经政法大学出版基金资助

中南财经政法大学
青年学术文库

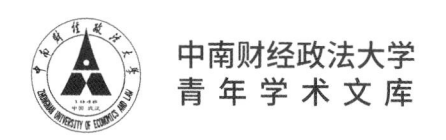

李燕媛 ○ 著

上市公司"管理层讨论与分析"信息披露问题研究

"Management's Discussion and Analysis"
Information Disclosure of Listed Companies

中国社会科学出版社

图书在版编目（CIP）数据

上市公司"管理层讨论与分析"信息披露问题研究 / 李燕媛著. —北京：中国社会科学出版社，2018.8
（中南财经政法大学青年学术文库）
ISBN 978 - 7 - 5203 - 2348 - 2

Ⅰ.①上⋯ Ⅱ.①李⋯ Ⅲ.①上市公司—会计分析—研究—中国 Ⅳ.①F279.246

中国版本图书馆 CIP 数据核字（2018）第 075698 号

出 版 人	赵剑英
责任编辑	徐沐熙
特约编辑	杨 莉
责任校对	王奉先
责任印制	戴 宽
出　　版	中国社会科学出版社
社　　址	北京鼓楼西大街甲 158 号
邮　　编	100720
网　　址	http://www.csspw.cn
发 行 部	010 - 84083685
门 市 部	010 - 84029450
经　　销	新华书店及其他书店
印刷装订	北京君升印刷有限公司
版　　次	2018 年 8 月第 1 版
印　　次	2018 年 8 月第 1 次印刷
开　　本	710×1000　1/16
印　　张	19.75
插　　页	2
字　　数	304 千字
定　　价	68.00 元

凡购买中国社会科学出版社图书，如有质量问题请与本社营销中心联系调换
电话：010 - 84083683
版权所有　侵权必究

《中南财经政法大学青年学术文库》
编辑委员会

主　任：杨灿明

副主任：吴汉东　姚　莉

委　员：（按姓氏笔画排序）

　　　　朱延福　朱新蓉　向书坚　刘可风　刘后振

　　　　张志宏　张新国　陈立华　陈景良　庞凤喜

　　　　姜　威　赵　曼　胡开忠　胡贤鑫　徐双敏

　　　　阎　伟　葛翔宇　董邦俊

主　编：姚　莉

序

人类社会信息文明所带来的会计环境的巨大变化对现行财务报告体系提出了严峻挑战，其历史的、程序化的财务报表数据已很难完全满足大经济和虚拟经济的需要。在这一背景下，系统研究"管理层讨论与分析"（Management's Discussion and Analysis，MD&A）信息披露基本理论与实践，以及如何优化我国上市公司 MD&A 信息披露制度安排以增强财务报告的有用性，不仅仅是市场经济和资本市场发展中迫切需要解决的现实问题，更是一个从理论上亟待深入与系统研究的重大课题。

本书瞄准 MD&A 信息披露的国际最新动态，立足我国 MD&A 信息披露理论与实践双重匮乏的现实，坚持规范研究和实证研究相结合、宏观分析和微观分析相结合、制度理论和上市公司实践相结合的原则，综合运用规范分析、比较研究、案例研究、问卷调查和经验实证等多种研究方法，主要研究解决了以下六个问题。

第一，MD&A 信息披露的理论基础研究。资本市场效率、投资者保护和企业社会责任等理论是对 MD&A 信息披露制度的宏观观照，企业理论和财务报告目标理论则说明了 MD&A 信息披露产生与发展的内在机理，进而共同阐释了 MD&A 信息披露制度安排的重要意义，共同构成了其深厚的理论基础。MD&A 信息披露不仅仅是一个财务与会计问题，更是一个经济学与管理学问题。从经济学角度看，MD&A 信息披露制度安排宗旨不仅在于为资本市场提供增量决策有用信息，而且在于更清楚地反映企业受托责任及其履行情况，更好地维护产权主体的权益。因而，研究 MD&A 信息披露问题不能囿于资本市场。从管理学角度看，MD&A 信息披露有助于改善公司治理，是公司经营管理、危机管理、投资者关系管理与声誉管理的得力工具，也是披露重要社会责任信息的有效平台。这是MD&A信息披露对微观经济组织的重要作用。从宏观层面看，MD&A所提供的大量信息一方面有助于优化经济决策，实现稀缺资源的优化配置；另一方面，它还有助于保护利益相关者的信息知情权尤其是弱势主体的信息知情权，有利于实现公平披露。

第二，MD&A的概念、披露目标、质量要求、主要内容和信息鉴证这五个基本理论问题。"分析性""前瞻性"和"立足管理层视角"是MD&A信息的本质所在，也是它和财务报表与其他报告方式最关键的区别，这决定其披露要求与以财务报表信息为基础提出的会计信息质量特征有差异，因而有必要另行规范；MD&A信息披露的根本目标则在于提供决策有用信息和全面反映受托责任，无论是从需求内容还是需求强度看，投资者都是其主要需求主体，应首先关注他们的信息诉求；目前，我国已初步形成了一个较为完整的MD&A信息披露内容框架，根据新会计准则的要求，还纳入了公允价值和特殊目的主体等特色内容，但在部分财务信息、重要关系、无形资产、前瞻性信息等披露方面还存在诸多不足；MD&A信息鉴证十分必要，但其理论与实践面临许多难点，我国MD&A信息鉴证尚处于理论薄弱、实践缺失状态。

第三，MD&A信息供应链的解构与分析。MD&A信息披露规范、相关公司治理与内部控制、信息鉴证、信息解析和信息披露监管共同构成了MD&A信息供应链，必须以系统的观点看待MD&A信息披露质量问题。MD&A信息披露质量和一国MD&A信息披露制度的发展演进水平，不仅取决于供应链各环节的质量与发展水平，更取决于各环节的相互配合及综合效率。从这一角度看，美国MD&A信息披露制度也并非无懈可击，尽管其每个环节都相对成熟，但各环节之间却相互脱节，从而影响了MD&A信息披露质量，一系列MD&A诉讼案便是例证。我国MD&A信息披露制度经历了从无到有、从原则到规则的发展过程，既借鉴了国际尤其是美国MD&A信息披露制度的先进经验，也结合了中国实际，但目前最突出的问题则在于仅仅制定了一些未成体系甚至相互冲突的披露规范，而其他环节或十分薄弱或严重缺失。

第四，从会计信息用户视角对MD&A信息披露现状和鉴证相关问题的问卷调查。以会计师事务所任职的审计师为调查对象，从审计师对

MD&A 的认知、对 MD&A 信息披露现状和影响因素的看法以及对 MD&A 鉴证的需求与态度等多个方面进行了较为全面和系统的调查。调查发现，当前环境下我国 MD&A 信息披露与鉴证至少存在五个主要问题：会计信息用户普遍缺乏对 MD&A 的必要了解；审计师在报表审计中对 MD&A 不够重视；MD&A 信息披露有用性较低，难以激发鉴证需求；MD&A 鉴证实务缺乏统一指导；多重困难妨碍 MD&A 鉴证业务的开展。

第五，MD&A 信息披露质量测评。构建中国上市公司 MD&A 信息披露质量指数，对中国上市公司 2003—2014 年年报中 MD&A 信息披露的总体特征与年度变化趋势以及 MD&A 信息在强制披露与自愿披露、财务信息与非财务信息构成、历史信息与前瞻性信息构成方面的显著特征进行描述。从总体看，中国上市公司 MD&A 信息披露存在"照本宣科""复制粘贴""述而不析"和"偷工减料"四大突出问题，上市公司年报 MD&A 信息披露质量总体偏低，但 2012 年之后呈明显上升趋势，这表明证监会对 MD&A 信息披露要求的细化和强调，显著促进了上市公司 MD&A 信息披露实务。具体而言，从披露程度看，现行 MD&A 信息披露以简单描述和简单定量披露为主，缺乏分析性；从披露方式看，强制性披露内容的准则应付式特征尤为明显，自愿性披露十分匮乏；从信息类型看，财务信息数量与质量水平均显著高于非财务信息，公允价值运用和特殊目的主体等信息披露亟需重点加强；从信息导向看，历史信息数量与质量水平均显著高于未来信息，前瞻性仍严重不足；从披露格式看，表格形式被广泛运用，而图形与色彩应用十分有限。

第六，MD&A 信息披露质量影响因素研究。从宏观层面看，法规环境和市场环境对 MD&A 信息披露影响较大，尤其是 2012 年准则的修订与细化显著促进了上市公司 MD&A 信息披露实务的发展，阶段性特征十分明显；从中观层面看，公司所在行业的竞争程度对 MD&A 各类信息披露质量的影响有一定差异，对 MD&A 强制性信息披露具有一定的正向促进作用，但在一定程度上抑制了自愿性信息披露和非财务信息披露；而外部审计机构的规模和权威性只对 MD&A 自愿性信息披露具有显著促进作用。从微观层面看，主要包括：①未发现"一股独大"显著影响 MD&A 信息披露质量的证据，而第一大股东实际控制人为国有的公司，其 MD&A 总体披露指数和强制性信息披露指数较高。这与深圳交易所关于上市公司治理状况调查分析的结论一致，不支持"股权分散化、民有化是当前控制权归属改革的主要趋势"的流行观点。②我国机构投资者对上市公司信息披露尤其是自愿性信息披露的正向促进作用开始发挥；审计委员会的设置显著促进了 MD&A 披露的总体质量，以及其强制性、非财务信息和前瞻性信息的披露质量；未发现独立董事与 MD&A 信息披露质量显著相关的证据。为此，应进一步推动审计委员会的设置，改革独立董事聘任与报酬机制，强化独立董事职能。③管理层报酬与 MD&A 总体披露指数、强制披露指数及非财务信息披露指数均显著正相关，但其对 MD&A 前瞻性信息披露的影响则为显著负相关，可见，设计"激励相容"的管理层报酬机制仍是未来公司治理改革的重要内容。④上市公司再融资需求对 MD&A 前瞻性信息披露具有显著正向影响，表明上市公司为实施再融资计划和降低融资成本，已开始利用 MD&A 向市场传递信号。此外，还发现公司规模、公司业绩、财务杠杆、并购重组及公司在行业中的市场份额对 MD&A 披露及其强制性披露、自愿性披露、非财务信息披露与前瞻性信息披露具有一定的影响。

最后，本书提出了一系列改进和完善我国管理层评论信息披露制度的针对性建议。

本成果的主要创新和学术价值主要体现在以下三个方面：

第一，跨学科、多角度、整合性的基础理论研究，为全面诠释 MD&A 信息披露提供了较为深厚的理论基础，更重要的是，不拘泥于资本市场讨论 MD&A 信息披露问题，而是从契约、产权和利益相关者角度提升和拓展了 MD&A 信息披露的理论意义。本书致力于经济学、管理学、财务与会计学甚至社会学和伦理学等多学科的交叉研究，综合运用信息不对称、委托代理、契约、产权、利益相关者、EMH、财务报告目标等多种经典理论，并广泛涉猎企业核心能力、新经济社会学企业理论、投资者保护和企业社会责任等新兴理论，基于对企业认识的扩展而渐次展开，兼顾效率与公平及信息供给与需求，将多种理论整合在一定的逻辑框架下，形成了一个较为系统的理论体系。

第二，首次立足国际视角，对 MD&A 的概念与内涵、披露目标与质量要求、信息鉴证等基本理论问题展开研究并进行国际比较分析，提出了"MD&A 信息供应链"的新思路，并据此构建了 MD&A 信息披露质量的系统分析框架。从供应链角度对美国MD&A信息披露制度重新解读与评价，对中国MD&A信息披露各环节全面梳理，以及对德国、加拿大、澳大利亚、IASB相关制度的国际比较与客观评述，不仅丰富了现有研究成果，有助于加深对MD&A信息披露的理解，更拓展了现有关于MD&A信息披露制度源流的认识。

第三，充分考虑现有实证研究的不足，构建MD&A信息披露质量指数，基于2208个样本和78万多个手工收集的数据，采用0—4评分法，从披露数量、披露方式、披露程度、信息类型、信息导向和披露格式6个维度对中国上市公司2003—2014年连续12年MD&A信息披露的准则遵循情况和阶段性特征，以及MD&A中的强制性信息披露与自愿性信息披露、财务信息与非财务信息、历史信息与前瞻性信息披露的基本特征与动态趋势展开全面研究。在此基础上，新增第一大股东持股比例、实际控制人属性、审计委员会设立、融资需求、并购重组、行业竞争度、上市所在地、市场环境与法律环境等变量，从宏观、中观和微观层面综合考察MD&A信息披露总体质量，以及其强制性信息披露与自愿性信息披露质量、非财务信息与前瞻性信息披露质量的主要影响因素，既印证了现有部分研究结论，又得出许多新结论，为提升上市公司MD&A披露质量提供了新的切入点。

本书的应用价值主要体现在以下两个方面：

首先，通过问卷调查和访谈，建立相应的数据库，首次全面掌握我国执业审计师对我国上市公司MD&A信息鉴证的基本态度、专业认识与主要需求，为加强实务监管、制定政策提供了数据支持。在调查和访谈的过程中，也强化和深化了执业审计师对我国上市公司MD&A信息披露制度和MD&A信息鉴证的基本认知与态度。课题组通过手工搜集的78万多个数据，全面系统地展示了我国自引入MD&A以来十余年的信息披露实务情况，可能是目前关于中国上市公司MD&A信息披露质量相对较为全面的数据库，为监管部门和学术界后续研究提供了重要的数据支持，同时，课题组所构建的MD&A质量测评体系以及0—4评分法，也为后续许多研究所引用。

其次，在调查研究和国际比较研究的基础上，课题组结合我国资本市场和会计师事务所发展的具体环境提出了一系列针对性建议，尤其是关于上市公司MD&A信息披露指引的初步设想、前瞻性信息披露免责制度的建立、MD&A 信息鉴证等建议，以及如何判断前瞻性信息披露义务、如何加强 MD&A 的权威性、分析性与可理解性等具体措施，不仅有的放矢，而且具有一定的前瞻性和实务指导性，可供政府部门以后制定 MD&A 信息披露内容与格式准则及鉴证指南参考。事实上，本书在阶段性研究成果中所提出的许多建议（已发表）已经体现到 2012 年和 2014 年准则修订中了（如 2012 年准则已经增加了重要财务指标，以及对收入、成本和研发支出等项目的解释与分析；又如，2015 年年报内容与格式准则就已经把"管理层讨论与分析"从董事会报告中独立出来，既与半年度相一致，又突出了 MD&A 的地位）。

本书系本人博士论文的一部分，也是本人所主持的国家社科基金青年项目"现代企业管理层信息披露质量测评体系的国际比较研究"（项目编号：10CGL010，已结项）的核心研究成果，感谢国家社科基金项目的资助，同时感谢中南财经政法大学学术专著出版基金的资助。课题组主要成员有中南财经政法大学冉明东教授、王惠芳副教授、吴龙庭博士和操巍博士，以及江西财经大学管考磊副教授和郑州航空工业管理学院谢海洋副教授。此外，本人所指导的硕士研究生张蝶、张颖、刘晴晴、吴芳、熊兆慧、贺圆、汪超华、牛文佳、成迎迎、王小琴、刘倩楠、刘琴、周睿、梁培薇、余璐、刘漪源、钱一梅和陈艺丹、周征辉、周楚阳、盖晨馨等，以及本科生孔祥年（现为上海交通大学安泰经济与管理学院硕士研究生）也陆续参与了问卷调查和部分数据评分与整理的基础性工作以及一些拓展性研究工作。在此，一并真诚感谢上述所有老师和同学，他们为本课题付出了辛勤劳动。最后，还需要特别感谢的是，在编著本书的过程中，我的导师，中南财经政法大学会计学院郭道扬教授对本书的构思与写作给予了直接指导和充分关注，并对完成本书予以一贯鼓励；中南财经政法大学会计学院宋丽梦副教授对调整本书写作纲要与内容补充提出了许多宝贵而具体的建议。衷心感谢他们！

由于学识、时间以及所掌握信息资源的局限性，书中定有不少欠妥之处，诚挚欢迎广大读者批评且不吝赐教，以助其不断完善。

李燕媛

2017 年 11 月 28 日于美国

目 录

导 论 …………………………………………………………………… (1)
  一 研究背景 …………………………………………………………… (2)
  二 研究意义 …………………………………………………………… (4)
    （一）现实意义 ……………………………………………………… (4)
    （二）学术意义 ……………………………………………………… (5)
  三 国内外研究综述 …………………………………………………… (6)
    （一）国外研究现状 ………………………………………………… (6)
    （二）国内研究现状 ………………………………………………… (13)
    （三）国内外研究评述 ……………………………………………… (14)
  四 研究目的与方法 …………………………………………………… (16)
    （一）研究目的 ……………………………………………………… (16)
    （二）研究方法 ……………………………………………………… (17)
  五 篇章结构与研究框架 ……………………………………………… (17)
  六 两个基本概念的约定 ……………………………………………… (19)

第一章 MD&A 信息披露的理论基础 ………………………………… (21)
  一 企业理论与 MD&A 信息披露 …………………………………… (21)
    （一）现代企业契约理论 …………………………………………… (22)
    （二）企业能力理论 ………………………………………………… (36)
    （三）新经济社会学企业理论 ……………………………………… (37)
  二 资本市场效率理论与 MD&A 信息披露 ………………………… (39)
    （一）有效市场假说 ………………………………………………… (39)
    （二）MD&A 信息披露的有效市场理论诠释 ……………………… (41)

三　财务报告目标理论与 MD&A 信息披露 …………………… (43)
　　（一）MD&A 信息披露有助于反映受托责任履行情况 ……… (44)
　　（二）MD&A 披露有助于提升财务报告的决策有用性 ……… (44)
四　社会公平伦理与 MD&A 信息披露 ………………………… (45)
　　（一）投资者保护理论 …………………………………………… (45)
　　（二）知情权理论 ………………………………………………… (46)
　　（三）企业社会责任理论 ………………………………………… (46)
五　小结 ………………………………………………………………… (48)

第二章　MD&A 信息披露的基本理论 …………………………… (51)
一　"管理层讨论与分析"的概念与内涵 ……………………… (51)
　　（一）现有相关概念：分析与评价 ……………………………… (51)
　　（二）"管理层讨论与分析"的本质特征与概念界定 ………… (54)
二　MD&A 信息披露的主要目标 ………………………………… (55)
　　（一）财务报告目标：决策有用与受托责任 …………………… (55)
　　（二）我国"管理层讨论与分析"信息披露的目标 …………… (59)
三　MD&A 信息披露的质量要求 ………………………………… (63)
　　（一）MD&A 信息披露质量要求的国际比较与启示 ………… (64)
　　（二）我国 MD&A 信息披露质量要求的界定 ………………… (65)
四　MD&A 信息披露的主要内容 ………………………………… (70)
　　（一）国外 MD&A 信息披露主要内容评介 …………………… (71)
　　（二）我国 MD&A 信息披露内容的最新要求与评述 ………… (78)
五　MD&A 信息鉴证：理论分析 ………………………………… (83)
　　（一）相关概念辨析：鉴证、审计、审阅与审核 ……………… (83)
　　（二）MD&A 信息披露鉴证的必要性及所面临的困难 ……… (84)
六　小结 ………………………………………………………………… (87)

第三章　MD&A 信息供应链解析及国际比较 …………………… (88)
一　MD&A 信息供应链 …………………………………………… (88)
二　MD&A 信息披露规范的国际比较 …………………………… (89)
　　（一）发达资本市场的 MD&A 信息披露规范 ………………… (90)

（二）我国上市公司 MD&A 信息披露规范 ……………………（103）
三　相关公司治理与内部控制 …………………………………（116）
　　（一）相关公司治理与 MD&A 信息披露 …………………（116）
　　（二）相关内部控制与 MD&A 信息披露 …………………（118）
四　"管理层讨论与分析"信息鉴证规范 ………………………（119）
　　（一）美国"管理层讨论与分析"鉴证规范的发展与评述 …（119）
　　（二）其他国家 MD&A 信息鉴证规范 ……………………（123）
　　（三）我国"管理层讨论与分析"信息鉴证规范与相关案例 …（124）
五　"管理层讨论与分析"信息解析 ……………………………（126）
　　（一）证券分析师及其功能 …………………………………（127）
　　（二）专业评级机构及其功能发挥 …………………………（128）
六　"管理层讨论与分析"信息披露监管 ………………………（129）
　　（一）MD&A 信息披露监管模式 …………………………（129）
　　（二）MD&A 信息披露监管内容与手段 …………………（129）
　　（三）前瞻性信息披露监管 …………………………………（133）
七　小结 …………………………………………………………（136）

第四章　上市公司 MD&A 信息披露与鉴证现状的问卷调查 ………（139）
一　问卷设计和调查说明 ………………………………………（139）
　　（一）调查问卷设计 …………………………………………（140）
　　（二）调查对象的基本情况 …………………………………（140）
二　我国 MD&A 信息披露与鉴证现状：基于审计师的调查 ……（142）
　　（一）审计师对 MD&A 信息的基本认知 …………………（142）
　　（二）审计师对目前 MD&A 信息披露现状与影响
　　　　因素的认知 ………………………………………………（144）
　　（三）审计师对 MD&A 鉴证问题的主要态度 ……………（146）
　　（四）审计师对 MD&A 信息鉴证困难及鉴证准则
　　　　制定的认识 ………………………………………………（148）
三　我国 MD&A 信息披露与鉴证存在的主要问题 ……………（149）
　　（一）会计信息使用者普遍缺乏对 MD&A 信息的必要了解 ……（150）
　　（二）审计师对年报中的 MD&A 信息鉴证不够重视 ……（150）

- （三）MD&A 信息有用性不足，难以激发鉴证需求⋯⋯⋯⋯（151）
- （四）MD&A 鉴证实务缺乏统一指导⋯⋯⋯⋯⋯⋯⋯⋯（152）
- （五）多重困难妨碍 MD&A 鉴证业务的开展⋯⋯⋯⋯⋯（152）

四　上市公司 MD&A 信息鉴证难的原因分析⋯⋯⋯⋯⋯⋯（153）
- （一）MD&A 信息鉴证尚处于探索阶段⋯⋯⋯⋯⋯⋯⋯（153）
- （二）我国上市公司尚不够重视 MD&A 信息披露⋯⋯⋯（154）
- （三）审计师主观回避鉴证业务风险⋯⋯⋯⋯⋯⋯⋯⋯（154）
- （四）市场尚难形成 MD&A 信息鉴证有效需求⋯⋯⋯⋯（154）
- （五）MD&A 鉴证缺乏操作指南⋯⋯⋯⋯⋯⋯⋯⋯⋯⋯（155）

五　小结⋯⋯⋯⋯⋯⋯⋯⋯⋯⋯⋯⋯⋯⋯⋯⋯⋯⋯⋯⋯（155）

第五章　沪深 300 指 2003—2014 年 MD&A 信息披露质量测评⋯⋯（156）
一　相关文献回顾与评述⋯⋯⋯⋯⋯⋯⋯⋯⋯⋯⋯⋯⋯⋯（156）
二　研究设计⋯⋯⋯⋯⋯⋯⋯⋯⋯⋯⋯⋯⋯⋯⋯⋯⋯⋯（158）
- （一）研究目的⋯⋯⋯⋯⋯⋯⋯⋯⋯⋯⋯⋯⋯⋯⋯⋯（158）
- （二）样本选择与数据来源⋯⋯⋯⋯⋯⋯⋯⋯⋯⋯⋯⋯（158）

三　我国上市公司 MD&A 信息披露质量指数的构建⋯⋯⋯（160）
- （一）现有衡量 MD&A 信息披露质量的主要方法⋯⋯⋯（160）
- （二）我国上市公司年报 MD&A 信息披露内容的细分⋯（161）
- （三）MD&A 信息披露质量测评体系的构建⋯⋯⋯⋯⋯（162）
- （四）效度与信度检验⋯⋯⋯⋯⋯⋯⋯⋯⋯⋯⋯⋯⋯⋯（168）

四　上市公司年报 MD&A 披露质量现状的描述性统计⋯⋯（169）
- （一）MD&A 总体披露质量⋯⋯⋯⋯⋯⋯⋯⋯⋯⋯⋯⋯（169）
- （二）MD&A 子项目的披露水平⋯⋯⋯⋯⋯⋯⋯⋯⋯⋯（172）
- （三）MD&A 披露的行业差异情况⋯⋯⋯⋯⋯⋯⋯⋯⋯（194）
- （四）MD&A 信息披露分类考察⋯⋯⋯⋯⋯⋯⋯⋯⋯⋯（198）

五　小结⋯⋯⋯⋯⋯⋯⋯⋯⋯⋯⋯⋯⋯⋯⋯⋯⋯⋯⋯⋯（208）

第六章　上市公司 MD&A 信息披露质量影响因素研究⋯⋯⋯⋯（211）
一　文献回顾与研究述评⋯⋯⋯⋯⋯⋯⋯⋯⋯⋯⋯⋯⋯⋯（211）
二　理论分析与研究假设⋯⋯⋯⋯⋯⋯⋯⋯⋯⋯⋯⋯⋯⋯（212）

  （一）公司微观层面 ……………………………………………（212）
  （二）行业中观层面 ……………………………………………（216）
  （三）市场与法律环境宏观层面 ………………………………（217）
 三　研究变量与样本选择 …………………………………………（218）
  （一）样本与数据 ………………………………………………（218）
  （二）变量选择与衡量 …………………………………………（218）
  （三）模型构建 …………………………………………………（222）
 四　统计结果与分析 ………………………………………………（222）
  （一）描述性统计 ………………………………………………（222）
  （二）相关性分析 ………………………………………………（224）
  （三）多元回归结果与分析 ……………………………………（226）
  （四）敏感性测试 ………………………………………………（232）
 五　小结 ……………………………………………………………（233）

第七章　提升上市公司MD&A信息披露质量的建议 ……………（236）
 一　完善"管理层讨论与分析"信息披露的相关法规 …………（236）
  （一）MD&A信息披露法规的协调与统一 ……………………（236）
  （二）MD&A信息披露制度的建设与完善 ……………………（239）
 二　加强"管理层讨论与分析"信息披露监管 …………………（243）
  （一）加强政府对上市公司MD&A披露的检查与监管 ………（243）
  （二）强化上市公司MD&A披露的社会与市场监督 …………（245）
 三　健全上市公司信息披露的内部制衡机制 ……………………（247）
  （一）明确公司各科层的信息披露责任，优化管理层
    薪酬机制 ……………………………………………………（247）
  （二）全面推广审计委员会制度，提高其治理效率 …………（248）
  （三）完善独立董事制度，强化其监督作用 …………………（249）
 四　提高上市公司MD&A信息的编制水平 ………………………（249）
  （一）立足管理层视角，确保MD&A信息的权威性 …………（249）
  （二）加强对报表数据的分析，发挥MD&A的补充作用 ……（250）
  （三）重点关注关键业绩指标，提高MD&A信息的有用性 …（250）
  （四）强化前瞻性信息披露，突出MD&A信息的前瞻性 ……（252）

（五）运用多种披露技术，增强 MD&A 信息的可理解性 ………（255）

总　　结 ………………………………………………………（257）

主要参考文献 …………………………………………………（262）

附录 1　调查问卷 ………………………………………………（276）

附录 2　2003—2014 年年报《内容与格式准则》要求披露的
　　　　MD&A 内容细分 ………………………………………（280）

附录 3　中国上市公司年报 MD&A 信息披露质量测评体系 ………（291）

导　论

随着大科学、大经济与高新技术的发展，现代会计已逐步走向宏观经济世界，其作用已被提高到挽救地球和维护人类生存与可持续发展的高度[1]。然而，现行财务报告体系仍植根于工业经济时代，其历史的、程序化的财务报表数据已很难满足大经济和虚拟经济的需要。加之会计信息使用者同质性假设和现实异质性的矛盾，使会计数据与内化于个体的决策知识之间，以及专业使用者与一般使用者之间难免产生信息鸿沟。这一问题若不高度重视并切实加以解决，长此以往，必将威胁会计信息在宏观与微观经济中的基础性控制地位，甚至还可能演化为社会问题。正是基于这一认识，国内外许多会计理论研究工作者开始尝试推翻和重构现行会计体系，而正如托马斯·库恩（Thomas S. Kuhn）著名的"科学革命的结构"论断所言，新旧范式的更替是一个对"反常"和"危机"的发现、扩展、调整与适应的漫长过程，而且两者之间没有必然的逻辑通路[2]。因而，目前这方面的研究仅限于理论探索，又主要集中在就报表论报表方面，而有关企业现时和未来财务状况与经营业绩的环境信息或多或少被忽视了。

"管理层讨论与分析"（Management's Discussion and Analysis，MD&A）[3]，

---

[1] 郭道扬：《会计史研究》（第三卷），中国财政经济出版社2008年版，第242页。

[2] 即靠旧范式的知识体系推导不出新范式。Thomas S. Kuhn, *The Structure of Scientific Revolutions*, Chicago: University of Chicago Press, 1962。

[3] 中国、美国称为"管理层讨论与分析"（MD&A），德国称为"管理层报告"（Management Report），英国称为"经营与财务评述"（Operating and Financial Review，OFR）。IASB则称为"管理层评论"（Management Commentary，MC）。为便于行文，本书主要使用MD&A，在国际比较部分，针对特定国家则使用各国专属称谓。

作为财务报表的分析与补充,既能对财务报表内的历史财务信息作进一步解释与说明,又能提供公司战略和未来风险等财务报表无法提供却对经济决策至关重要的非财务信息和未来信息,其在提供增量信息、降低代理成本和优化经济决策等方面的重要作用早已为国外诸多实证研究所证实。然而,我国 MD&A 信息披露实践尚处于起步阶段,现有披露规范不断修订,有些甚至相互矛盾和冲突;后续监管与鉴证几乎处于缺失状态。正因如此,我国上市公司 MD&A 信息披露作用十分有限①。新兴市场加转轨经济的披露环境和 MD&A 制度本身的稚嫩使它在中国资本市场不仅"形似神非",远未发挥出如美国等西方国家指出的"心脏和灵魂"②等积极作用,反而成为上市公司"藏污纳垢"的新工具。同时,国内会计学界对 MD&A 信息披露的基本理论研究和实证检验成果也相对匮乏,现有研究既没有一个核心的研究范式,也没有一个完整的、综合的理论体系,难以发挥规范实践的理论指导作用。因此,分别厘清 MD&A 信息披露基本理论与实践问题,以及探讨如何优化 MD&A 信息披露制度安排以增强会计信息有用性,不仅仅是市场经济和资本市场发展中迫切需要解决的现实问题,更是一个从理论上亟待深入与系统研究的重大课题。

一 研究背景

20 世纪 30 年代以来掀起的"第三次技术革命",已对人类社会经济产生了前所未有的强有力冲击,世界经济形势与竞争格局已然呈现许多有别于工业时代的显著特征:信息技术革命已跨越国家和区域界限扩大至全球,世界范围内的产业结构历经大调整,已由加工制造业渐次转向信息技术业,企业组织也逐步由单纯的"经济人"转向"社会人";资本

---

① 李常青、王毅辉等:《管理层讨论与分析:借给投资者的一双"慧眼"》,《上海证券报》2005 年 11 月 24 日 A14 版。该文发现,我国上市公司 MD&A 信息披露"既不能有效解释股价波动,也无法预测公司未来会计业绩"。

② Joe Johnson, "Management's Discussion and Analysis of Financial Condition and Results of Operations", www.goodwinprocter.com, 2003.

国际融通空前活跃，稀缺经济资源争夺战日趋白热化，信息和知识已成为决定社会生产力、竞争力和经济增长的关键因素；各种复杂金融业务和金融衍生工具大量涌现，虚拟资本与虚拟经济形态脱胎于世，更使得全球市场变幻莫测，企业所面临的各种风险与不确定性水平急剧上升。信息时代所带来的上述会计环境的巨大变化对传统会计理论与方法提出了严峻挑战。首先，现行会计系统所提供的信息与当前会计环境已不相适应。现行会计模式是工业时代的产物，虽历经发展与创新，但仍带有工业时代的烙印，重历史信息、财务信息、有形资产和微观信息，而轻前瞻性信息、非财务信息、无形资产和宏观信息。其次，会计信息供求差距加速扩大。一方面，随着会计环境的不断变化和信息使用者需求水平的提高，历史的、程序化的报表数据已无法满足会计信息用户对前瞻性与非财务性信息及难以准确计量的虚拟经济与衍生工具，以及各种风险与不确定信息的强烈需求；另一方面，随着会计业务和会计准则的发展，财务报表日趋复杂和专业化，难以被信息使用者完全理解和吸收，会计信息与使用者的决策需求之间并非完全耦合。最后，资本市场会计信息分化现象日渐突出。会计信息用户因自有禀赋、资本能力、效用偏好、主观概率预期函数，以及私有信息结构的不同，本身就存在信息获取与解析差距，而信息优势方又常常利用其所掌握的私有信息谋取私利，甚至操纵市场，更加剧了信息用户优劣势群体之间的信息分化。上述问题如果不及时应对，不仅会威胁到会计在经济系统中的基础控制地位，而且还可能激化社会矛盾，最终影响社会的安定和谐和国民经济的健康发展。

现行财务报表与生俱来的内在缺陷决定了它无法提供信息用户所需的表外项目、未来风险等大量决策相关信息，但社会各界重点关注的仍然还是财务报表，而关于公司现时和未来财务状况与经营业绩的背景分析、风险揭示及未来展望一直处于被忽略状态。在日益复杂的世界经济和金融环境下，会计信息要在资本市场上真正发挥其作用，必须强调财务报表和其他财务报告并举，两者犹如财务报告的两翼，缺一不可且不可偏废。

作为最典型的其他财务报告——"管理层讨论与分析"，对财务报表专业数据进行了解释和说明，更便于中小投资者理解和接受。此外，它还将未来趋势、风险和持续经营不确定性等纳入披露范围，是财务报表十分有益的补充。尽管其并不能解决所有现实问题，但它在一定程度上既能有效缓解会计信息供求矛盾，又有助于解决资本市场会计信息分化问题。因此，系统研究 MD&A 信息披露问题十分重要。

二　研究意义

（一）现实意义

由于中国新兴市场加转轨经济的特征，前文所述及的现实问题在中国资本市场显得尤为突出，会计信息披露环境十分复杂，主要表现在：一是相当一部分上市公司的"内部控制人"问题仍比较突出，公司高管的权、责和利错配；二是股权高度集中，大股东攫取或侵占中小股东利益问题时有发生，投资者保护机制基本缺失；三是企业金字塔式的官僚制管理模式使得董事会、监事会甚至股东大会形同虚设，加之政府监管、外部审计的不力和机构投资者的不成熟，以及证券分析师、专业评级机构的薄弱，致使公司内部与外部治理机制双重失灵，从而加剧了会计信息异化行为；四是法制尚不健全，执法不力，这助长了部分上市公司的违法违规行为。这些问题已经成为上市公司会计信息披露的掣肘。尽管近年来国务院、财政部、证监会等都将提高会计信息质量、保护投资者利益作为其重要工作，并出台了许多相关措施，但上市公司会计信息质量至今并未得到实质性提高。

"管理层讨论与分析"作为一种文本信息，较之报表数据，其操纵空间更大，手段更为隐蔽，更易成为管理层操纵的对象和工具。因为报表数据的生成和披露受会计准则与制度的严格制约，再经注册会计师的独立审计，大大压缩了管理层可操控的范围，即便如此，会计造假仍屡禁不止。而"管理层讨论与分析"信息披露制度自 2002 年才正式被引入中国上市公司定期报告中，虽然监管部门对其所应披露的主要内容进行了初步规范，但其规范不仅零散、不成熟，有些甚至相互矛盾；相应的日常监管和外部鉴证与监督更处于缺失状态。正因为如此，当前我国上市公司所披露的 MD&A 信息含量有限，其补充作用尚未有效发挥；它对投资者理性决策的促进作用也还不明显，对公司股价的解释作用以及对未来业绩的预测作用均尚未体现出来（李常青、王毅辉等，2005）。信息披露环境的复杂和MD&A信息披露制度本身的不完善使得它在中国资本市场不仅"形至而实不达"，远未发挥出其在发达资本市场的"心脏和灵魂"① 作用，甚至还为部分上市公司所利用，成为公司信息披露印象管理和规避法定审计的工具。在这种背景下，研究MD&A信息生成和保障机制所存在的严重缺陷与问题，具有十分突出的实践价值和现实针对性。这是问题的一个方面。

另一方面，中国正处于经济转型中，大力发展资本市场是经济改革的重要举措。因此，系统研究MD&A披露制度，处理好其在中国资本市场的融合与发展问题，完善现有MD&A信息披露规则和外部监管与内部制衡机制，既有利于规范叙述性报告行为，强化上市公司对会计信息披露的责任，增强财务报告的决策有用性，又有利于缓解会计信息供需矛盾，增强会计信息披露的公平性，切实有效地保护投资者利益；既有利于提高会计信息的国际可比性，更好地服务于中国企业参与国际竞争和融资，又有利于以高成长性与高风险性为典型特征的创业板市场的发展。可见，深入探索MD&A信息披露的生成与保障机制，全面把握MD&A信息披露规范、公司治理与内部控制、审计鉴证制度、社会中介组织等不同要素对MD&A信息质量的影响，以及这些要素之间的内在逻辑关系，是我国市场经济和资本市场发展的客观要求。

（二）学术意义

MD&A信息披露研究作为一个较为小众和边缘的课题，很早就为国外经济学者、会计学者甚至法学研究者所关注，并取得了较多有价值的成果，我国学者关于MD&A信息披露问题的研究成果还相对比较匮乏。加之，现有研究不仅没有一个核心的研究范式，也没有一个完整的、综合的理论体系，而且绝大多数研究还将其囿于资本市场框架内进行分析。事实上，MD&A信息不仅有助于全面反映和监督现实的产权关系，更好

---

① Joe Johnson, "Management's Discussion and Analysis of Financial Condition and Results of Operations", www.goodwinprocter.com, 2003.

地维护和保障所有者权益,而且其披露过程既是反映和监督受托经济责任与管理责任的过程,也是明确与解除或追究受托责任的过程。此外,MD&A 披露也是资本市场证券监管制度,有着一定的社会和法理意义。因此,必须从产权、利益相关者和企业伦理等多个方面对 MD&A 信息披露展开跨学科、全方位的理论研究,方能全面把握 MD&A 信息披露制度安排的重要意义,为后续研究奠定理论基础。而有关 MD&A 的概念与内涵、披露目标与质量要求、主要内容与信息鉴证等基本理论问题,以及从供应链角度对 MD&A 信息披露所进行的系统分析,是研究 MD&A 信息披露制度的理论起点和前提,这些都将为后续研究奠定必要的基础。此外,本书基于内容分析法对我国 MD&A 信息披露内容的细分和质量指数的构建,也可为后续研究提供可供借鉴的思路与方法。

三 国内外研究综述

(一) 国外研究现状

MD&A 信息披露研究最成熟、最系统的首推美国,它积累了许多值得参考和借鉴的研究成果,其他国家如加拿大、英国和德国等也紧随其后。

事实上,美国证券交易委员会(Securities and Exchange Commission,SEC)从 1968 年开始就非常重视 MD&A,先后发布了十几个解释性指南,明确指出"罗列数字和简单的报表附注对投资者的决策是不够的"[①]。1984 年,美国财务会计准则委员会(Financial Accounting Standards Board,FASB)也开始把目光投向 MD&A,它在 SFAC No. 5 中要求公司披露 MD&A 信息;2001 年,FASB 又委托企业报告研究项目组对"企业提供给投资者的除财务报表以外的信息类型,以及传递这些信息的方法"进行研究,指出"最根本的目的是为了改进信息披露,使资本配置过程更有

[①] Securities and Exchange Commission (SEC), *Securities Act Release No. 6711*, April 24, 1987.

效率，降低平均资本成本"①。美国注册会计师协会（American Institute of Certified Public Accountants，AICPA）则在1994年《改进企业报告：着眼于用户》报告（又称Jenkins报告）中明确指出，"管理部门的分析"是用户所需的五大类型信息之一。尽管FASB和AICPA的研究并没有直接针对MD&A，但无疑对西方尤其是美国的相关研究起到了重要的引导和推动作用。总体来看，国外关于MD&A研究成果主要有三个方面②。

1. 关于披露内容与方法的基础研究

从20世纪80年代末开始，国外学者就对MD&A披露的内容和方法等基本问题展开了大量研究。贝格比等（Bagby et al.，1987；1988）回顾了MD&A的历史，以法定披露要求为背景分析了不同行业公司MD&A具体内容的频次差异，并结合七个具体案例对判例法和管理层的披露责任进行了研究。这是MD&A信息披露研究较早期的文献。

1989年，SEC发布FRR 36，由此引发了一轮MD&A信息披露研究热潮，这一时期的MD&A研究重点主要放在前瞻性信息上。这是它不同于财务报表的核心特征。1989年之前，SEC明令禁止提供前瞻性信息，因其不确定性过高。直到在FRR 36（1989）中才第一次鼓励对那些"已知的、很可能在未来影响公司流动性，资本来源及经营业绩的重大趋势、要求、义务、事项或不确定性因素"③在MD&A中加以分析。正因如此，尽管FRR 36只是对前瞻性信息披露内容和方法进行了初步规范，但它在美国公司前瞻性信息披露发展史上具有重要意义。罗玛加斯（Romajas，1993）则结合相关法规和具体案例研究了SEC及法院对前瞻性信息披露态度转变的整个过程，认为SEC的态度对法院认定管理层在前瞻性信息披露方面的法律责任产生了重要影响。尽管FRR 36是SEC对前瞻性信息披露态度转变的重要标志，但它对前瞻性信息披露范围和披露方法的规定还不充分。爱德华兹（Edwards，1991）将FRR 36与FAS 5中关于前瞻性信息的披露要求进行对比，力图识别其披露范围。兰纳科里和罗斯

---

① Financial Accounting Standards Board（FASB），*Improving business reporting: insights into enhancing voluntary disclosures*, 2001.

② 李燕媛：《"管理层讨论与分析"研究：回顾与前瞻》，《会计论坛》2009年第2期。

③ Securities and Exchange Commission（SEC），Release No. 36: *Management's Discussion and Analysis of Financial Condition and Results of Operation*; *Certain Investment Company Disclosures*, 1989.

(Lannaconi & Rouse，1996)、西蒙斯和罗斯（Seamons & Rouse，1997）则分别就如何披露趋势与如何运用法定安全港规则进行了探讨。除前瞻性信息外，与环境有关的或有事项（Environmental Contingencies）、递延税款等重要项目也受到了应有的关注（Rouse et al.，1993；Heyman，1993）。此外，特别值得一提的还有胡克斯和穆恩（Hooks & Moon，1993）将60个披露项目按预期披露频率分类，列举出MD&A的内容清单，以帮助上市公司编制MD&A，同时也有助于信息使用者理解SEC的披露要求。此后很多学者在评价管理层评论信息披露质量时，也都参照这一分类方法，本文的内容分析分类标准也是在这种方法基础上发展的。普朗科特和罗斯（Plunkett & Rouse，1996）还采用案例研究法，描述了1994年至1995年因MD&A披露受到SEC制裁的八个典型案例，并总结了每个案例的经验教训，为公司管理层敲响了警钟。

21世纪初，MD&A则成为SEC应对安然会计丑闻的重要修正措施，其披露要求被进一步强化和扩展。美国学者对MD&A的研究内容更加深入，范围更加广泛。约翰逊（Johnson，2003）和梅耶尔（Meiers，2006）把编制MD&A信息的过程分解，针对每一步分别提出了具体的披露建议。斯科特和克劳福德（Scot & Crawford，2006）则把研究范围扩展到非营利组织，详细分析了政府年报中MD&A信息披露最常见的问题，并结合政府会计准则第34号公告（GASB 34）[①]，就如何避免和改正这些问题进行了详细论述。

上述研究主要从解读规范和指导实践的角度探讨了MD&A信息披露内容与披露方法的一些基础问题，其中很多成果直接来自SEC工作人员，他们关于MD&A披露法规的解释和MD&A披露实践的指导，具有很强的权威性和务实性，对切实提高上市公司MD&A信息披露质量起到了重要作用。然而，这些研究大都还局限在MD&A"披露什么"和"如何披露"的基础问题上，至于"披露得如何"这一问题还未涉及。

---

① 美国政府会计准则委员会（Governmental Accounting Standards Board，GASB），成立于1984年，是美国制定州和地方政府会计规范的权威机构，其职责是指导州和地方政府制定会计规范。于1999年发布了第34号公报《州和地方政府的基本财务报表以及管理讨论与分析》（Basic Financial Statements and Management Discussion and Analysis for States and local Governments），对政府年报中的"管理层讨论与分析"信息披露进行了规范。

2. MD&A 披露质量研究

MD&A 信息质量研究是 MD&A 披露研究的重点和难点。MD&A 是叙述性信息，没有现成可用的数据库，其实证研究的难点就在于必须手工从年报中搜集 MD&A 信息，然后按照特定的方法把这些文本信息转化为可用的数据。国外在评价 MD&A 信息披露质量时，主要采用两种方法，一是采用第三方对公司信息披露的评级，二是采用内容分析软件或自行构建评价体系与指标，两种方法各有特色和不足[①]。美国学者霍尔德－韦伯（Holder-Webb，2007）专门针对 MD&A 质量评价方法进行了研究，他所构建的质量测评程序与方法能够把 MD&A 定性信息转化为定量指标。尽管他研究的是美国 MD&A 英文文本信息，但也为中国等其他国家研究和评价 MD&A 披露质量提供了重要借鉴。

尽管 MD&A 信息披露质量研究难度很大，但国外学术界在这方面的成果仍十分丰富。其研究主要集中在两方面：一是质量影响因素；二是 MD&A 信息有用性。后者居多。

（1）质量影响因素

有趣的是，国外尚未发现专门研究"管理层讨论与分析"披露质量影响因素的文献，但大多数研究都涉及了这一问题（Forker，1992；Firth & Smith，1992；Simon et al.，1999；Clarkson，Kao & Richardson，1999；Kent，2003；Callahan & Smith，2004；Seah & Tarca，2006；Yan Sun，2007；Wang & Hussainey，2013；Cathy & Christopher，2015）。根据他们的研究，"管理层讨论与分析"信息披露质量受很多因素的影响，包括但不限于公司规模、经营业绩、行业特征、诉讼风险、公司治理、监管环境等。

（2）MD&A 信息有用性

国外会计专业机构与学者主要从预测价值、增量信息含量和市场反应三个视角对 MD&A 信息的有用性展开研究。

首先，预测价值。SEC（2003）就十分肯定地指出 MD&A 有助于"投资者及其他信息用户对公司财务状况和经营业绩，尤其是公司发展前

---

① 关于 MD&A 信息披露质量的两种衡量方法，将在第五章详细介绍。

景进行评价"①，这是对 MD&A 预测价值的权威认可。诸多研究已经证实 MD&A 的披露内容（Orie, Kile & O'Keefe, 1999; Cole & Jones, 2004; Callahan & Smith, 2004; Yan Sun, 2007; Stephen & Jennifer, 2011; Cathy & Jones, 2015）、可理解性（Li, 2008; Cecchini et al., 2010; Brown & Tucker, 2010; Arnold et al., 2012）和披露语调及其变化（Li, 2010; Feldman et al., 2010）都有助于对公司的预测。

其次，增量信息含量。这方面的文献十分丰富，代表性成果也比较多，如布莱恩（Bryan, 1997）自行构建了 MD&A 披露指数，分别检验其与未来财务指标、销售收入预测值及股票报酬率的关系，发现公司 MD&A 中所披露的未来经营与资本支出计划信息具有增量信息含量，它与公司未来的短期业绩显著相关；又如克莱森等（Clarkson et al., 1999）从三个角度得出的结论都支持 MD&A 是一种有用的信息新来源；被称为"文本挖掘之父"的罗恩·费尔德曼等（Feldman R. et al., 2008）还发现，在控制应计项目、经营现金流和未预期盈余后，MD&A 信息的性质（乐观或悲观）与短期市场反应显著相关，从而证实 MD&A 的叙述语气也具有一定的信息含量，会对资本市场投资决策产生影响。

最后，市场反应。市场反应是有效市场中会计信息作用于证券价格的直观表现，从另一角度体现了信息的有用性：如果市场对某信息作出了反应，就说明该信息确实有助于投资者决策；反之，就表明它没有包含任何新的有用信息，或投资者在作出投资决策时就没有使用它。布莱恩（1997）发现 MD&A 中的资本支出计划信息和长短期股票超常收益率均显著相关。埃克纳等（Eikner et al., 2000）也研究了 MD&A 中未来信息与股票价格的关系，结果发现，MD&A 披露的未来信息不仅有市场反应，而且积极的未来信息比消极的未来信息更有价值相关性。另一个重要发现就是，在 FRR 36 发布后，MD&A 中未来信息与超额回报相关性更显著，这表明 FRR 36 在提高 MD&A 未来信息的有用性方面发挥出了实际效果。这一发现无疑令 SEC 倍感欣慰。

当然也有少数学者批判 MD&A，认为它不能为财务报表提供补充信

---

① SEC, *Commission Guidance Regarding Management's Discussion and Analysis of Financial Condition and Results of Operations*, Securities Act Release No. 33 – 8350, Dec. 19, 2003.

息（Küting & Hütten，1999）。美国著名学者波特森（Botosan，1997）也指出未发现MD&A与资本成本显著负相关的证据。但她的研究样本较少，而且她研究的是年报中的自愿性披露信息，在她所构建的披露指数中，MD&A只占很小一部分，这可能会对研究结论产生影响。

此外，还有学者就MD&A信息的单项具体质量特征进行研究。如美国学者施罗德和吉布森（Schroeder & Gibson，1990）、孟加拉学者奥圣等（Hossain et al.，2008）就分别对本国MD&A信息的可读性进行了研究。而美国学者帕瓦和艾本斯坦（Pava & Epstein，1993）、加拿大学者克莱森等（Clarkson et al.，1994）分别以本国公司为样本，对MD&A信息的无偏性与经营结果预测的准确性进行了研究。前者发现，几乎所有公司都按规定披露了历史信息，但很少公司提供未来信息，而且在所披露的未来信息中，预测的好消息一般很准确，而坏消息或披露不充分或完全未披露，这说明管理层具有明显偏向性。有趣的是，克莱森等（1994）虽然也发现管理层具有提供利好性未来信息的偏向，但他们却发现管理层预测的坏消息更准确，这正好与帕瓦和艾本斯坦（1993）的结论相反。美国圣路易斯大学的会计学者Yan Sun（2007）还对MD&A中存货增长原因的可信性进行了研究。结果发现MD&A对存货增长的积极性解释与公司未来至少两年的盈利和销售增长正相关，从而认为MD&A对存货增长的解释是可信的。惠勒等（Wheeler et al.，2014）则分析了MD&A中后进先出存货计价法的披露，发现此部分信息不够透明，未达到法规的基本要求，其信息含量也不如报表附注。特别值得一提的是，德国学者胡夫纳（Hüfner，2007）首次从投资者需求角度提出了投资者导向的MD&A信息质量要求，尽管他构建的层次结构图缺乏一定的理论基础和逻辑关系，但其研究视角仍可资借鉴。

综上，国外学者对MD&A信息披露质量影响因素和MD&A信息的有用性展开了大量研究，其研究方法主要为经验实证法。就质量影响因素而言，国外学者的研究结论表明，MD&A信息披露质量与行业特征、公司规模、公司业绩、公司治理结构等内外多种因素均显著相关。就有用性而言，绝大多数研究结论支持MD&A信息有用论，它们认为，高质量的MD&A信息具有增量信息含量，有助于投资者预测公司未来业绩，从而提高公司股票的流动性，降低公司股票价值被低估的风险。这些研究从不同角度为 MD&A 信息披露制度安排的必要性和重要性提供了数据支持，同时，他们的研究还说明这样一个事实，即 MD&A 信息并非孤立存在，其质量受到宏观、中观和微观层面诸多因素的综合影响，因此，应该以系统的观点来看待 MD&A 信息披露质量问题。不过，他们的研究普遍缺乏对 MD&A 信息披露质量和 MD&A 信息有用性的理论分析，有关 MD&A 有用性的证据仍集中于其在资本市场的作用，也还没有专门针对 MD&A 信息披露质量影响因素的系统性实证结论。此外，上述研究主要都是基于美国资本市场 MD&A 信息披露制度所作的研究，因市场发展程度与会计法律体制及监管体制悬殊，这些结论可能并不完全适合中国。

3. MD&A 信息披露国际比较研究

MD&A 信息密切依存于具体经济环境和企业环境，不同国家的不同公司在宏观和微观环境方面都有一定差异，其 MD&A 信息披露也必然表现出不同的特征。通过比较不同国家的 MD&A 信息披露理论与实务可以发现许多差异，有助于改进本国 MD&A 信息披露实务。由于 MD&A 信息披露研究本身具有一定难度，而国际比较因涉及面广而难度更大，因此相关国际比较研究成果比较少，最有代表性的，一是科林斯、戴维和威特曼（Collins, Davie & Weetman, 1993）以 42 家美国公司和在美国上市的 42 家英国公司为样本，研究了相同监管环境下的英美公司在 MD&A 信息披露方面的差异，结果发现，英国公司的"经营与财务评述"（Operating and Financial Review, OFR）报告信息量更大，其更注重风险与不确定性及前瞻性信息的披露，不论英国公司还是美国公司，都没有证据表明同行业内部或行业间 OFR（或 MD&A）报告形式或内容具有同质性；二是澳大利亚学者谢和塔卡（Seah & Tarca, 2006）考察了美国、加拿大、英国和澳大利亚上市公司年报中 MD&A 信息披露状况，其研究发现，各国 MD&A 报告在信息特征方面（历史或前瞻信息、财务信息或非财务信息、定量信息或定性信息、简短描述或翔实披露）不存在重大差异，但在数量方面差异很大，而且强制性要求下的公司（如美国和加拿大）比自愿指南形式下的公司（英国和澳大利亚）披露的信息更多，从而证实不同的监管环境对 MD&A 信息披露质量具有不同的影响。

(二) 国内研究现状

会计实践是会计理论研究的基础，同时会计理论对会计实践又具有反映性和促进作用。MD&A 信息披露研究同样遵循这样的基本规律。回顾和评价我国 MD&A 信息披露的研究成果，必须考虑我国 MD&A 信息披露实践的发展变迁这个大背景①。我国 MD&A 信息披露实践起步较晚，相应地，国内学术界在 21 世纪初才渐渐关注 MD&A 问题，与国外相比，我国对 MD&A 的研究起步较晚且成果较少，但应该看到，从我国 MD&A 披露实践一开始，有识之士就注意到了这个颇具研究价值的主题，之后随着证监会对 MD&A 信息披露问题的重视，国内的学术研究成果也逐渐增多。

最早直接以 MD&A 信息披露为主题进行研究的国内学者是上海证券交易所的王啸（2002），他在回顾了美国 MD&A 信息披露制度之后，归纳了 MD&A 的主要特点，并分析了我国现行前瞻性信息披露规则，还对部分"变脸"公司的前瞻性信息披露情况进行了个案研究。他认为，良好的公司治理结构是管理层诚实尽责披露信息的内在保证。此后，周勤业等（2003）、潘琰等（2004）也在相关问卷调查中涉及 MD&A，并分别提出了进一步细化 MD&A 信息披露规范和结合关键信息分析主要财务指标显著变化的针对性建议。2005 年，上海证券交易所把《上市公司定期报告"管理层讨论与分析"披露研究》作为第 14 期上证联合研究计划重点课题，最终由厦门大学李常青教授和上海金信证券研究所所长李康博士分别主持完成了两份比较系统的课题报告（李常青等，2005；李康等，2005）。这两份报告第一次比较深入地研究了中国 MD&A 信息披露制度，为中国上市公司 MD&A 信息披露的有用性和质量影响因素提供了部分经验证据。尽管他们的研究忽视了理论基础，且实证模型有待改进，但他们的尝试无疑对推动我国 MD&A 信息披露研究和改善我国 MD&A 信息披露实务具有重要意义。

此后，国内更多学者尤其是青年学者开始涉足 MD&A 研究，并取得了一些颇有价值的研究成果。从内容看，这些成果主要集中在两方面：

---

① 我国"管理层讨论与分析"信息披露规范的发展变迁，将在第三章论述。

一是介绍美国 MD&A 信息披露要求（赵娜，2006；刘昱熙，2006；汤谷良等，2006；雷俊宇等，2007；张巧良等，2007）；二是考察我国上市公司某一行业或某一年度 MD&A 披露现状（张晓岚，2005；李常青，2005，2007；赵亚明，2006；徐利飞，2007；张海霞，2007；许碧，2007；惠楠，2008；陆建宇，2010；夏桂香，2011；潘妙丽，2012；王宗萍，2013；孟志华，2014；王仪，2016；等）。此外，还有学者就 MD&A 信息披露质量影响因素（张凤展，2006；刘家松等，2006；李常青等，2008；陆宇建和吴祖光，2010；郑艳秋，2012；李慧云和张林，2015；程新生，2015）、信息质量特征（刘昱熙，2007；李燕媛等，2009）、审计鉴证制度（李常青等，2006；李燕媛，2008；李燕媛和张蝶，2012）、法律责任（钟娟等，2006）和有用性（李锋森等，2008；薛爽等，2008；潘妙丽等，2012；李晓慧和孙蔓莉，2012；王泽霞等，2012；贺建刚等，2013；臧文佼和马元驹，2014；蒋艳辉等，2014；李慧云等，2015）等重要问题进行了初步探索。

上述这些值得关注的研究和发现，为了解和把握我国 MD&A 信息披露规范与现状提供了初步证据。但与国外如火如荼的 MD&A 研究热潮相比，国内研究显得稍显冷清，一方面可能是因为对 MD&A 信息的重要性认识还不足，另一方面则可能是因为 MD&A 信息披露质量研究至今没有标准的评价方法和体系与现成的数据库，必须自行设计相应的质量评价程序，并经手工收集和整理数据，耗时较多、难度较大。加之我国 MD&A 信息披露制度起步较晚，相关规范一直在不断变动和修订，上市公司 MD&A 信息披露尚处于"为应对政策而披露"的被动状态，这更加大了我国 MD&A 信息披露研究的难度。

（三）国内外研究评述

国内外学术界、职业界和监管部门从不同角度对 MD&A 信息披露展开研究，建立了一些初步的理论模型或提供了一些来源于实践的朴素思想和许多具有一定价值的见解。尽管有些结论莫衷一是，缺乏基础理论支撑，但仍为本研究与以后的相关研究奠定了一定基础。尽管如此，国内外相关研究均存在不少问题。其中，国外相关研究虽然成果斐然，但他们重点关注的是美国 MD&A 制度，很少研究其他国家的相关制度，而且，其研究重点集中在信息披露质量，理论基础研究十分薄弱。与国外相比，国内现有研究还在以下方面存在较大差距：

第一，研究内容的广度和深度不够。国外就前瞻性信息、递延税款、分部信息、环境问题等具体内容的披露方法，披露实务的主要不足，质量与有用性等重要问题进行了研究。在质量与有用性研究方面，不仅研究了 MD&A 信息披露的整体质量与有用性，更注重研究某一项信息（如未来信息、存货异常增加信息）的有用性和 MD&A 信息在某一个或几个行业的有用性，尤其值得关注的是，还有学者就 MD&A 信息披露质量测评方法进行了专门研究。而我国现有研究仍偏重于介绍美国 MD&A 信息披露制度和描述我国 MD&A 信息披露现状，不仅忽视了理论基础研究，缺乏对美国以外的其他国家 MD&A 信息披露制度的全面了解，而且缺乏对 MD&A 的概念、披露目标与质量要求、主要内容、信息鉴证和质量分析框架等一系列基本理论问题的研究界定。这些问题都是 MD&A 信息披露研究不容回避的基础性问题和关键性问题，也正是本书拟重点研究的内容。

第二，研究方法有待改进。国外研究成果以实证研究居多，而且其实证模型各有特色。此外，还突出使用了案例研究法、比较研究法，并注重结合其他学科（如法学）进行交叉研究。而国内研究仍以描述性分析居多，尽管也有不少学者尝试进行了一些实证研究，取得了初步成果。但这些研究在理论假设、样本选择和模型构建等方面仍存在这样或那样的问题。本书拟在这些方面有所突破。

第三，重视程度不够，权威性研究成果屈指可数。仅从发表成果的期刊看，全球四大顶尖会计学术期刊《会计评论》（Accounting Review，AR）、《会计研究杂志》（Journal of Accounting Research，JAR）、《会计与经济学杂志》（Journal of Accounting and Economics，JAE）、《当代会计研究》（Contemporary Accounting Research，CAR）上都刊有 MD&A 的相关文章。此外，还有《会计瞭望》（Accounting Horizon，AH）和《国际会计研究》（Journal of International Accounting）等著名会计刊物上也有许多以 MD&A 为主题的文章。这些权威载体对西方 MD&A 研究起到了重要的导向与推动作用，从另一角度也彰显了 MD&A 的研究价值。而至今为止，我国权威刊物《经济研究》《管理世界》和《会计研究》等还鲜见专门针对 MD&A 的研究成果。这在一定程度上反映出国内会计学界对这个问题的关注还不够，也说明积极拓展 MD&A 信息披露研究的必要性和迫切性。

总之，与财务报表和财务报告质量研究汗牛充栋的成果相比，MD&A 披露研究仍十分匮乏。而立足中国资本市场对 MD&A 披露理论与实践的系统研究更显不足。在经济全球化和会计国际化浪潮的强力推动下，我国 MD&A 信息披露要求与规范已经发生了诸多变化。因此，原有研究结论也迫切需要得到进一步研究的印证。

四 研究目的与方法

（一）研究目的

本课题的研究目的主要包括：

一是基本理论。只有先从理论上阐述清楚 MD&A 信息披露的意义和价值，才能深刻认识到其信息披露的必要性和重要性；只有从理论上厘清 MD&A 信息生成、披露、鉴证与使用环节的核心要素，才能有针对性地解决 MD&A 信息披露实践中出现的问题。

二是披露与鉴证现状。首先，不得不承认，目前了解和熟悉 MD&A 信息的使用者并不多。因此，针对我国上市公司 MD&A 信息披露情况进行全面而细致的描述性统计，对会计工作者、会计信息用户和会计监管部门了解与深入把握 MD&A 信息披露问题十分必要。其次，描述现状是深入研究 MD&A 信息披露问题的基础。如果不清楚上市公司 MD&A 信息披露现状，就无从谈及深入认识上市公司 MD&A 信息披露问题。根据研究需要，本书着重描述的内容有三个方面：①对世界各主要国家的 MD&A 信息披露制度进行系统梳理和国际比较研究，以便全面把握 MD&A 信息披露制度，并提炼我国 MD&A 信息披露制度的特点与不足；②针对目前最熟悉 MD&A 信息披露的会计师事务所审计师进行问卷调查，以期能获得会计信息使用者对我国上市公司 MD&A 信息披露与鉴证现状的态度与认识；③进一步对上市公司 MD&A 信息披露总体情况，以及其强制性披露与自愿性披露，非财务信息披露及前瞻性信息披露情况进行全面而细致的描述性统计，这是实现本研究目的的关键所在。

三是影响因素。要形成对 MD&A 信息披露问题的深刻认识，仅对其状态进行描述还不够，至少还要对其所处状态的形成原因作出解释，即回答它"为什么会如此"的问题。换言之，必须在"知其然"的基础上"知其所以然"。为此，本书将在对上市公司 MD&A 信息披露现状描述的基础上，进一步探究其主要的质量影响因素。

四是提出建议。为完善我国 MD&A 信息披露制度，提高上市公司 MD&A 信息披露质量，本书在现状描述和探寻原因的基础上，尝试从宏观、中观和微观三个层面提出一系列针对性建议，以期能对上市公司、监管部门和信息使用者都具有一定借鉴意义。

（二）研究方法

为实现上述四大研究目的，本书立足经济学、管理学、财务学和会计学的经典理论，同时博纳社会学、伦理学和法理学等其他学科成果，将规范研究与经验实证等方法有机结合。除了综合采用归纳和演绎等一般性规范分析法外，还特别使用了内容分析法（Content Analysis）。内容分析法最初主要用于新闻传播研究中的文本分析，可以通过对文本信息的分类来实现"量化"。本书将采用内容分析法来量化 MD&A 信息披露水平。

五 篇章结构与研究框架

本书成果主要包括理论研究、实证研究和对策建议三大部分。结构上，除导论与总结外，正文分七章展开具体研究：第一章从理论上回答"为什么要披露 MD&A"的问题，旨在为后续研究提供必要的理论基础；第二章系统探讨 MD&A "是什么""怎么样""有哪些内容"及"如何保证其有用性"等基本理论问题；第三章借鉴供应链思想，将 MD&A 解构成信息披露规范、相关公司治理与内部控制、信息鉴证、信息解析和披露监管紧密关联的五个环节，然后以这五个方面为经线，以世界主要国家的相关制度为纬线，对各国 MD&A 信息披露制度予以国际比较研究和综合评价；第四章针对资本市场上最为熟悉上市公司年报及 MD&A 信息披露的会计事务所审计师进行问卷调查，了解和把握会计信息使用者对我国上市公司 MD&A 信息披露与鉴证问题的初步态度与大致认识，这也是对我国上市公司 MD&A 信息披露与鉴证现状的初步描述；第五章则立足我国资本市场，构建 MD&A 信息披露质量指数，对中国上市公司 2003—2014 年年报 MD&A 信息披露质量加以测评；第六章则在第五章的基础上，通过大样本面板数据研究影响我国上市公司 MD&A 披露水平的主要因素；第七章，在理论分析与实证研究的基础上，提出改进和完善我国 MD&A 信息披露制度的针对性建议。总体上，本书所进行的研究，其研究框架如图 0—1 所示。

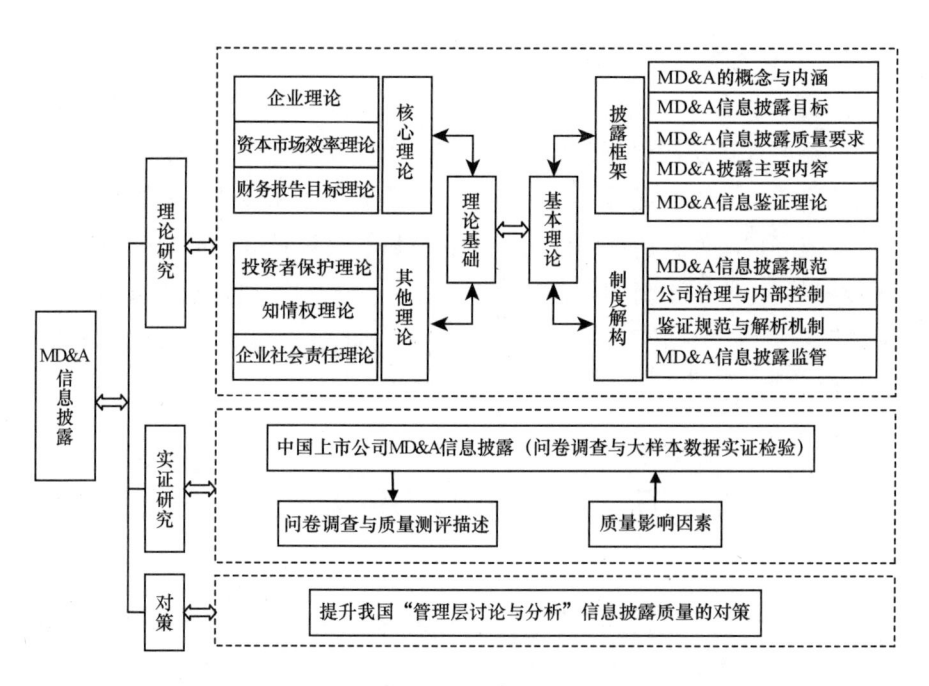

图 0—1 研究框架

六 两个基本概念的约定

本部分仅对贯穿全文而又容易引起歧义的两个基本概念——"管理层讨论与分析"和"财务报告"进行约定，其具体内涵及其他重要概念将在后续章节——解释和界定。

第一，关于"管理层讨论与分析"。中国、美国、加拿大、日本等很多国家都称为"管理层讨论与分析"，英国则称为"经营与财务评述"（OFR），德国则称为"管理层报告"（Management Report）。虽然各国称谓不一，但内容和性质大致相同。国际会计准则理事会（International Accounting Standards Board，IASB）于 2005 年首次提出用"管理层评论"（Management Commentary，MC）来总括以上这些名称。

为方便行文，并考虑到我国的用语习惯，本书主要沿用"管理层讨论与分析"。除特定场合外，文中"管理层评论"（MC）和"管理层讨论与分析"（MD&A）可以无差别地相互替换。

第二，关于"财务报告"。迄今为止，关于财务报告及相关问题，美国 FASB 的观点仍最具代表性（张蕊，2005）。1984 年 12 月，FASB 发表的第 5 号财务会计概念公告（SFAC No.5）曾图示财务报告的范围，如图 0—2。

在 FASB 看来，财务报告 = 财务报表 + 报表附注 + 其他财务报告，其中，前两者又被称为"基本财务报表"。我国部分学者则对财务报告、财务报表与财务会计报告使用不分，在会计法规中也存在混淆①。根据相关条例的规定，我国所称的"财务报告"或"财务会计报告"包括会计报表、会计报表附注和财务情况说明书。可见，中美两国在"财务报告"范围和称谓方面的主要差异在于，美国称为"其他财务报告"，而我国称

---

① 《企业会计制度》和《企业财务会计报告条例》中称"财务会计报告"，并分年度、半年度、季度和月度财务报告，其中，年度和半年度财务会计报告包括会计报表、会计报表附注和财务情况说明书；而季度和月度财务会计报告通常仅指会计报表；而证监会 2007 年修订的《公开发行证券的公司信息披露内容与格式准则第 2 号》中又称"财务报告"；2006 年发布的《企业会计准则——基本准则》中则将"财务会计报告"和"财务报告"等同视之。

为"财务情况说明书"。但 FASB 所称的"其他财务报告"不仅包括 MD&A，还有职工报告、社会责任报告等多种形式。而根据我国《企业会计制度》和《企业财务会计报告条例》的规定，财务情况说明书至少包括对以下情况的说明：①企业生产经营的基本情况；②利润实现和利润分配情况；③资金增减和周转情况；④对企业财务状况、经营成果和现金流量有重大影响的其他事项。可见，无论从内容还是涵盖范围看，"其他财务报告"和"财务情况说明书"都是有区别的。因此，本研究所提到的"财务报告"，除直接涉及特定国家的情形之外，将主要采用 FASB 的观点①。

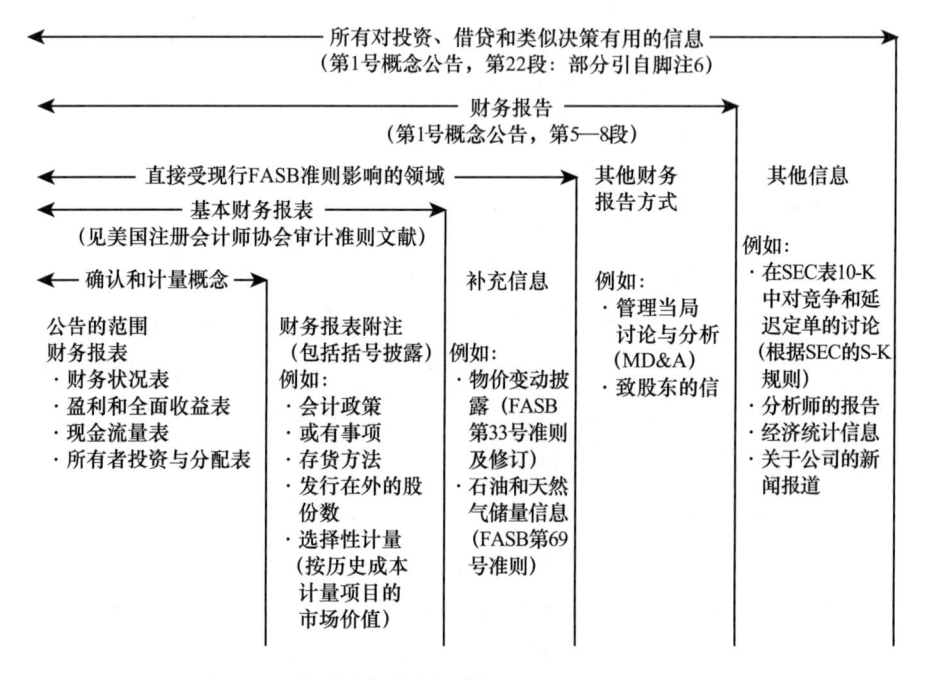

图0—2 美国财务报告的范围（SFAC No. 5 par. 8）

---

① 葛家澍、陈少华教授在其完成的财政部2002年重点课题《改进企业财务报告问题研究》中也认为"财务报告可分为财务报表和其他财务报告，其中财务报表又分为主表和附注两部分"。同样，在2005年由财政部会计准则委员会主编的会计准则研究文库《会计要素与财务报告》一书中，张蕊教授在其主持的《财务报告的列报》课题报告中专门对财务报告列报的形式进行了研究，并明确指出，现代企业的财务报告是由财务报告的基本形式和财务报告的其他形式两部分构成。可见，上述提法都采用了 FASB 的观点。

第一章

MD&A 信息披露的理论基础

MD&A 信息披露，涉及现代经济领域最活跃的因素——资本市场和信息，其产生、发展和完善与经济学、管理学、财务学及会计学的理论密切相关。同时，它作为一种资本市场证券监管法律制度，本身又有着丰富的社会、伦理和法理内涵。显然，MD&A 信息披露的理论基础研究与会计信息披露理论基础密不可分，现有的许多关于会计信息披露理论基础研究的文献一般都是从会计信息供给角度，阐述自愿披露与强制披露的经济学、管理学、社会学和法学等动机。但会计信息供给与需求作为矛盾统一体，相互依存，不可割裂，共同决定着会计信息质量。因此，本章将兼顾会计信息供给与需求，立足企业理论、资本市场效率理论和财务报告目标理论，同时博纳社会学、伦理学等其他学科成果，从多个角度来剖析 MD&A 制度，以期能从理论上回答"为什么要披露 MD&A 信息"这一关键问题。

一 企业理论与 MD&A 信息披露

目前，企业理论已成为主流经济学和管理学交叉融合发展最迅速、最富有成果的领域之一。而会计理论作为企业理论的一个组成部分（Coase，1990），其形成与发展依赖于经济学尤其是关于企业认识理论的发展。一般认为，企业理论的发展大多源于对新古典企业理论的修正与补充，但严格来说，新古典厂商理论并不是真正的企业理论，它把企业内部的运行视为一个"黑箱"，没有回答有关企业的一些基本问题，其所研究的企业效率也是不包含制度变量的纯粹的资源配置效率。因而在此存而不论。下文将循沿企业理论发展的主要脉络，仅结合与本书相契合的内容加以论述。

(一) 现代企业契约理论

当科斯试图打开企业这个黑箱时，发现现实绝非无摩擦的完美新古典世界，信息不完全和不对称广泛存在。由此，他在 1937 年的经典论文《企业的本质》[①] 中首先将交易作为分析的基本对象，把企业理解为一种不同于标准市场交易的契约（contract），从而标志着现代企业契约理论的肇始。对企业理论而言，契约理论已经成为主流解释框架。因此，企业的契约理论也被称为主流企业理论。

在科斯基础上，后人的工作主要沿着两条线路发展。一是由阿尔钦和德姆塞茨（Alchian & Demsetz, 1972）、詹森和麦克林（Jensen & Meckling, 1976）、罗斯（Ross S. A., 1973）、詹姆斯·莫里斯（James A. Mirrlees, 1977）和霍尔姆斯特朗（Holmstrom, 1979）等人所发展起来的委托代理理论（Principal-Agent Theory），旨在设计出一套有效机制来约束和激励代理人。由于该理论将所有可预见的或然事件（Contingencies）均涵盖其中，因而也被称为"完全契约理论"。然而，其完全理性和完全契约的假定遭到了以奥利弗·E. 威廉姆森（Oliver E. Williamson）等为代表的一些经济学家的猛烈批评，并由此开辟了契约理论的第二线路——不完全契约理论，其内容主要包括交易费用理论和产权理论。本部分将紧紧围绕委托代理、交易费用和产权理论进行分析。必须指出，这里对相关理论的论述并非一览无余、包罗万象，而是结合本项研究有所选择的。

1. 专业化分工、信息不对称和委托代理理论

完全契约理论把参与博弈的各方当事人放在委托——代理框架下。由于两权分离和专业化分工，产生了委托代理，而委托人与代理人之间又必然存在着信息不对称。

（1）分工必然导致信息不对称

分工是"一种特殊的、有专业划分的、进一步发展的协作形式"[②]。

[①] R. Coase, "The Nature of the Firm", *Economica*. 1937, Vol. 4, pp. 386–405.
[②] 《马克思恩格斯全集》中文版第 47 卷，人民出版社 1979 年版，第 301 页。

最早对分工进行经济学分析的是亚当·斯密（Adam Smith），后来马克思（Marx）、阿林·杨格（Allyn Young）、亨德里克·霍撒克（Hendrik S. Houthakker）等都对分工进行了深入研究。杨小凯等创立的新兴古典经济学框架①发展了前人的分工理论，认为专业化和分工能够加速知识积累，带来收益递增，是经济发展的根本源泉。分工之所以能提高生产力、促进经济发展，正是因为"专业化造成了某种信息不对称，每人作为卖者对自己的产品知之很多，而作为买者对他人的生产技术知之很少"②。根据新兴古典经济学的观点，企业是分工和专业化基础上的复杂的市场组织方式。作为专业化结果的企业组织不可能消除信息不对称，并且信息不对称并不一定是非效率的，而有可能是市场组织高级化和市场效率的体现。因为"一旦涉及以专业化为基础的经济组织和分工，信息不对称既是分工的动力又是它的后果。分工产生出以专业化为基础的专业知识，从而能够提高社会获取信息和知识的能力。分工会扩大整个社会拥有的知识量与一个专家所掌握的知识之间的差距。这个差距是信息不对称的来源，也是提高社会获取信息和知识的能力的动力"③。由此可见，企业的出现实质是分工演进内生的结果。当中间产品和最终产品出现了分工（Coase，1937），由于交易费用存在差别，若生产中间产品的劳动的交易效率高于中间产品本身的交易效率时（张五常，1983），便产生了企业。随着企业组织形式的演进，人力资本与财务资本逐渐分离，两者之间的剩余控制权或权威的不对称直接导致信息分布不均匀和不对称。

（2）信息不对称与委托代理理论

乔治·阿克洛夫（George A. Akerlof，1970）以著名的二手车柠檬市场④为例，证明了市场上买卖双方的信息不对称可能导致"劣品驱逐良品"现象。他曾进一步指出，由于信息不对称，必须建立相应的激励机制和信号传递机制。这正是委托代理理论的主旨：研究如何设计一个补

---

① 杨小凯等人提出的新学说得到了越来越广泛的认可，并逐渐形成一个新的经济学流派，这个流派被称为"新兴古典经济学"（New Classical Economics），以区别于新古典经济学（Neo-classical Economics）。

② 杨小凯、黄有光：《专业化与经济组织》，经济科学出版社1999年版，第31页。

③ 同上书，第14—15页。

④ 柠檬（lemon）是一个俚语，意即次品。

偿系统来激励和约束代理人为委托人的利益行动。委托代理问题作为不对称信息的核心问题，引起了许多经济学家的兴趣，他们运用各种方法试图将企业的委托代理问题模型化，如1996年度诺贝尔经济学奖获得者詹姆斯·莫里斯用参数分布法建立了标准的委托代理模型。该模型正是抓住委托人与代理人间的信息不对称这一基本前提，致力于设计最优的委托人与代理人激励契约，这是经典委托代理理论的核心。但按照肯尼思·阿罗（K. Arrow，1968；1973）的观点，委托代理关系的信任才是构成市场经济的灵魂。而信任度的提高需要一个长期过程。同时，以严格的数学假定和严密的逻辑推理来建立的委托代理模型实际上是以牺牲理论应用现实性为代价的。因此，委托代理理论存在无法回避的问题与缺陷。

信息不对称理论阐述了信息数量和质量在契约双方或交易双方的不对称分布对契约执行或交易行为与市场运行效率所产生的系列重要影响，以及在非对称信息下，双方如何制定契约及如何对各方行为进行规范的问题。经典委托代理理论则展示了一个普遍存在信息不对称和由此所导致的各种机会主义的世界。在这一世界中，MD&A信息披露将起到什么样的作用，其质量将受到哪些影响，下文将回答这些问题。

（3）信息不对称、委托代理与MD&A信息披露

事实上，现代企业中几乎所有问题都起源于信息不对称条件下的委托代理关系，如何制定合理的契约来弱化代理人的逆向选择和道德风险，已成为现代企业管理的一个难题。信息不对称问题在资本市场又尤为突出，从内到外主要表现在：

其一，企业内部各科层之间信息不对称。企业尤其是上市公司通常都是多级委托代理关系。科斯（1937）正是认识到科层结构是企业内组织中最重要的表现形式和最基本的协调机制，从而将企业与市场分开。一方面，企业通过科层这种组织方式更好地享用了分工的好处，提高了管理的规模效率；另一方面，科层组织也带来了更为复杂的委托代理问题和与之相关的非效率。就MD&A信息披露而言，必须具有一个有效的企业科层组织，只有这样，才能保证公司高管获取全面可靠的信息，然而，信息在汇集和传输中不可避免会出现累积式的信息损失。更重要的是，在信息传导过程中，各级参与者可能故意扭曲信息来优化自身利益。

因此，这一层级的信息不对称和信息传导过程中的信息时滞与信息扭曲及各科层决策者的有限理性[1]，影响着 MD&A 的有效信息量。

其二，大股东或机构投资者与中小投资者之间信息不对称。这种不对称直接导致了资本市场信息分化现象，它不仅源于大股东较强的信息搜寻和信息解析能力，更重要的是，大股东或机构投资者因其资本优势而具有更强的谈判能力，获得导致"决策差别"的内幕信息及关键信息的可能性更大，而这一类信息多为财务报表以外的前瞻性信息和非财务信息。作为一种投资者导向的披露工具，一方面，MD&A 提供了财务报表所不能提供的未来信息和非财务信息，这在一定程度上可缩小中小散户和机构投资者之间的信息搜集差距。另一方面，财务报表和附注专业性比较强，作为"财务报告中最具可读性、最重要的组成部分"[2]，MD&A 有助于缩小中小投资者和机构投资者的信息知能差距，缓解资本市场信息分化。

其三，投资者（股东）与管理层（经营者）之间信息不对称。这一层级的不对称是由委托代理关系直接决定的，也是资本市场中最显著、最难控制的不对称现象。股东与管理层的信息不对称及其目标冲突是 MD&A 信息披露中各种管理行为的根源所在，其表现在于：一是印象管理。该理论认为，任何人都有试图通过自己的行为来给人留下好印象的心理倾向。就 MD&A 信息披露而言，所有者与经营者之间的信息不对称使管理层具有印象管理的动机，而 MD&A 的文本叙述性质为印象管理提供了空间。二是内容选择。内容上可能存在"报喜不报忧"的现象，即管理层可能会在遵循法规要求的情况下尽量回避那些于公司不利的信息，比如风险等，而又尽可能多地去展现公司的利好信息。三是自利性归因。在分析和说明经营业绩变化的原因时，公司管理层往往倾向于在业绩增长时认为是他们的主观努力所导致，而当业绩下降时又倾向于寻找客观的环境因素来加以解释。四是语言管理。主要是指故意增加阅读难度，

---

[1] 威廉姆森（1967）首先对企业的科层问题进行了有益的探索。他把这种由于科层制度带来的信息扭曲称为"控制损失"，并由此认为应该存在一个企业最优科层结构来决定企业静态规模边界。

[2] Lawrence R. Tavcar, "Make the MD&A More Readable", CPA Journal Online, http://nysscpa.org/cpajournal, 1998.

比如增加会计专业术语的应用、尽可能多地使用长句等。当业绩好的时候，管理层一般倾向于使用通俗易懂的语言，以便于会计信息用户更好地理解这一信息；而当业绩差的时候，公司在披露信息时可能会故意使用一些晦涩难懂的专业术语以及一些复杂的长句，来干扰信息用户的理解。另外，公司管理层在披露信息时所采取的表述态度和表述语气（乐观或悲观程度）也会影响投资者的判断。如"屡战屡败"和"屡败屡战"描述的事实相同，但前者令人沮丧，后者却能鼓舞人心。所以，不仅要强调 MD&A 信息披露内容的平衡，而且还应强调其表述语气的平衡。

投资者与管理层的信息不对称容易导致阿克洛夫的"柠檬"问题：当只有管理层掌握着关于企业质量的私人信息并有夸大企业质量的倾向时，投资者由于未充分了解企业情况，一般只能对该企业给出一个市场平均的价值评价，从而发生逆向选择，结果导致市场资源配置的低效率，高质量的企业被低估甚至因此融资失败，而低质量的企业却进入资本市场中。鉴于此，优质企业的管理层就有动力向市场显示其公司的真实价值。这就是著名的信号传递理论。

实际上，债权人、客户等其他利益主体同样与管理层存在信息不对称。根据信号理论，对有些信息管理层有主动披露的动机：首先，为在市场竞争中成功争夺稀缺的资本，资质优良、业绩好的公司具有强烈动力将有关公司良好业绩和核心能力的信息向外传递，让外部利益相关者了解公司现有或潜在的竞争优势，从而减少该公司的外部融资成本和谈判成本。一般情况下，优秀的管理层还有动机在 MD&A 中自愿披露公司的前景、战略和未来规划信息来显示他们的管理才能。其次，当管理层被赋予各种各样股票补偿计划（如股票期权）时，管理者则更有动力披露私有信息来提高公司股票的流动性，防止任何可能被认知的低估。MD&A 信息作为公司年报必不可少的一部分，比新闻媒体等其他途径的自愿性信息披露更正式，其内容与格式由于受到法规的约束，可信度相对更高；而且 MD&A 作为一种文本信息，比财务报表中的专业数字更容易理解。因此，高质量的 MD&A 信息在一定程度上可以缓解信息使用者之间尤其是中小散户的信息不对称问题。

上述分析在委托代理框架下结合资本市场上存在的信息不对称现实问题及其作用机理，部分解释了 MD&A 信息披露的重要意义和自愿性披露的可能性，同时也表明 MD&A 信息披露需要证券监管部门通过强制性披露要求和对印象管理、自利性归因、披露选择等各种"管理"行为的督查惩戒制度来驱使"隐藏信息"得以真实、充分地公开，从而消除逆向选择、道德风险等问题所导致的低效率。在信息不对称条件下，MD&A 信息披露是受托人向委托人更清楚地解释企业现时财务状况和经营成果的由来，以解除受托责任，并向委托人展望企业未来发展前景和公司战略，以传递自身能力和努力水平信息的重要机制。但 MD&A 信息披露必然导致披露成本的增加。经典委托代理理论框架仍然延续的是新古典经济学的完全理性假设，忽视了签订和执行契约的成本，而现实世界中，当事人是有限理性的，交易费用也是客观存在的。以下研究将逐步放宽假设，在交易费用经济学框架内进一步讨论 MD&A 信息披露问题。

2. 交易费用、契约与企业的本质

(1) 企业的本质：从交易费用到契约

从交易费用视角分析企业始于科斯（1937），他把交易费用引入企业分析中，开创了利用成本效益理论分析企业等各种社会组织和制度安排的新纪元。威廉姆森则被认为是继科斯之后交易费用理论最重要的代表人物之一，他进一步深入考察了交易费用的资产专用性、交易不确定性和交易频率这三大主要因素，既延续了科斯的理论，又扩大了交易费用的范畴。在威廉姆森的多篇论文和集其大成的著作《资本主义经济制度》(1985) 中都表述了关于契约的企业认识。他认为企业是作为一种交易的治理结构[①]而存在，应该根据交易的不同属性采取相应的治理结构以节约事前和事后交易费用。张五常（Steven Cheung）则直接把企业还原成了一种契约安排。他在《企业的契约性质》(1983) 一文中认为，企业和市场只是契约安排的两种不同形式。企业并非为取代市场而设立，而仅仅是用要素市场取代产品市场，或者是用一种契约取代另一种契约。这两种契约安排的权衡取决于间接定价所节约的交易费用能否弥补信息不足

---

① 治理结构一词最早由威廉姆森提出，即决定着契约关系是否完整的组织结构。参见 O. Williamson, *The Economic Institute of Capitalism*, New York：Free Press, 1985, p.42；后来，威廉姆森（2002a）又直接将交易费用经济学的企业理论命名为"作为治理结构的企业理论"（*the theory of the firm as a governance structure*）。

所造成的损失。从这一意义上讲，企业契约理论产生于科斯企业理论。

与威廉姆森等人不同，克雷普斯（Kreps，1990）则从博弈论角度分析了声誉与企业的关系。他认为，在重复博弈下，声誉的作用使得交易不一定需要频繁发生，任何人都可以放心地与具有声誉的一方签约并接受对方的权威指令。换言之，声誉有助于减少交易费用。但声誉并非每个企业都有，因此，这一定义并不能揭示企业的本质。尽管如此，克雷普斯的观点为本文提供了重要启示。在本文看来，声誉就是企业组织某种精神文化的一种外在表现，正因它不是所有企业的共性特征，所以拥有声誉的企业管理层更有动力把这种独特资本向外界展示。从这一角度看，MD&A 不仅是企业管理层的声誉管理工具，而且高质量的信息披露本身就是企业的一种声誉。信息提供者能够通过可信的披露建立声誉，从而提高其后来的披露可信度。从长远看，高质量的 MD&A 信息披露不仅有利于改善公司的资本市场形象，获得投资者的关注、信任和支持，而且有利于改善企业的外部环境，有效地配合公司在产品市场中的市场营销行动，促进对外合作和吸引各类人才，产生综合效益。

归纳起来，上述关于企业本质的认识至少有以下两个共同点：一是在分析单位上，都是以交易为基本分析单位；二是在看问题的视角上，都紧紧围绕着契约，任何问题都可以直接或间接归结为契约问题。在他们看来，企业存在的意义就在于引入特定的契约（产权结构和制度安排），以节约交易费用。随着企业所有权和控制权的逐渐分离，与其相适应，企业组织也经历了独资企业、合伙企业和公司等法律形态。企业组织演进的过程实质上也是一个契约不断被打破、重塑和升级的过程。

（2）MD&A 信息披露：从私人契约到公共契约

随着经济组织形态的演进，MD&A 信息披露要求也经历了从无到有、从零散的私下约定到通行的商业惯例再到统一的法律规范的变迁。而产生这种变迁的根本动力便在于节约交易费用。关于提供经营和财务状况背景信息、非财务信息与前瞻性信息的零散的私下约定，不仅需要花费高昂的缔约成本，而且会受到当事人的信息分布状况和讨价还价能力的制约，其执行成本也相对较高。随着类似经验的积累，MD&A 信息披露会逐步过渡为一种商业惯例，从私人契约上升为社会秩序，成为共同遵循的规范。这样就部分降低了私下缔约的成本。但商业惯例的遵循具有自愿性，只有在收益（显性收益和隐性收益）大于成本的情况下才可能存在。对单个企业而言，MD&A信息披露的显性收益可能主要体现在能够更方便地筹集资本上，这种经济收益与 MD&A 信息披露之间可能没有严格对应的正相关关系；而隐性收益即声誉，则是一种长效机制，对于有短期行为倾向的主体而言，其作用也有限。这样，作为商业惯例的 MD&A 信息披露要求，其交易费用仍十分高昂。后来，MD&A 信息披露逐渐发展成为私人执行成本更低的公共契约即法律规范，并随着实践发展和法律完善的过程而不断演进。节约交易费用的特性使得 MD&A 信息披露的契约形态经历了上述历史变迁。上升为公共契约之后，MD&A 信息披露便强制性地自动嵌入了产权契约之中。这样，当事人在产权契约的签订和履行过程中，可将它作为一个外生的约束条件，而不必再就这方面的条款展开博弈。此外，有了这些公共契约条款之后，围绕产权契约中其他条款的签订和履行的博弈也随之受到影响，从而产生法律的正外部性效应，降低与其他合约条款相关的交易费用。

然而，以科斯为代表的企业契约论者把企业看作经理人员和股东之间利益契约的缔结，他们关注的仅仅是经理人和股东的利益关系。然而企业远非单纯"经济人"，它要想生存，必须在股东、经理人、债权人、供应商、客户、职工和社会等各种利益相关主体之间保持一种有效的平衡。而且企业的经营建立在一定的产权基础之上，无论股东，还是债权人、经营者等都是在尊重产权的基础上所形成的契约关系，这种在产权基础上订立的契约关系，必然要求建立相应的会计信息披露制度。MD&A 信息不仅有助于全面反映和监督现实的产权关系，更好地维护和保障所有者权益，而且，其披露过程既是反映和监督受托经济责任与管理责任的过程，也是明确与解除或追究相关受托责任的过程。本书将进一步结合产权理论、利益相关者理论和公司治理理论加以论述。

3. 企业产权、利益相关者与公司治理

（1）产权与物权：不同企业契约观的逻辑起点分析

拥有产权是缔结契约的前提，因而企业契约的基础是产权而非物权。在科斯看来，产权是有别于物权的。德姆塞茨在《关于产权的理论》（1967）中从对产权功能和作用理解出发来考察产权关系，他认为产权是一种社会工具，是"界定人们如何受益与如何受损，因而谁必须向谁提供补偿以使他修正人们所采取的行动"①。这一定义把产权和外部性密切关联起来，在他看来，产权的首要功能就在于激励人们更多地将外部性内在化。菲吕博顿（G. Furubotn）和配杰威齐（S. Pejovich）在《产权与经济理论：近期文献的一个综述》（1972）一文中对产权定义作了更详细的说明：产权是由物的使用引起的人们的行为关系，产权分配格局具体规定了人们与物相关的行为规范，每个人与他人交往都必须遵守此规范或者承担不遵守这种规范的成本。阿尔钦（1994）则把产权看作"一种通过社会强制而实现对某种经济物品的多种用途进行选择的权利"②。

之所以产权定义不统一，与其说是因为对产权范畴本身的理解不同，不如说是因为讨论产权时给定的前提条件不同。它们都是从某一角度根据特定的研究需要和特殊理解来定义产权。但无论产权概念的具体内容怎样丰富，无论研究者出自怎样的目的，运用怎样不同的分析方法，赋予产权范畴怎样的内涵，至少关于产权在以下三个方面是可以也是应当明确的：首先，产权是规定人与人之间关系的一种规则；其次，产权是有条件的权利，不能超范围行使，产权主张的实现以不影响他人产权主张的实现为前提；最后，产权是一种权利束，可以分解为多种权利并统一呈现一种结构状态。由此可见，产权与物权有着本质的区别。首先，两者所规范的对象不同。源于罗马法的物权，是指法律赋予某人拥有某物的排他性权利，是法律赋予某物的最终归属标志，其所规范的是人与物的关系；而产权是一种让他人受益或受损的权利，其所规范的是人与人之间的关系。其次，产权是相对权利，其主张以不影响他人产权主张的实现为前提，而物权可以单独存在，某人利用自己的资源采取任何行动，都不可能影响任何其他人的私有财产的实际归属，正是基于这样的认识，物权也被称为绝对权利。最后，产权较之物权有着更为广泛的外延。如"排污权"是一种产权形式，却不属于物权范畴。

---

① ［美］H. 德姆塞茨：《关于产权的理论》，载 R. 科斯等《财产权利与制度变迁——产权学派与新制度学派译文集》，上海人民出版社1991年版，第97页。
② ［美］A. A. 阿尔钦：《产权：一个经典注释》，载 R. 科斯等《财产权利与制度变迁——产权学派与新制度学派译文集》，上海人民出版社1991年版，第166页。

传统企业理论之所以得出"股东至上"的结论，就是因为它未能区分产权与物权。尽管它也承认产权是企业契约的起点，认为"没有产权的人是无权签约的"（张维迎，1995）。但它实际上是将物权作为企业契约的起点，这样一来，建立在绝对物权基础上的企业契约观，必然认为契约当事人追求个人利益最大化时不用考虑其他当事人的利益。与此不同的是，利益相关者理论主张企业是所有利益相关者实现自身权益主张的载体，而不仅仅是股东达成自己目标的工具。由于作为企业契约基础的产权是有条件的权利，因此，每个企业契约当事人都只能且必须在有效范围内主张产权，必须充分考虑到其他当事人的权益。

（2）企业产权制度的发展：从财务资本所有者到利益相关者

工业经济时代，财务资本的相对稀缺性和经营上对财务资本的过度依赖与强调，使财务资本所有者在企业权利博弈中处于绝对有利地位。由于契约各方实力悬殊，博弈结果必然是"财务资本至上"，职工、经理人员的部分权益被财务资本所有者剥夺。尽管债权人也是财务资本提供者，但他让渡的仅仅是财务资本有限期的使用权。所以在出资人与债权人的博弈中，出资人仍占优势而最终成为企业的真正所有者。在此基础上，形成了"财务资本所有者（业主）产权论"。与此相适应的会计所有者权益理论则是"业主权理论"，它把资产视为所有者所拥有的权利，而负债则是所有者所承担的义务，资产减去负债便是所有者权益。可见，除业主和债权人外，其他利益相关者的权益被完全忽略。工业经济时代的财务报表就建立在业主权理论基础上，它所突出的自然是财务资本所有者的权益。无形资产在企业总资产中所占比例极小，很多无形资产得不到客观反映，人力资源则一直未被纳入报表体系，而职工、供应商、客户等契约关系人的权益在报表中根本得不到体现。

知识经济的到来使企业各产权主体的实力开始发生明显的变化，财务资本所有者的实力相对削弱，而人力资本所有者的力量增强。随着职业经理对公司发展的作用日益增大，以及经济增长因素与资源贡献格局的重大转变，人力资本问题开始受到经济学家的关注。乔治·斯蒂格勒和米尔顿·弗里德曼（George J. Stigler & Milton Friedman，1983）在理论上第一次把人力资本及其产权引进对现代企业制度的理解，他们认为，大企业股东拥有对自己财务资本的完全产权，通过在股票市场上买卖股票行使其产权；经理对其管理知识也拥有完全产权和支配权，他们在高级劳务市场上买卖自己的知识和能力，因此，股份公司不是经营权与所有权的分离，而是财务资本和经理管理能力这两种资本及其所有权之间的复杂合约。这种对人力资本产权的研究导致更多的经济学家对传统的"财务资本雇佣劳动"逻辑的批判，并相继提出了以"财务资本与人力资本并重"为逻辑基础的"财务资本所有者与人力资本所有者合作产权论"和以"劳动雇佣资本"为逻辑基础的"人力资本所有者拥有企业产权论"的新的产权归属与结构理论。而20世纪80年代以后出现的"利益相关者共同产权论"更是认为，企业本质上是利益相关者缔结的一组合约，每个利益相关者都对"企业剩余"做出贡献并享有剩余索取权[1]。利益相关者共同产权论把雇员和债权人等利益相关者纳入企业剩余索取者之列，较于"股东—经理"二元产权论是一个巨大的历史进步。在知识经济时代各产权主体实力变化这一新的背景下，业主权理论及由此所决定的传统财务报表也开始遭受越来越多的质疑和驳斥。与知识经济时代相适应，新的所有者权益理论即企业论被提出，它把企业看作一个为许多群体的利益而从事经营活动的社会机构，要求企业必须考虑到企业自身的经营活动对各相关全体乃至整个社会的影响，要求财务报告全面反映和监督企业多重产权关系，更好地维护和保障利益相关者的权益。

（3）利益相关者理论与公司治理

在利益相关者理论（Stakeholder Theory）看来，企业实质是利益相关者之间"契约的耦合体"[2]。利益相关者理论与传统的"财务资本至上"的企业理论主要区别在于，该理论认为企业的生存与发展并不只依赖于资本投入，同样依赖于企业管理者、雇员、消费者、供应商、社区等企业利益相关者的投入。如果没有管理者和雇员持续提供人力资源投入，没有消费者购买产品，没有供应商持续提供生产所需的原材料，没有社区持续提供教育和其他公共设施，企业就不可能生存与发展。企业运营

---

[1] 从1980年年末至今，美国已有29个州（超过半数的州）修改了公司法。新的公司法要求公司经理为公司的"利益相关者"（Stakeholders）服务，而不仅为股东（Stockholders）服务。这一事实表明，利益相关者共同产权论已得到法律支持。

[2] 雷光勇：《会计契约论》，中国财政经济出版社2004年版，第163页。

过程中也并非只有出资者承担风险，在企业"下注"的所有利益相关者都承担了风险：管理者与雇员承担了专用性人力资源贬值的风险，消费者承担了产品质量风险，供应商承担了企业不能履约的信用风险，社区承担了环境污染的风险。在这种情况下，片面地将企业剩余索取权和剩余控制权赋予一方，明显有违市场公平的原则，也不利于企业的发展壮大。因而无论是从效率还是从公平意义上，企业都应该考虑相关者的利益。

哪些人是企业利益相关者呢？对此，早期经济学家认为，影响企业生存的人就是利益相关者。之后，被称为利益相关者理论的倡导者爱德华·弗里曼（Edward Freeman）教授把它界定为"能够影响一个组织目标的实现或者能够被组织实现目标过程影响的人"[1]。这一定义不仅将影响企业目标的个人和群体视为利益相关者，同时还将受企业目标实现过程中所采取的行动影响的个人和群体也看作利益相关者，大大扩展了利益相关者的内涵。但是弗里曼界定的范围太广，难以明确把握。玛格丽特·布莱尔（Magaret M. Blair）进一步把利益相关者定义为"所有那些向企业贡献了专用性资产，以及作为既成结果已经处于风险投资状况的人或集团"[2]。在她看来，只有那些在公司真正有某种形式的投资并处于风险中的人才是利益相关者，企业应该由他们共同治理。这一观点实际上为利益相关者参与公司治理提供了理论依据。

从上述关于利益相关者概念的分析中可以发现，利益相关者理论的发展是一个从利益相关者影响到利益相关者参与的过程，其中经历了三个阶段：第一阶段强调利益相关者影响企业生存，研究重点在于利益相关者是谁，以及为什么要考虑这些利益相关者的利益；第二阶段强调利益相关者与企业组织之间的交互影响，研究重点转向利益相关者的实现机制，即实践中应该通过何种机制实现利益相关者的利益。这已经把利益相关者理论融合到现代战略管理理论当中，从而为利益相关者参与企业战略管理提供了基础；第三阶段则结合公司治理理论，主要从资产专

---

[1] Freeman R. E., *Strategic Management: A Stakeholder Approach*, Boston, MA: Pitman, 1984.
[2] Margaret M. Blair, *Ownership and Control: Rethinking Corporate Governance for the 21st*. Washington: The Brooking Institution, 1995.

用性角度来考虑利益相关者,从而为利益相关者参与公司治理提供了理论支撑,推动了公司治理理论的发展。人们不再将公司治理问题局限于所有者与经营者之间,而是把它看作一种讨论如何保护利益相关者的机制。利益相关者理论也使人们认识到"以财务资本所有者至上"的企业产权安排和基于业主权理论的财务报告的局限。现代会计和财务报告必须朝着全面反映和监督各产权主体关系,维护与保障多方产权主体利益的方向迈进。

(4) MD&A 信息披露和产权、利益相关者与公司治理理论的关系

企业作为一种能够降低交易费用的资源配置形式,其产权的界定、配置与保护必然依赖于会计信息。正如美国著名会计学家瓦茨和齐默尔曼(Watts & Zimmerman,1983)所言,会计和审计都是产权结构变化的产物,是为监督企业契约签订和执行而产生的。而且经济越发展,产权关系越复杂,肩负"界定和保护产权"使命的会计也就越重要。伍中信教授很早就精辟地指出,会计对产权的贡献与生俱来[①]。在此基础上,郭道扬教授又进一步拓展,认为会计的发展与产权经济的发展之间的关系"既十分密切而又历时久远,无论是产权经济的发展对于会计所产生的重要影响,还是会计的发展对于产权经济发展的重要贡献都是与生俱来的"[②]。可见会计尤其是会计信息披露与产权的紧密关系是交互而直接的:一方面,企业经营建立在产权基础上,无论是企业的投资者,还是债权人、经营者等都是在尊重产权的基础上所形成的契约关系,这种契约关系必然要求以相应的会计信息为基础,显然,现行财务报表仍以财务信息和历史信息为主,重在满足财务资本所有者的利益,很少考虑或完全忽视了其他利益相关者的要求,而 MD&A 信息披露方式不仅为财务资本所有者提供了财务报表以外的补充信息,而且为反映和维护其他利益相

---

① 伍中信:《产权与会计》,立信会计出版社 1998 年版,第 2 页。

② 郭道扬教授进一步把会计对产权经济发展的主要贡献精辟地概括为三个方面:首先,企业的产权价值运动过程及其结果,必须依赖于会计的全面、系统、恰当及时的反映与控制;其次,会计对产权价值运营过程及其结果的反映与控制所生成的信息对投资决策与经营决策都具有十分重要的作用;最后,会计无论对于整个市场经济还是对于它的经济单元(企业或公司)都具有基础性反映与控制的作用。具体分析参见郭道扬:《论产权会计观与产权会计变革》,《会计研究》2004 年第 2 期。

关者的权益提供了平台；另一方面，会计信息在维护与保障利益相关者权益及保障市场经济有序、有效运作中具有不可替代性。在引导资本流动及资源配置方面，MD&A 信息与财务报表同样重要，在特定情况下，对广大非专业的中小投资者而言，前者甚至更为重要。由于提供了公司战略、风险因素、职工福利、环境问题和社会责任等信息，MD&A 信息更能满足多方利益群体的需要，同时也强化了管理层对这些软信息的披露责任。MD&A 信息作为软信息的主要载体，直接或间接影响着社会资源的分配，代表着获取信息的权利和一种利益分配格局，一旦企业的利益相关者之间发生利益冲突，MD&A 信息背后蕴含的各项权利就会凸显出来。

就公司治理而言，MD&A 信息披露和内外治理构成一个完整的公司治理结构的联结框架，它与公司治理优化具有内在联系和互动机制。管理层负有 MD&A 信息披露义务，从而形成一种监督，在一定程度上对公司及管理层的行为具有制约作用，进而促进上市公司治理结构的完善。同时，管理层对公司战略目标和关键业绩指标等重要方面的解释与分析，有助于管理层自身更清晰、更深入地把握公司的具体情况，便于管理者集中精力于对业绩有最大驱动力的经营方面，以及及时诊断经营中的问题并采取措施，有力推动公司战略的执行。而当公司管理层预先对公司所面临的各种风险与挑战进行剖析后，一方面管理层便具备了一定的风险认知及风险应对能力；另一方面也有助于投资者等信息用户更理性地把握经济决策，从而避免大幅波动。从这一意义上讲，MD&A 信息披露既是制度要求，更是管理策略。反过来，科学的公司治理机制又是 MD&A 信息披露的保障，其股权结构、股权性质等都可能对 MD&A 信息披露质量产生重要影响。

到目前为止，本书沿着理论发展的轨迹介绍了由科斯开创并形成主流的企业理论，即基于契约观的企业理论。在这一框架中，一个企业是否能存在，能发展到多大规模，关键取决于该组织在多大程度上节约交易费用。企业效率的基本内涵相应被理解为交易成本的节约或交易效率的高低。这无疑大大深化了对企业的认识。然而，企业仅仅靠节约交易费用就可以生存和发展吗？显然不能。由此便产生了一个新的认识企业的视角，即企业能力理论。

(二) 企业能力理论

与企业契约理论根本不同，企业能力理论把能力视为企业的中心要素，主张企业竞争优势的内生性，强调企业成长的根源是内部知识和能力的积累。该理论包括资源基础理论、核心能力理论和企业知识基础理论等多种理论和思想观点，由于缺乏经济学分析的必要规范性，迄今为止，这些理论尚未形成一个统一的概念体系。但它们有着一个共同核心：企业的成长是内生的，其内在条件（资源、能力和知识）是获得持续竞争优势的真正基础。在这些理论中，核心能力理论最为著名。

1. 核心能力理论的基本观点

核心能力理论的标志性成果是普拉哈拉德和哈梅尔（Prahalad & Hamel，1990）在《哈佛商业评论》上发表的《核心竞争力》一文。他们把企业的核心能力界定为"组织中的累积性知识，特别是关于如何协调不同生产技能和有机结合多种技术源流的知识"[1]。之后，很多学者从不同角度定义企业的"核心能力"，如福斯（Foss，1994）把企业的能力看作企业的特殊资产。归纳起来，企业的核心知识和能力具有整体性、异质性、不可替代性等基本特征。核心能力能够提高企业的效率，有助于企业创造价值和降低成本。但不同企业的核心能力是有区别的，它是企业长期成长和积累的结果，是企业之间竞争优势差距的根源，难以通过某一项技术或某些人员的流动被其他企业复制或模仿。与企业的其他资源相比，核心能力受到替代品威胁的可能性较小。正因为如此，有学者认为，企业本质上是一个能力和资源的组织体系（汤湘希，2006）。

20世纪90年代以来，随着知识经济的迅速发展，强调核心知识和能力的企业能力理论备受关注。但是，尽管该理论为考察企业问题提供了一个新视角，它仍然具有一个明显的局限，即它只强调特殊资源和核心能力的内部积累对企业竞争优势的决定作用，而忽视对外部环境的分析。而蒂斯、皮萨洛和舒恩（Teece, Pisano & Shuen, 1990）通过对20世纪80年代以来高科技企业发展的实证分析指出，对外部环境变化的反应能力才

---

[1] C. Prahalad and G. Hamel, "The Core Competence of the Corporation", *Harvard Business Review*, Vol. 66, 1990, p. 82.

是解释企业成功的关键。国际市场上的优胜者正是那些能够对技术和市场环境变化作出适时反应,能够对企业内外资源有效整合进行快速和灵活的产品创新的企业。事实上,诞生于20世纪60年代的"优势(Strength)—劣势(Weakness)—机会(Opportunity)—威胁(Threats)"战略分析模型,即著名的SWOT分析框架,就非常强调对企业内外的优、劣势,面临的机会和风险等各方面条件的综合和概括。

2. MD&A信息披露是展示企业核心能力的最佳窗口

管理层必须善于把企业商业机密以外的核心能力向外部展示,以形成良好的品牌和声誉。MD&A信息披露不仅包括对财务报表数据的进一步解释和说明,强调对公司未来发展的展望,如公司所处行业的发展趋势与市场竞争格局、未来发展机遇与挑战,以及公司核心竞争力信息,如公司的优势、拟开展的新业务、拟开发的新产品、拟投资的新项目,以及各种风险因素等。显然上述这些信息都无法通过财务报表传递,而比起其他媒体和临时公告,MD&A信息披露更为正式,且直接面向目标受众,是公司展示核心竞争力的最佳窗口。

然而,无论是企业契约理论还是企业能力理论,都延续了科斯关于"市场—企业"二分法的基本范式,都是从企业的经济性质即企业作为一种经济制度区别于其他经济制度的特殊性而展开的。但现实经济中,企业与企业之间的关系远非这么简单。事实上,企业不仅仅具有经济属性,还具有更多的社会属性。企业生存于一个复杂的社会网络中。因此,一些经济社会学家以一种更现实的"企业—网络—市场"三分法来理解企业活动,提出了企业的社会人假设,这便是新经济社会学视角的企业理论。

(三)新经济社会学企业理论

1. 新经济社会学企业理论的代表性观点

新经济社会学认为,经济学的一个显著不足就在于假设企业是单纯的经济人。事实上,企业还是"社会人",显然这种认识更接近现实。马克·格兰诺维特(Mark Granovetter)是新经济社会学的典型代表,他提出了"弱关系充当信息桥"的著名论断①，即通过弱关系可以获得社会上离自己较远的观念、影响和信息。之后，格兰诺维特又发展了波拉尼（Polanyi）的嵌入理论②（Embeddedness Theory），认为经济组织、经济制度和经济生活其实是"嵌入"于社会网络中，即"社会建构"的。因此，在企业参与博弈所达成的动态均衡中，不仅要考虑经济因素，还要考虑其他非经济的社会因素。

2. MD&A 信息披露是体现企业"社会性"的重要路径

MD&A 信息披露是发展和维护企业弱关系（如中小投资者、潜在投资者等）的重要路径之一，它所提供的关于环境、社会责任等信息是企业"社会性"的重要体现。企业要追求可持续性发展，就必须保护其生存环境，承担相应的社会责任，并关注股东以外的其他利益相关者的利益。因此，新经济社会学企业理论揭示了 MD&A 信息披露如何适应社会环境的内在机理，进而解释了不同国家、不同行业、不同时期 MD&A 信息披露"异质性"的问题。

现代企业理论越来越强调软性因素（如声誉、关系等），越来越注重企业的异质性（如核心能力）和社会性（如嵌入论）。作为经济学理论和管理学理论的融合，企业理论的最终落脚点在于效率：企业的交易效率正是现代企业契约理论所关注的焦点；而企业能力理论则通过对企业竞争优势的考察，强调了企业的核心能力效率。这两种理论存在一个共同缺陷，就是缺乏对企业与其环境之间契合关系的考察，新经济社会学的企业理论弥补了这一缺陷，提出了次优的适应性效率。从企业理论角度研究 MD&A 信息披露，重在探讨它在提高企业交易效率、核心能力效率和适应性效率等方面所发挥的重要作用。而"信息披露"这一概念的提出和发展与资本市场紧密相关，以下内容将结合财务学理论基

---

① 格兰诺维特把关系分为强关系和弱关系，认为强关系维系着群体、组织内部的关系，而弱关系在群体、组织之间建立纽带联系。他从四个维度测量关系的强弱：一是互动的频率。互动的次数多为强关系，反之则为弱关系。二是感情力量。感情较强、较深则为强关系，反之则为弱关系。三是亲密程度。关系密切为强关系，反之则为弱关系。四是互惠互换。互惠互换多而广则为强关系，反之则为弱关系。

② "嵌入性"已被看作沟通经济学和社会学对商业行为进行解释最有潜力的概念，嵌入被看作社会关系影响经济活动的一个过程，而这个过程往往被经济学家所忽略和缺乏深入研究。

石——资本市场效率理论进一步探讨 MD&A 信息披露对市场效率的重要意义。

二 资本市场效率理论与 MD&A 信息披露

"有效市场假说"（Efficient Market Hypothesis，EMH）[1] 是财务理论中关于资本市场效率的核心理论，它有一系列十分严苛的假设[2]，这使得它时常遭受挑战，尽管如此，它仍然被视为财务学的重要理论基石之一，也是众多资本市场会计研究必不可少的基础理论之一。

（一）有效市场假说

关于 EMH 的研究最早可追溯到 20 世纪初。巴契里耶（Louis Bachelier，1900）、沃金（Working，1934）、莫里斯·坎德尔（Maurice G. Kendall，1953）、罗伯茨（Roberts，1959）和奥斯本（Osborne，1959）相继发现了商品价格或股价变化随机游走的特点，这一发现对当时股票定价的主流经验理论、技术分析和基本面分析提出了严峻挑战。此后，西方许多经济学家对这一问题进行了深入研究，从而建立了 EMH。其中，托宾（Tobin）、威斯特和惕尼克（West & Tinic）、尤金·法玛（Eugene Fama）、麦克尔·詹森（Michael C. Jensen）等人的观点最有影响。而将 EMH 发展得最为完善与严密的当属美国著名财务学家法玛。法玛界定了有效市场的概念，即在一个有效的证券市场上，证券价格曲线上的任一

---

[1] West 和 Tinic（1975）曾把资本市场效率细分为外在效率（External Efficiency）和内在效率（Internal Efficiency）。其中，外在效率是指资本市场配置效率，即资本市场能否有效地调节和分配资本，具体表现为市场上证券的价格能否根据相关信息快速、准确地作出反应。衡量资本市场是否具有外在效率有两个标志，一是价格是否随相关信息而变化；二是相关信息能否充分披露和均匀分布，使每个投资者在同一时间内得到等量等质的信息。内在效率则是指交易运作效率，即市场可否在最短时间内以最低的交易费用完成交易。显然，交易时间和交易费用决定着内在效率的高低。一般而言，资本市场效率理论中所指的是资本市场的外在效率。

[2] 这些条件在现实中很难满足，这也决定了强式有效市场只是一种理想境界，是无法达到的"空中楼阁"，现实生活中只存在弱式或半强式有效市场。正因为如此，有效市场假说常常受到一些竞争性学说的挑战，如行为金融学（Behavioral Finance），本书无意涉足这方面的内容。

点都真实、准确地反映了该证券及其发行人在该时点价格的全部信息。换言之，如果证券市场是有效的，那么该市场任何证券的价格都应全面真实地反映该证券的价值，而该价值就是所有投资者通过与该证券有关的所有信息判断确定的。这一定义为后人普遍接受。法玛还注意到有关股票市场效率的两个关键问题：一是股价和信息的关系，即信息的变化如何影响股价的变动；二是与股价有关的信息的种类，即不同信息对股价的影响程度不同。在此基础上，他把有效市场分为弱式有效、半强式有效和强式有效，从而使资本市场效率理论形成了一个完整的理论框架。

根据 EMH，无论是弱式有效、半强式有效还是强式有效，都不能获取超额报酬。首先，在弱式效率市场中，基于历史价格和交易量等的技术分析，收益不一定更高；其次，在半强式效率市场中，技术分析失效，而且那些基于公开可得信息（如财务报表）的基础分析也将趋于无效；最后，在强式效率市场中，任何人或任何交易策略都无法利用任何信息赚取超额回报。强式效率市场颇像瓦尔拉斯（Walras）描述的理想均衡市场，此时政府监管没有必要。但强式效率市场只是一种理论假设，完全理想均衡不可能实现，因此政府对市场必要的监管必不可少，而政府监管的方式与力度又取决于市场的有效程度。中国股票市场有效性如何呢？国内学者自我国股票市场建立之日起就致力于中国股市有效性的研究与检验，成果丰硕[1]，但至今尚未形成一致结论：有些学者认为中国股市尚未达到弱式有效，另一些学者则认为我国股市已经达到弱式有效。关于半强式效率，国内的研究结论比较一致，几乎所有研究（沈艺峰，1996；陈晓等，1999；吴世农等，1997，2001；等）都认为中国股市尚未达到半强式有效。

可见，目前中国股市的有效性还比较低，是否达到弱式有效尚存争

---

[1] 厦门大学吴世农教授自1994年开始对我国沪深股市的有效性进行了大量的理论与实证研究，其中尤以2003年的《深圳股票市场有效性研究》一文最为系统和全面，该文综合运用多种方法，发现不论是对个股或指数检验还是分年度检验，都表明深市尚未达到弱式有效，但"1997年可视为市场开始真正走向有效的转折点"。其他有代表性的实证证据还有俞乔（1994）、宋颂兴等（1995）、陈小悦（1997）、奉立城（2000）、张亦春等（2001）、张兵等（2003）、陆蓉等（2004）、戴晓凤等（2005）、刘蓬勃（2006）、吴振翔（2007）等。

议。根据 EMH 理论，资本市场本质上是一个信息市场。首先，资本市场运行机制的实质是信息沟通机制。资本市场运行就是资本余缺双方相互接触、相互沟通资本供需信息、相互调剂资本余缺，这个过程同时表现为上市公司披露信息，以及投资者对披露信息消化后的行为反应。其次，资本市场经济功能的根本在于信息功能。资本市场资源配置的效率取决于证券定价的有效，证券定价的有效则取决于从信息到价格的定价机制。如果没有充分真实的信息披露，即使信息在传导、解析和反馈环节不发生任何问题，投资者也不可能获得决策所需的必要信息，投资者的决策不可能有效，在此基础上产生的证券价格也不可能真正体现其投资价值，证券价格的变化也就不可能真正发挥引导资本流动的作用。因此，提高证券市场有效性的关键就在于解决信息披露、信息传导、信息解析和信息反馈各环节所出现的问题，而建立上市公司信息披露制度又是关键中的关键。只有相关信息能够得到充分和真实的公开披露，投资者才有可能真正把握证券产品的投资价值，才有可能作出合理有效的投资决策。从这个角度看，科学的信息披露制度是建立有效证券市场的基础，是发展有效证券市场的起点。可以说，"有效资本市场假说的出现，为信息披露制度建立了理论基础，提供了可以检验的方法，并最终证明了法律制度所能实现的目的"[1]。

（二）MD&A 信息披露的有效市场理论诠释

EMH 诠释了证券价格与会计信息披露之间的关系。正是这种关系为财务报告信息与股价之间搭建了一座桥梁，使得对两者关联的研究和检验（如信息含量和价值相关性研究）直接成为资本市场会计研究的核心和日渐勃兴的经验会计研究的主体内容。

资本市场的资源配置过程是由证券价格信号来引导的，而上市公司披露的会计信息又直接影响着证券价格的波动，MD&A 信息作为一种决策所需的"特别信息"[2]，能为投资者的证券买卖提供决策依据，直接决

---

[1] 齐斌：《证券市场信息披露法律监管》，法律出版社 2000 年版，第 78 页。
[2] Bernd Hüfner, *The SEC's MD&A: Does it Meet the Informational Demands of Investors? —A Conceptual Evaluation*, Schmalenbach Business Review, January 2007, Vol. 59, pp. 58 – 84.

定和影响资本市场功能的发挥及其资源配置的效率。美国托马斯克·E. 科普兰（Thomas E. Copland）1978年的研究也证实，投资者对"董事长致股东的信"和年报中未经审计部分所提供的信息很感兴趣，为此他作出这样的经典论断："最重要的信息是前瞻性信息，旧信息等于没信息（Old news is no news）。"① 而根据EMH，MD&A所提供的未来信息有助于投资者对公司未来经营业绩进行判断，如果投资者使用了这些未来信息，就会在资本市场上通过股价表现出来。诸多经验研究结果（Eikner，1994；Orie，Kile & O'Keefe，1999；Cole & Jones，2004；Callahan & Smith，2004；Yan Sun，2007）已经证实：MD&A信息尤其是其中的前瞻性信息具有增量信息含量。可见，MD&A信息披露质量的高低，将直接对社会资金的合理流向产生作用，从而影响资本市场的效率，进而影响整个社会主义市场经济的健康发展。

威廉·H. 比弗（William H. Beaver）1973年曾就证券市场有效性对财务报告披露的重要启示进行过精辟的总结，把他的观点进一步延伸，则可以清楚看到有效市场假说对MD&A信息披露的强大支撑作用：

其一，在数量上，有效证券市场要求充分披露。这样一来就会有效降低使用者由于信息不对称而造成的信息差距。MD&A作为财务报表有益而必要的补充，具有信息含量，能够向市场传递一些新的而且有用的信息，这一点已为众多实证研究所证实。在弱式或半强式有效市场上，尽管部分竞争者可能通过信息搜寻提前获得MD&A所应披露的部分信息，这种信息搜寻就投资者个体而言可能符合成本效益原则，但对整个社会是一种资源浪费，同时投资者在信息搜寻方面的不平等地位将在一定程度上削弱证券市场的公平、公正性。因此，MD&A信息披露是提高资本市场有效性的客观要求。

其二，在质量上，有效市场要求披露相关、真实而公允的会计信息。只有这样，才能够促进有效资本市场的形成，提高资本市场运作效率，实现社会资本的优化配置；反之，则会误导投资者，扭曲资本市场的正常反应机能。财务报表的表内信息主要面向过去，相关性较差，而"管

---

① Thomas E. Copland. "Efficient Capital Markets: Evidence and Implications for Financial Reporting", *Journal of Accounting, Auditing and Finance*, Fall 1978, p. 47.

理层讨论与分析"信息主要面向未来,有利于提高会计信息的相关性。但 MD&A 是一种文本信息,这就意味着管理层在措辞选择、叙述的详略程度等方面具有很大的主观自由,相对财务报表而言,MD&A 信息的真实性和公允性更难监管。因此,不仅要求企业提供 MD&A 信息,还必须对它的信息质量予以规范和鉴证,只有这样,才能真正发挥它在引导资本市场资源配置方面的功能作用。

其三,其他信息源的竞争。EMH 认为,全部信息都会在证券价格得以反映,这就意味着,除了财务报告以外,还有许多其他信息源。若财务报告的信息功能无法有效发挥,就存在被其他信息源取代的可能。财务报告要想在竞争中获胜就必须不断进行自身改革,尤其要重视薄弱环节如 MD&A 信息等其他报告方式的改进。

因此,EMH 为 MD&A 信息披露提供了理论支撑,而作为财务报告不可或缺的组成部分,MD&A 信息对支撑证券市场的有效运作同样起到了重要作用,两者交互影响。一方面,运用有效市场理论所进行的会计研究,最终使得 MD&A 信息披露制度在美国等资本市场发达国家占据了重要地位,并逐渐在世界各国广泛运用,最终得到国际证监会组织(International Organization of Securities Commissions,IOSC)和国际会计准则理事会(IASB)的正式接纳和重点关注;另一方面,MD&A 基于管理层视角向外部信息使用者传递信号,有助于提高投资者经济决策的准确性,引导资本的有效配置与流动,进而促进证券市场的健康发展。

三 财务报告目标理论与 MD&A 信息披露

"受托责任"和"决策有用"是财务报告目标的两大主流理论。我国 2014 年修订的《企业会计准则——基本准则》中对财务报告目标的表述与 2006 年一致[①],将"受托责任论"与"决策有用论"两大理论密切结

---

① 即:向财务会计报告使用者提供与企业财务状况、经营成果和现金流量等有关的会计信息,反映企业管理层受托责任履行情况,有助于财务会计报告使用者作出经济决策。参见《企业会计准则——基本准则》(2014)第一章第四条。

合起来了。显然，基于管理层视角所作的深入解释与详细说明，更有利于反映"受托责任"的履行。同时，MD&A 能够提供财务报表所不能提供的未来信息和非财务信息，这在财务报表信息基础上则更能促进财务报告的"决策有用性"。

（一）MD&A 信息披露有助于反映受托责任履行情况

股东（委托人）一旦将资本投入企业，尽管他们拥有剩余索取权和控制权，但经营者（受托人）仍有可能对其财务资本进行"虐待"而使自己受益（张维迎，1996），因此，股东要求经营者向他们披露信息，以报告财务资本的经营管理情况和风险程度。当股东无法取得预测性信息时，他们对受托者（公司管理者）受托责任履行情况的评价只能通过将公司管理者的业绩与前期或其他公司的情况进行比较，但这种对比评价的方法并不全面和科学。公司如果能够提供未来信息和非财务信息，使股东能够用这些信息与公司实际经营业绩进行对比分析，并与上述方法相结合，势必能取得更好的评价效果。管理层对公司的机会、风险、优势与劣势的分析，能够让股东更清楚地了解公司的现在和未来，从而对管理层受托责任的履行情况作出更准确的评价。

（二）MD&A 披露有助于提升财务报告的决策有用性

现行财务报告有两大突出缺陷，一是关于公司经营业绩和财务状况的计量，基本上都是以所占用与耗用资源的原始成本为依据的，这与未来业绩和财务状况的反映相关性甚弱；二是财务报表反映的是过去，它对公司过去的经营业绩和财务状况的描述，只能为会计信息使用者的决策提供部分依据。因此，以原始成本反映的历史信息难以满足财务报告的"决策有用性"。决策主要是与公司未来相关的，MD&A 提供前瞻性信息正好可以弥补现行财务报告的缺陷，使提供的信息能更好地满足信息使用者的决策需要，从而提高了财务报告的有用性，也使财务报告体系更加完善。

以上研究，循序渐进地从经济学、管理学、财务学和会计学角度论述了 MD&A 信息披露的理论基础，但这些理论其实都着眼于效率。而任何一项制度必然是效率与公平的有机统一，若仅仅追求某一利益主体的效率最大化，其效率必定难以持久，因此必须保障各方主体利益的相对公平。以下将结合投资者保护理论、知情权理论和企业社会责任理论，进一步诠释 MD&A 信息披露在维护公平、反映社会责任方面的重要作用。

四 社会公平伦理与 MD&A 信息披露

社会公平是一种具有普遍意义的价值诉求。对资本市场而言，一个不公平的资本市场必然是马克思所说的"权力捉弄财产"① 的市场。会计在一开始并不反映特有的人文观念和道德价值取向，但随着利益相关者围绕信息披露而展开的博弈不断深化，加之会计准则制定者基于利益层面而非纯技术方面的考虑，种种伦理问题就逐渐浮现，并在信息披露的制度安排中得以彰显。

（一）投资者保护理论

著名伦理学家约翰·罗尔斯（John Rawls）十分强调社会制度的公平性。他认为，每个社会成员的自然权利具有不可侵犯性，这种不可侵犯性不能以牺牲任何他人的福利为借口。这实际体现了对社会公平的追求和对弱势群体的保护。证券市场是一个利益角逐场，在这个角逐过程中，公众投资者特别是中小投资者在证券市场上占据多数，他们不仅代表着"最大多数"信息使用者，而且始终处于弱势地位，更需要社会关注与法制保障。中国股权分置改革的特殊国情更决定了在公司治理结构中，突出保护中小投资者利益、避免一股独大对上市公司发展的意义尤其重大。MD&A 信息披露制度是上市公司信息披露法规框架的有机组成部分，与财务报表数字信息不同，它是一种文本信息，更易为广大中小投资者所理解，在一定程度上能显著降低公司各层级的信息不对称程度，起到保护投资者尤其是中小投资者利益的作用。上市公司通过 MD&A 信息披露，帮助投资者等信息用户更好地了解和把握公司经营情况，有助于培育良

---

① 《马克思恩格斯全集》第四卷，人民出版社 1958 年版，第 330 页。

好的投资者关系。从这一意义上讲，MD&A 信息披露是一种实施投资者关系管理的战略工具。

（二）知情权理论

关于知情权的概念，学者从不同角度作了多种界定，表述形式虽不同但本质却相同。有学者认为知情权即了解权，是"现代民主政治不可缺少的权利"[①]。资本市场上的知情权具体表现为信息知情权，即信息使用者知悉公司相关信息的权利，它是个人的自然权利，神圣不可侵犯。有些学者将资本市场知情权定位于股东知情权，这同样是受到了"财务资本至上"思想的影响。在现代市场经济条件下，应该将股东信息知情权扩展到利益相关者知情权。从这种意义上看，获取上市公司的财务与非财务信息、历史与未来信息是企业产权主体的基本权利，也是保障产权主体利益的基础性权利。只有当他们充分了解上市公司的背景、业务、竞争力、财务状况等信息以后，才有可能正确评估投资目标的价值，顺利缔结各种产权契约。因此企业产权主体信息知情权必然要求信息的公开披露。MD&A 所披露的前瞻性信息和非财务信息，保障了中小投资者等弱势群体的信息知情权，体现了公平理念。

（三）企业社会责任理论

企业在追求经济效率的同时也要兼顾社会利益，应该承担一定的社会责任。美国著名伦理学家詹姆斯·E. 波斯特（James E. Post）认为这是社会发展的一种客观趋势，也是企业的一种必然选择。但他并未说明企业如何在实践中逐步承担自身的社会责任。对此，著名管理学家斯蒂芬·P. 罗宾斯（Stephen P. Robbins）提出了企业社会责任四阶段模型（见图1—1）。

---

① 应松年：《行政法新论》，中国法制出版社1999年版，第512页。

第一章 MD&A 信息披露的理论基础

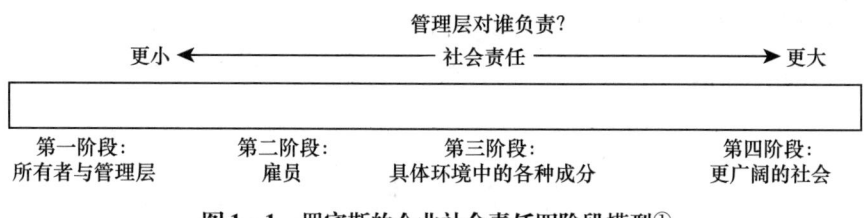

```
                        管理层对谁负责？
    更小 ←──────────── 社会责任 ────────────→ 更大

  第一阶段：        第二阶段：      第三阶段：            第四阶段：
  所有者与管理层    雇员          具体环境中的各种成分   更广阔的社会
```

图 1—1 罗宾斯的企业社会责任四阶段模型①

可见，企业承担社会责任有一个过程。罗宾斯的四阶段模型实际上就是一条企业社会责任链，从这一链条也可以明显体现利益相关者理论的主要观点。社会责任派的研究，无疑为公司应考虑利益相关者权益提供了重要的伦理支持。

在现代市场经济条件下，公司尤其是上市公司不仅仅是一个追求利益最大化的商事主体，更是社会经济运行的基本"细胞"。除股东之外，公司还与其他利益相关者编织着一张利益关系网，虽然各自利益追求不同，但在经济发展和环境保护等方面存在共同的利益和要求，如果公司仅仅保护股东利益，而忽视了对其他利益相关者的适度保护，势必影响到公司的持续发展。因此，公司应主动承担一定的社会责任。其中，充分而真实的信息披露，不仅是管理层对股东（投资者）受托责任的具体体现，而且还体现了对雇员、债权人和供应商等其他利益相关者的社会责任。从现象层面看，MD&A 信息披露体现的不仅是一种文字解释，更是一种强有力的社会、政治、经济意味上的"修辞"（自我宣传）行为。在这个过程中，信息被赋予了神圣的使命，即安排各种制度与契约，是受托责任和利益相关者利益博弈的依据。MD&A 信息披露是公司报告社会责任信息的重要途径，其质量尤其是非财务信息和未来信息的数量与质量直接体现着公司管理层的社会责任意识及社会价值观，从而为信息使用者提供了一个评判管理层价值观的重要渠道。它所披露的社会责任信息如社会捐赠、环境保护等，一方面有利于强化上市公司管理层的社会责任意识，另一方面可使那些自觉履行社会责任的公司得到赞扬和传

---

① ［美］斯蒂芬·P. 罗宾斯（Stephen P. Robbins）：《管理学》（第七版），中国人民大学出版社 2004 年版，第 101 页。

颂，而使那些怠于履行社会责任的公司逐渐曝光并受到社会舆论的谴责甚至法律的制裁，从而唤醒全社会的企业社会责任意识，维护良好的市场经济秩序，最终实现企业的可持续发展。

五　小结

　　本章所进行的基础理论研究，是跨领域、长链条、多角度和整合性的，其积极意义不仅在于为 MD&A 信息披露问题提供强大的理论支撑，多种理论一贯到底的分析与研究的表征意义可能更为突出。毫无疑问，MD&A 信息披露作为会计信息披露的重要组成部分，和信息不对称理论、委托代理理论、契约理论、产权理论、利益相关者理论与公司治理等经典经济学与管理学理论都具有关联性。如何将这些相关理论置于一定的逻辑分析框架下，并切实体现其作为 MD&A 信息披露研究的理论基础是本章的重点所在。

　　本章关于企业理论的研究是基于对企业认识的扩展而逐渐展开的。首先，把企业视为"经济人"，在完备契约理论框架下，运用信息经济学中的非对称信息分析工具，讨论 MD&A 信息披露的逻辑起因，讨论其披露动机和披露监管的必要性。然后，逐渐放宽假设，将其置于非完备契约理论框架内，运用契约经济学和产权经济学的基本分析工具，分析 MD&A 信息披露变迁的契约基础，以及其反映和维护产权主体利益的重要意义，进而得出这样的基本认识：只要产权制度存在，管理层进行会计信息披露的责任就不会被免除，MD&A 信息披露就成为一种必然。从这一意义上讲，MD&A 信息披露并非只为资本市场服务，那种将其囿于资本市场环境的理论认识无疑具有片面性，从而拓展了 MD&A 信息披露的理论意义。上述理论主要关注的仍然是股东和经营者之间的关系，接下去本书又借助利益相关者理论分析 MD&A 信息披露在利益相关者公司治理中所起的基础性反映与控制作用。然而，新制度经济学范畴的企业理论都将企业看作一种相比市场和其他企业而言更加节约交易成本的制度安排，其内涵在于追求交易效率。与主流企业理论不同的是，企业核心能力理论关注的是核心竞争力等无形资产在企业生存、成长和发展中

第一章 MD&A 信息披露的理论基础

的重要地位，而 MD&A 信息披露在展示企业核心能力方面无疑发挥了独特的窗口作用。但核心能力理论关注的是企业内部的核心能力效率，它忽略了企业外部环境。为此，本书又进一步扩展，运用新经济社会学理论关于企业"社会性"的认识，分析了 MD&A 信息披露在展示企业"社会性"方面的意义。这便是循沿企业理论的主要发展脉络，对 MD&A 信息披露所进行的经济学与管理学理论基础研究。在这一研究过程中所得到的基本认识在于：从经济学视角，MD&A 信息披露制度旨在通过提供财务报表以外的各种信息尤其是未来信息，进一步弥补财务资本所有者与其他利益相关者的信息不对称，降低交易成本，并保障企业契约耦合体中各产权主体的利益平衡，实现企业效率的最大化。反过来，以投资者为主的财务资本所有者与其他利益相关者之间的多重不完全信息动态博弈又推动着 MD&A 信息披露制度的发展与完善。从管理学视角，MD&A 不只是信息披露平台，更是一种良好的战略管理工具。它在公司经营管理、危机管理、投资者关系管理与声誉管理等诸多方面都具有重要作用。由此可见，MD&A 信息披露不仅仅是一个财务与会计问题，更是一个经济学与管理学问题。

从历史起源看，会计信息披露制度与资本市场密不可分，研究 MD&A 信息披露也不可能脱离资本市场，它是资本市场发展到一定阶段的内在要求。本书从资本市场效率理论和财务报告目标理论角度，分析了 MD&A 信息披露对资本市场效率的重要影响。高质量的 MD&A 信息披露能够降低整个社会的信息搜寻成本，增进产权主体对企业财务报表的理解，有利于引导和推动社会资源向优质上市公司集中，从而促进资本市场的健康发展。

上述理论分析中，无论是企业理论，还是财务与会计理论，其着眼点都在于效率，其分析 MD&A 信息披露问题的角度均立足于信息提供者。为全面论述 MD&A 信息披露的理论基础，本书从投资者保护、信息知情权和企业社会责任理论出发，着眼于公平，重点考虑信息需求方，讨论 MD&A 信息披露在维护社会公平、体现企业社会责任意识方面的重要作用。在这一研究过程中，本书将股东信息知情权扩展至利益相关者信息知情权，从而体现了与企业理论分析的逻辑一致性。

梳理基础理论研究的整个过程可以发现，MD&A 信息披露的经济功能在其发展过程中始终占主导地位，其他如管理、政治、社会责任等都是在其经济功能基础上发展和衍生而来的附加功能。因此，如果说资本市场效率理论、投资者保护理论和企业社会责任等理论是对 MD&A 信息披露制度的宏观观照，那么企业理论和财务报告目标理论则说明了 MD&A 信息披露产生与发展的内在机理，这些理论共同为 MD&A 信息披露研究提供了理论基础。

　　基础理论研究所得到的另一重要认识便是 MD&A 信息披露必须与制度环境相契合。这充分说明，研究我国 MD&A 信息披露制度，必须结合我国资本市场和我国国情的发展变化，只有这样它才可能充分发挥出其适应性效率；而公平、秩序与伦理等概念作为效率的规范性力量必须体现在 MD&A 信息披露制度中。即便如此，MD&A 信息披露也不是万能的，它具有明显的"双刃剑"性质，必须在一个合理的框架内适度披露；否则极易沦为新的盈余管理工具。何谓"合理的框架"？要回答这一问题首先必须厘清：第一，MD&A 是什么，它与财务报表存在怎样的关系；第二，谁需要 MD&A，或者说，MD&A 信息披露首先应关注谁的信息需求，他们为什么需要 MD&A，应如何定位 MD&A 信息披露的目标；第三，为实现目标，MD&A 信息应具备哪些质量要求，这些质量要求与会计信息质量特征关系如何；第四，MD&A 究竟提供哪些信息；第五，MD&A 所披露的信息，是否像财务报表一样需要经过外部鉴证以及如何鉴证等等。这些都是 MD&A 信息披露研究必须切实解决的基础性问题，第二章研究将给出相应的答案。

第二章

MD&A 信息披露的基本理论

第一章广泛涉猎经济学、管理学、财务学、会计学和社会学理论，分析了 MD&A 信息披露制度安排的必要性和重要性。本章将专注于 MD&A 的内涵、披露目标与质量特征、披露内容和信息鉴证等基本理论问题，并归纳它们之间的关联性及共性特征，以便对 MD&A 信息披露问题形成系统认识。

一 "管理层讨论与分析"的概念与内涵

MD&A 的概念与内涵是研究 MD&A 披露目标与主要内容至关重要的前提和基础。本部分将在分析现有相关概念的基础上，洞察 MD&A 信息的本质，然后对"管理层讨论与分析"的概念和内涵作出自己的界定。

（一）现有相关概念：分析与评价

加拿大、英国和 IASB 对"管理层讨论与分析"相关概念的界定比较，也相对更有代表性。2003 年，加拿大证监局（Canadian Securities Administrators，CSA）首次明确给出了 MD&A 的定义，他们认为，MD&A 是基于管理层视角对企业当期财务报表和公司未来前景所作的叙述性说明[①]。英国会计准则理事会（Accounting Standards Board，ASB）则在 2005 年 5 月发布的第 1 号报告准则《经营与财务评述》（*Reporting*

---

① Canadian Securities Administrators, Form 51-102FI, Part 1 (a).

Standard 1，RS1）中把"经营与财务评述"（OFR）定义如下："经营与财务评述"是年报中提供的一种叙述性说明，是对财务报表涵盖期间影响企业发展、业绩和状况的主要趋势与因素，以及可能影响企业未来发展、业绩和状况的主要趋势与因素进行的解释。① 在此基础上，IASB 在 2005 年《管理层评论》讨论稿中提出用"管理层评论"一词指代各国的相关概念，并把它的含义明确界定如下：管理层评论与财务报表一起构成企业财务报告的一部分，是管理层对财务报表涵盖期间与企业发展、经营业绩和状况有关的重要趋势与因素，以及可能影响企业未来发展、业绩和状况的重要趋势与因素进行的解释及说明②。

表面看来，上述定义差异并不大，如何评价其优劣呢？逻辑学理论认为，首先，定义必须揭示概念最邻近的"属"概念和"种差"以明确概念的内涵，即把某一概念包含在其属概念中，并揭示它与同一属概念下其他种概念之间的本质差别。其次，一个好的定义必须遵循以下规则：第一，要有包容性，即定义项与被定义项的外延相等；第二，要指代清楚确切；第三，一般不应是否定判断；第四，要求语言精练。以下将根据这些理论对上述现有相关概念加以评述。

在加拿大、英国和 IASB 分别给出的概念中，加拿大 CSA 的定义最为简洁，它主要包括三个要点：一是将 MD&A 定性为"叙述性说明"；二是强调"管理层视角"；三是将 MD&A 的内容界定为财务报表涵盖期间公司的经营情况、财务状况和未来前景。这一定义基本揭示了被定义项的本质属性，但它所指的"未来前景"是不够明确的。与 CSA 的定义不同，英国 ASB 在定义中没有提到"管理层视角"，而是将其作为 OFR 信息的首要质量特征，尽管从理论上提升了其高度，但作为被定义项的本质属性之一，也应在定义中有所体现。另外，ASB 将被定义项的外延定位为"年报"其实是不确切的，其原因将在下文详细说明。较之加拿大 CSA，英国 ASB 明确了很重要的一点，即 OFR 不仅包括对财务报表涵盖期间的

---

① Accounting Standards Board. *Reporting Standard 1*：*Operating and Financial Review*，May，2005，p. 6.

② International Accounting Standards Board，*Discussion Paper*：*Management Commentary*，2005，paragragh 19.

第二章　MD&A 信息披露的基本理论

相关趋势与因素的分析，还应该对未来的重要趋势与因素进行评价。这实际上进一步明确了"未来前景"的内容，突出了 MD&A 信息的"前瞻性"。

IASB 的定义则集合了加拿大和英国尤其是后者的观点，同时它还具有以下两个特点：首先，它将"管理层评论"定性为"一种信息"。IASB 没有将 MD&A 定性为"叙述性说明"，可能是为了避免让人误解为 MD&A 只包括定性分析。但本书认为"信息"一词范围过大，难以揭示被定义项的本质属性；其次，IASB 在定义中明确了 MD&A 和财务报表与财务报告的关系。它认为 MD&A 是财务报表的进一步解释与说明，与财务报表一起构成财务报告的重要组成部分，这一观点已得到绝大多数国家的赞同[1]。从逻辑学分析，MD&A 与财务报表属于同一"种"概念，其实质是一种信息披露载体[2]，但财务报表概念的外延仅限于定期报告，MD&A 则不同，它不仅涉及定期报告，还涉及初次披露。IASB 关于 MD&A 和财务报表与财务报告关系的认识，实质上反映了 IASB 对财务报告认识的深化。一直以来，IASB 专事于财务报表有关的国际会计准则制定工作，直到 2003 年，《IASC 基金会章程》才提出 IASB 的首要目标应进一步扩展，明确指出除了"制定高质量、可理解和可实施的全球会计准则，需要高质量、透明可比的财务报表信息和其他报告信息"[3]。在《国际财务报告准则》（IFRSs）前言部分，IASB 进一步强调其他财务报告的重要作用[4]。这标志着 IASB 对财务报告范围的认识开始由财务报表及附注扩展到其他报告，无疑这是十分可喜的进步。需要

---

[1] 2007 年，在 IASB 回收的 116 份 MD&A 征求意见稿中，绝大多数（104 份，92%）认为 MD&A 理应独立于财务报表之外，成为财务报告的一个部分；而不赞成的意见也只是考虑到审计问题，而非反对 MD&A 概念本身。

[2] 现有绝大多数文献都将财务报告和财务报表定义为一种书面文件或披露手段。如《企业会计准则——基本准则》（2006，2014）第十章第四十四条；又如，陈少华：《企业财务报告理论与实务研究》，厦门大学出版社 1998 年版，第 21 页；再如，唐国平主编《会计学原理》，中国财政经济出版社 2007 年版，第 304 页；等等。

[3] IASC Foundation Constitution, paragraph 2。

[4] 需要指出，在 IASB 和 FASB 于 2006 年 7 月发布的第一份讨论稿《关于财务报告改进概念框架的初步观点：财务报告的目标及决策有用财务报告信息的质量特征》中暂时没有对财务报告进行定义，关于财务报告边界的研究将被推迟到概念框架研究后期。

指出，MD&A 不仅是定期报告的组成部分，也是招股说明书、可转换公司债券募集说明书等必须披露的内容。因此，IASB 的定义在这一点上有失严谨。

国内研究 MD&A 概念的很少，李常青（2006）曾将其界定为"上市公司定期报告中管理层对公司过去经营状况的评价及对未来发展趋势的前瞻性判断"[①]。这里有三点值得商榷：一是它把 MD&A 限于定期报告，限制了 MD&A 的外延；二是把内容仅界定为"经营状况"和"未来发展趋势"，而把"财务状况"排除在外，不够全面；三是涵盖期间界定不明："公司过去经营状况"中"过去"两字指代不明，过于笼统。

上述分析表明，目前尚无一个公认的 MD&A 概念，国内外现有相关定义也还存在着这样或那样的问题，而准确理解基本概念，是深入研究的基础和前提。

（二）"管理层讨论与分析"的本质特征与概念界定

MD&A 的概念表述必须能够反映它与财务报告的关系，并着重体现其不同于财务报表和其他会计信息的本质特征。首先，MD&A 与财务报表具有相同的"属概念"，它们都是一种信息披露文件或载体，从外延上讲，"管理层讨论与分析"信息的范围大于财务报表，它不限于定期报告；其次，从本质上看，MD&A 具有以下本质特征[②]：

一是立足管理层视角。MD&A 信息的提供主体是公司管理层（主要是指董事会），不仅有助于管理层更好地把握公司当期经营业绩及财务状况，也有助于促进管理层对公司战略和未来前景以及风险等进行思考。MD&A 所披露的信息应该能够代表管理层的观点，因而具有一定的主观性。二是着眼于分析和解释。MD&A 以定性叙述和分析解释与说明为主，这使得它与财务报表定量信息具有明显不同，又与财务报告中其他非数据信息（如财务报表附注）的叙述或描述不同。三是强调前瞻性。

[①] 李常青：《对我国年报首次披露管理层讨论与分析的思考》，《中国注册会计师》2007 年第 2 期。

[②] 李燕媛、李晓东：《管理层评论信息质量原则的国际比较与启示》，《会计研究》2009 年第 1 期。

MD&A 所提供的前瞻性信息具有很强的专有性，决策相关性更高。它既包括强制披露的前景性信息（Prospective Information），也包括自愿披露的其他前瞻性信息（Forward-looking Information）。这是 MD&A 区别于财务报表和其他叙述性信息最关键的特征。

依据以上研究，本书把"管理层讨论与分析"界定为一种叙述性信息披露载体，它是公司管理层立足当期财务报表，对影响当期企业财务状况和经营成果的重要趋势与因素，以及可能影响企业未来财务状况和经营成果的重要趋势与因素所进行的分析与解释。这一定义在前述概念的基础上取长补短，不仅揭示出 MD&A 的"属"概念——"信息披露载体"和"种差"概念——"叙述性"，而且反映了 MD&A 信息的三大本质特征，语言精练，指代清楚，符合逻辑学关于概念的基本理论和原则。

二 MD&A 信息披露的主要目标

MD&A 信息披露的目标是研究 MD&A 披露理论的起点。MD&A 信息隶属于财务报告，下文先分析财务报告目标。

（一）财务报告目标：决策有用与受托责任

这是整个会计理论研究的逻辑起点，它在会计准则与制度的制定中起着核心指导作用，使会计准则与制度能够首尾一贯、逻辑一致。关于财务报告目标的理论观点比较多，受托责任观和决策有用观是其中最有代表性的。

1. 主要观点及比较

受托责任观指出，财务报告的主要目标是向资产所有者（委托人）如实反映经营者（受托人）对资源的运用和经营管理责任履行情况。它得益于公司制的产生与发展。公司制的产生促进了股东和经营管理者的分工，由此导致了资产所有者和经营管理者之间的信息不对称，于是受托人通过财务报告来报告和解除受托责任，它主要反映过去的交易或事项形成的历史信息，强调信息的可靠性。

决策有用观认为，财务报告旨在向信息使用者（主要包括现有与潜在投资者、债权人及管理当局等）提供有关财务状况、经营成果和现金流量等决策有用的经济信息。该理论是在资本市场高度发达、股本相对分散的市场条件下形成的。20 世纪 30 年代后，西方特别是美国资本市场得到了空前发展。随着资本市场的发展，数量众多而分布分散的公众投资者使得所有者与经营者的委托代理责任变得不再清晰和明确，因而要求会计面向资本市场提供信息，所传递的信息必须对信息使用者的经济决策有用。

可见，受托责任观和决策有用观各有其产生的经济背景和市场条件，两者并无根本冲突，其出发点和落脚点都是为保护利益相关者的合理权益（谢获宝等，2006）。

2. 影响财务报告目标的关键因素

影响财务报告目标的因素比较多，比如政治、经济、法律等，毫无疑问，起决定性的是经济因素，而其他因素都与经济因素密切相关，其影响是协同性的。影响会计目标的经济因素主要包括经济体制（尤其是所有制结构）、资金来源和市场发达程度三大方面，它们与财务报告目标定位的逻辑关系如图 2—1[①] 所示。

3. 财务报告目标：大陆法系与英美法系国家的差异及根源

从历史发展本源上研究，世界两大法律制度体系的历史演进状况及其结果是造成世界两大会计派系形成的根源（郭道扬，2008），而归根溯源，两大法律制度体系的差异又主要是由各国经济因素所决定的。因此，各国财务报告目标定位的差异，实质是各国经济环境差异作用于会计系统的结果。以法国和德国为代表的大陆法系国家主要强调受托责任观，而以英国和美国为代表的英美法系国家更强调决策有用观。两大法系财务报告目标定位的差异实质上根源于其经济环境因素的差异，主要表现在经济体制、资金主要来源和市场特征等方面。

首先，从经济管理体制看，法德国家虽然实行市场经济，但国有资产在国民经济中比重较大，因而政府干预和管制力度较大。而英美国家实行私有制经济，强调"看不见的手"——市场的作用，而国家较少干预；其次，从资金主要来源看，被称为"银行主导型"的法国和德国长

---

① 引自梁爽《会计目标与会计环境逻辑关系剖析》，《会计研究》2005 年第 1 期。

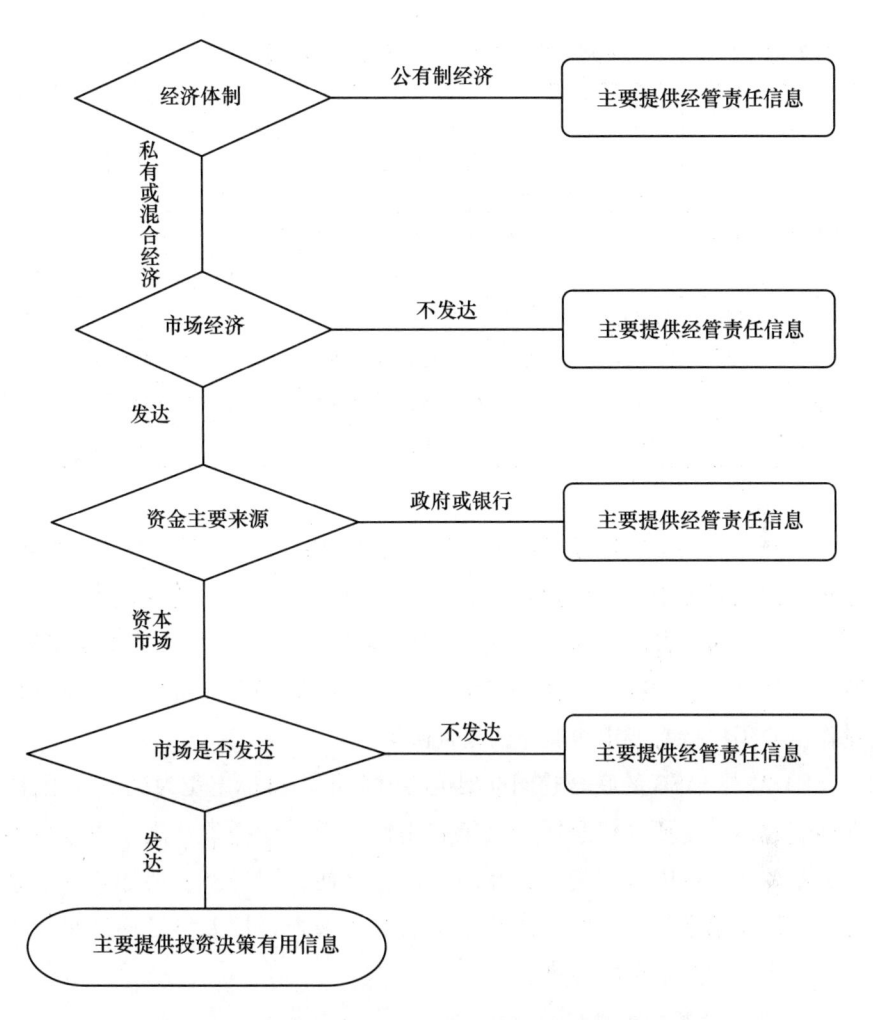

```
经济体制 ──公有制经济──→ 主要提供经管责任信息
   │
   私有或混合经济
   │
   ▼
市场经济 ──不发达──→ 主要提供经管责任信息
   │
   发达
   │
   ▼
资金主要来源 ──政府或银行──→ 主要提供经管责任信息
   │
   资本市场
   │
   ▼
市场是否发达 ──不发达──→ 主要提供经管责任信息
   │
   发达
   │
   ▼
主要提供投资决策有用信息
```

图 2—1　财务报告目标定位与经济影响因素的逻辑关系

期以来企业融资主要依赖于银行贷款。英美企业的资金来源主要依赖于证券市场融资,被称为"市场主导型"国家;最后,从市场特征看,英美法系国家市场化程度高于大陆法系国家。测度市场化程度的方法有多种,经济自由度指标是市场化程度的重要参照指标之一(孙铮等,2005)。根据国际著名机构加拿大弗雷泽研究所(Canadian Fraser Institute)每年出版的《世界经济自由度报告》的分值及排名,英美法系国家要比大陆法系国家高很多(见表 2—1)。

表 2—1 　　　　　两大法系主要国家的经济自由度比较①

类别	国别	2000 年	2001 年	2002 年	2003 年	2004 年	2005 年	2006 年
英美法系	美国	8.5(3)	8.3(3)	8.2(3)	8.2(3)	8.2(3)	8.1(5)	8.04(8)
	英国	8.4(4)	8.2(4)	8.2(3)	8.1(6)	8.1(6)	8.1(5)	8.07(5)
	加拿大	8.0(8)	8.1(6)	7.9(7)	8.0(7)	8.0(8)	8.1(5)	8.05(7)
	澳大利亚	8.0(8)	8.0(7)	7.9(7)	7.8(9)	7.8(11)	7.9(9)	8.04(8)
大陆法系	德国	7.5(15)	7.3(20)	7.3(22)	7.5(19)	7.6(17)	7.6(18)	7.64(17)
	日本	7.3(24)	7.1(26)	7.0(36)	7.2(30)	7.5(19)	7.5(22)	7.48(27)
	法国	7.0(38)	6.7(44)	6.8(44)	6.9(38)	7.3(24)	7.0(52)	7.19(45)
	中国	5.3(101)	5.5(100)	5.7(90)	6.0(86)	5.7(95)	6.3(86)	6.29(93)

此外，法德国家证券投资者主要表现为国家、银行等管理型投资者，股权结构相对集中，因而财务报告的主要目标便是为评估受托责任提供相关信息；而在英美国家，职业投资者是企业会计信息的主要需求者，股权的高度分散和社会化使得广大投资者只能根据财务报告所提供的信息作出购买、持有或出售股票的投资决策。

FASB 与 IASB 的联合趋同框架也将财务报告目标定位为决策有用性。在他们看来，受托责任隶属于决策有用性。无论受托责任观与决策有用观关系如何，可以肯定的是，经济全球化已使各国经济发展的相互联系和相互依赖越来越强，两大法系国家的财务报告目标差异已逐渐呈现出相互协调、相互融合的态势。

4. 我国财务报告目标的演变

1993 年的企业会计准则把符合国家宏观经济管理要求作为财务报告的首要目标②，强调会计为国家宏观管理服务，这是我国当时的经济体制

---

① 分值越高，经济自由度越高，市场经济的市场化水平越高。分值后括号中的数字表示国家排名。数据来源于加拿大弗雷泽研究所网站所公布的 2002—2008 年年度的《世界自由度报告》，http：//www.freetheworld.com，经整理。

② 即应当符合国家宏观经济管理的要求，满足有关各方了解企业财务状况和经营成果的需要，满足企业加强内部经营管理的需要，参见《企业会计准则——基本准则》(1993) 第二章第十一条。

与市场特征之内在要求：20世纪90年代初，公有经济尤其是国有经济在我国国民经济中占绝对优势，证券市场刚刚建立，国家作为管理型投资者，特别强调国有资产的安全完整和保值增值。于是认定、评价和解除受托责任便成了会计信息的第一目标。

后来经济体制的转型与市场特征的变化对会计信息提出了更高的要求。2006年发布的企业会计准则对财务报告目标重新定位，不仅首次采用了与国际相同的专业术语"财务报告目标"，还将其从一般原则提升到总则，突出了其逻辑起点的重要地位；2006年准则把决策有用观与受托责任观同时纳入我国财务报告目标体系，2014年修订的基本准则则延续了这一定位。

（二）我国"管理层讨论与分析"信息披露的目标

与财务报告目标研究相同，MD&A信息披露目标研究至少应解决三个问题：谁是MD&A信息的使用者；他们需要什么样的MD&A信息；MD&A能提供什么样的信息。其中，明确MD&A信息需求主体即主要使用者，是MD&A信息披露目标定位的首要前提。本部分将在明确MD&A信息需求主体的基础上，分析现有关于MD&A信息披露目标的代表性观点，然后对MD&A信息披露目标进行定位。

1. "管理层讨论与分析"信息的需求主体

首先，关于会计信息需求主体的研究由来已久，成果丰硕。美国会计学会（American Accounting Association，AAA）、会计原则委员会（Accounting Principles Board，APB）、AICPA、FASB、英格兰及威尔士特许会计师协会（The Institute of Chartered Accountants in England and Wales，ICAEW）、加拿大特许会计师协会（The Canadian Institute of Chartered Accountants，CICA）、国际会计准则委员会（International Accounting Standards Committee，IASC）和改组后的IASB等重要会计专业组织及许多著名会计学家都对这一问题进行过深入研究。综合他们的研究可以发现，投资者、债权人、政府部门、监管机构、雇员、顾客、供应商、财务分析者和社会公众等是被普遍关注的信息需求者[1]。我国会计准则（2006，

---

[1] 刘新仕：《证券市场会计信息供需研究》，中国经济出版社2007年版，第76—80页。

2014）均明确指出投资者、债权人、政府和有关部门以及社会公众等是财务报告四大主要使用群体。

　　研究 MD&A 信息需求主体的文献较少，现有研究成果主要集中于国外会计监管部门、职业组织和大型会计师事务所，归纳起来，主要有两种代表性观点：①大多数研究都把 MD&A 甚至叙述性报告信息的主要使用者界定为投资者。如 IASB、SEC、加拿大注册会计师协会（Certified General Accountants Association of Canada，CGA－Canada）、国际会计师联合会（The International Federation of Accountants，IFAC）及德勤（Deloitte）、普华永道（PwC）和毕马威（KPMG）等都认为 MD&A 信息主要面向资本市场，因此投资者是其主要使用者，MD&A 理应集中关注投资者的信息需求，而不应扩展到其他信息用户；否则可能导致信息过载问题。②少数研究则认为 MD&A 信息应该满足更多信息使用者的需求，如德国会计准则委员会（German Accounting Standards Committee，GASC）和荷兰会计准则理事会（Dutch Accounting Standards Board，DASB）就认为 MD&A 信息对其他信息使用者的经济决策也很有用，若单独关注某一使用者集团的信息需求，容易导致 MD&A 信息披露要求规则导向，增加规则制定成本。不难看出，上述两种观点的分歧在于 MD&A 信息是否需要扩展到投资者以外的其他信息使用者，两大阵营也具有鲜明的特点，完全以投资者为导向的部门、组织或事务所主要来自发达资本市场国家，而认为应该关注其他信息使用者需求的组织则主要来自资本市场相对欠发达的国家。

　　一般认为，企业是利益相关者契约的联结。尽管利益相关者企业理论要求企业考虑所有利益相关者的合法权益，但并不意味着所有相关者的所有权益必须完全同等对待。这是不必要也是不可能的。企业契约既包括"显性契约"，也包括"隐性契约"，其约束形式与约束强度的不同决定了契约主体信息需求强度存在差异。而且，利益相关者将各自的资源投入企业从而拥有相应的索取权，但他们所享有的索取权的不同及自身财富、偏好与信念的差异，也决定其对会计信息的需求不同。不仅如此，即使是同一类利益相关者的会计信息需求也会有所差异。从整个社会角度看，每个个体无法对会计信息披露制度的形成产生实质性影响，他必须与其他同类或非同类利益相关者合作。

就上市公司利益相关者的具体利益关系而言,投资者往往成为被合作的中心对象,这是由上市公司的产权结构所决定的。上市公司产权实际上是一种"状态依存权",在所有利益相关者中,投资者剩余索取权位居最后;而他们又是风险资本的提供者,这便决定了投资者对公司会计信息的需求不仅意愿最强,而且范围最广。无论是从信息需求范围还是信息需求强度看,投资者都是影响上市公司会计信息披露制度最重要的力量,MD&A 信息披露首先应关注投资者的信息需求。但这并不意味着 MD&A 信息披露只需关注投资者的信息需求,而完全忽视其他利益相关者。董事会应考虑在多大程度上报告与其他利益相关者相关的信息,其取舍标准在于重要性原则,一方面,必须在重点关注投资者信息需求的同时,考虑债权人、政府等其他主要群体的关键信息需求,尤其是与投资者信息需求显著不同的方面;另一方面,不能过多考虑其他使用者的特定信息需求;否则会导致信息冗余,增加披露成本,MD&A 不能代替面向更广利益集团的其他形式报告,如社会责任报告等。

2. MD&A 信息披露目标的代表性观点

明确了 MD&A 信息需求主体之后,先看看美国和英国关于 MD&A 信息披露目标的界定。其中,前者较早对 MD&A 披露目标进行了规定,其规定目前仍然适用;而后者关于 OFR 报告目标的规定距今相对较近。此外,IASB 的《管理层评论讨论稿》(2005)中关于 MD&A 信息披露目标的认识也十分典型。

SEC(1989)就明确指出 MD&A 旨在"提供重要的历史信息和未来信息"[①],以便信息用户对公司的财务和经营状况做出评价。可见,SEC 在早期对 MD&A 信息需求主体的认识是包括其他信息使用者的,受 Jenkins 报告的影响[②],SEC 在 2003 年 MD&A 信息披露解释指南中直接将 MD&A 的目标界定为向投资者提供"必要的便于理解公司财务状况及其

---

① SEC, *Release No.36*: *Management's Discussion and Analysis of Financial Condition and Results of Operation*; *Certain Investment Company Disclosures*, 1989, paragraph 7 – 8.

② Jenkins 报告将会计信息使用者界定为专业用户。

变化和经营成果的信息"①，即决策有用的信息。这一具体目标既反映了 MD&A 信息的三大本质特征，也进一步明确了 MD&A 信息披露的投资者需求导向。

英国 ASB 的 RS1（2005）则来源于对英国最佳 OFR 报告实践的概括，它以原则为导向，明确 OFR 的目标是"必须平衡而全面地分析，分析的内容取决于业务规模及业务复杂程度"②，包括：①当期公司业务的发展与业绩；②年末公司状况；③当期影响公司业务发展、业绩和状况的主要趋势与因素；④对公司未来发展、业绩和状况可能产生重要影响的主要趋势与因素，以帮助股东对公司采取的战略及实现战略的可能性进行评价③。RS1 同时指明，董事会在考虑 OFR 应该披露什么信息时首先要关注股东的信息需求。这实际上在强调投资者导向的同时，还强调了 MD&A 信息披露在股东作为委托人评价受托人责任履行情况中的重要作用。

IASB 则在借鉴各国现有规定的基础上，于 2005 年明确提出 MD&A 信息披露最基本的关注点是"满足投资者的信息需求"，即 MD&A 的根本目标就是向投资者提供决策有用信息，这与 SEC 的观点是一致的。IASB 认为，MD&A 信息披露具有三大具体目标：一是结合企业经营的环境，对相关财务报表进行解释和评价；二是对管理层认为企业所面临的最重要的问题，以及管理层打算如何处理这些问题进行评价；三是对公司采取的战略和这些战略成功的可能性进行评价。IASB 关于 MD&A 根本目标与具体目标的规定得到了世界主要国家的高度赞同④。

根据上述分析可以发现，美国、英国和 IASB 都将 MD&A 信息披露的

---

① Item 303（a）of Regulation S－K［17CFR229.303（a）］. 具体为：（1）为投资者提供关于财务报表的叙述性说明，使投资者能够从管理层的视角了解公司情况；（2）增强财务信息披露的全面性，提供财务报告分析的背景信息；（3）提供公司盈利和现金流的质量和潜在变化的相关信息，以使投资者能够对未来的投资作出预测。

② Accounting Standards Board, *Reporting Standard 1: Operating and Financial Review*, 2005, paragragh 1.

③ 李燕媛、李晓东：《管理层评论信息质量原则的国际比较与启示》，《会计研究》2009 年第 1 期。

④ 在 2007 年 IASB 收到的 116 份意见信中，有 93 份对 MD&A 的目标问题给出了明确回答，其中 89 份（96%）赞成 IASB 所提的三大目标。

根本目标定位于决策有用，体现了与其财务报告目标的内在一致性。尽管它们对具体目标的表述不同，但都是对 MD&A 信息披露本质特征与主要内容的高度概括。相比之下，IASB 阐述的具体目标更全面、更有针对性，但需要进一步明确两点：一是企业经营环境既包括微观环境，也包括宏观环境，应该对与企业经营有重大关系的经济、社会甚至政治等多方面的环境与背景进行分析；二是 IASB 所提的第二目标中的"最重要的问题"，应该明确为机会（或优势）和风险（或劣势）两方面，否则容易导致"报喜不报忧"。

3. 我国 MD&A 信息披露的目标定位

前述研究已经表明，财务报告目标的定位取决于各国具体的经济环境，MD&A 信息披露目标定位同样如此。首先，MD&A 的根本目标与财务报告目标应一致，具体到我国来讲，应该与企业会计准则保持一致，兼顾受托责任观与决策有用观，这是我国目前的市场经济发展程度所决定的。MD&A 信息的灵活性决定了其具体目标应该是个性化和多元化的。为真正实现 MD&A 信息披露的根本目标，其具体目标至少应该包括：第一，提供管理层对报表涵盖期间企业总体情况的基本判断，以便信息使用者形成整体认识；第二，结合企业经营的内外环境，对报表重要项目的构成和报表数据的背景信息进行分析，加深投资者和其他利益相关者对报表数据的理解；第三，对管理层认为影响当期及未来财务与经营状况的重要因素进行分析与评价；第四，对企业面临的核心优势与劣势、重要机会与风险，以及管理层如何利用这些优势与机会、如何应对这些困难与风险进行揭示与评价。这一具体目标紧紧围绕 MD&A 信息披露目标研究的三大问题，既明确了其信息需求主体以投资者为主，兼顾其他利益相关者，又将他们可能需要而 MD&A 又能够提供的主要信息囊括其中，具有较强的包容性。

三 MD&A 信息披露的质量要求

MD&A 信息质量要求在整个 MD&A 信息披露制度中具有中枢作用，向上承接着 MD&A 信息披露目标，向下统率着 MD&A 信息披露质量。

美、德、英、加拿大等国家和 IASB，均以准则或指南的形式对 MD&A 质量要求进行了界定。这对我国具有重要借鉴意义。

（一）MD&A 信息披露质量要求的国际比较与启示

美国、德国、英国、加拿大及 IASB 对 MD&A 信息披露的质量要求见表 2—2。

表 2—2　　主要国家和 IASB 对"管理层讨论与分析"信息质量要求的规定

	信息披露总原则	具体质量要求
美国	可理解性	1. 关注财务状况和经营绩效关键指标；2. 关注重要性；3. 关注趋势和不确定性；4. 关注分析
IASB	1. 是财务报表信息的补充和增加；2. 立足管理层视角；3. 未来导向	1. 可理解性；　2. 相关性；3. 可支持性；　4. 平衡性；5. 时间上的可比性
德国	1. 从管理层视角提供信息；　2. 关注可持续的价值创造力；3. 完整性；　4. 可靠性；　5. 清晰和透明性	
英国	1. 立足董事会视角；　2. 关注与股东利益相关的信息；3. 前瞻性；　4. 是财务报表的补充和增加；5. 全面性和可理解性；　6. 平衡性和中立性；　7. 时间上的可比性	
加拿大	1. 立足管理层视角；　2. 与财务报表相结合；　3. 完整性和重要性；4. 前瞻性导向；　5. 战略视角；　6. 有用性	

从表 2—2 可以看出，各国关于 MD&A 信息质量要求的规定既有差异，又存在某些共性特征。MD&A 质量要求与财务报告及 MD&A 披露目标具有内在一致性，其差异反映了各国经济环境的差异。如，德国主要强调受托责任观，一直十分重视会计信息在法律上的证据力，故它明确将"完整性"和"可靠性"列为管理层报告的质量要求；而英国和美国更强调决策有用观，它们则更强调 MD&A 信息的决策相关性。再如，德国在强调未来导向时并未直接提及"未来"或"前瞻"等词语，以德国

为代表的大陆法系国家十分关注历史事实，在用词方面相对也更严谨；在具体质量要求的措辞、定义、具体内涵乃至构成要素方面也存在差异，如，各国在强调利好信息和利空信息披露的"无偏性"时，分别用到了"平衡性""中立性"和"公允性"三个词。又如，对"可理解性"的界定上，加拿大规定语言要平实，易于理解；而美国和IASB不仅强调语言的可理解，而且强调披露形式要便于理解。对单个质量要求的地位和重要程度方面的认识有差异。如在"重要性"问题上，尽管上述国家和IASB都直接或间接地对"重要性"作出了相应要求，但只有美国明确地将它列为一项质量特征。共性特征则主要体现在具体质量要求和质量要求规范的载体方面。就具体质量要求而言，"可理解性""前瞻性"和"立足管理层视角"是各国和IASB所共同强调的质量要求，这些特征恰好反映了MD&A信息的本质属性；就MD&A信息披露质量规范的载体而言，各国均将其置于MD&A信息披露准则或指南中，这与各国将会计信息质量特征单独成文予以发布不同。此外，美国称"关注点"（Focus）为MD&A质量要求，而德国和英国称之为"原则"，德、美、英三国都未直接称之为"质量特征"，这可能是为了避免与"会计信息质量特征"相混淆，可见，各国对MD&A信息披露质量要求与会计信息质量特征体系关系的认识一致，前者的理论层次低于后者，受后者统驭。同时，这也说明MD&A信息质量要求具有不同于会计信息质量特征的属性，有必要另行规范。虽然MD&A信息是财务报告的重要组成部分，其信息披露应统领于会计信息质量特征体系之下，但由于会计信息质量特征体系主要是针对财务报表规定的，而MD&A信息在生成机制（有无严格的会计程序）、信息类型（财务或非财务）、信息导向（历史或前瞻）和信息属性（数字或文本）等多方面均与财务报表存在明显差异，故MD&A信息质量要求具有一定的特殊性，有必要另行制定以反映出它不同于财务报表的本质特征。

（二）我国MD&A信息披露质量要求的界定

本书借鉴IASB的做法，分总体原则和具体质量要求两个层面来提出我国 MD&A 信息披露质量要求①。

1. 总体原则

首先，任何信息披露都受制于成本效益原则，成本效益的非对称性是影响信息供给数量和质量的关键因素之一。尽管上述国家和组织并没有明确把"效益大于成本"列为 MD&A 信息披露的质量要求，但它早已成为不言自明的普遍约束条件。

上市公司披露 MD&A 信息的成本包括显性与隐性两部分：前者包括搜集和撰写信息的成本，后者主要包括可能的诉讼成本和一些机会成本。诉讼成本是指由于 MD&A 信息披露不足和误导性披露所引起的诉讼费用、受罚成本和失信成本。如，公司一般不太愿意在 MD&A 中披露前瞻性信息，这些信息具有天然的不确定性，当实际信息与所披露的预测信息差异悬殊时，公司可能遭受投资者的批评和指控，并引发法律争端。诉讼成本潜在地降低了公司管理层提供 MD&A 自愿性信息尤其是未来信息的动机。机会成本比如竞争劣势，当公司在 MD&A 中披露了某些专有信息后，就有可能被竞争对手获取和利用，使公司处于竞争劣势从而造成损失。MD&A 中有很多信息如生产流程创新、技术和管理创新、企业发展战略和规划、市场开发目标，以及企业面临的机会和风险等都可能导致竞争劣势。MD&A 信息披露的收益可概括为资本成本的降低和公共关系收益。其中，公共关系收益包括改善投资者关系、树立良好的企业形象和经理人形象、维护和提升企业声誉等。只有当总收益大于总成本时，管理层才会自愿披露某些信息。因此，MD&A 必然是成本与效益权衡比较后的产物。除应满足成本效益的约束条件外，MD&A 信息披露还应立足以下三个总原则：

第一，立足管理层视角。2005 年，普华永道对 14 个国家 16 个行业、3100 多个企业的调查显示，信息使用者在要求 MD&A "立足管理层视角"方面高度一致，管理层在管理企业时认为重要的信息，对投资者在评价企业业绩和未来前景时同样是重要的②。可见，提供"管理层对公司财务

---

① 李燕媛、李晓东：《管理层评论信息质量原则的国际比较与启示》，《会计研究》2009 年第 1 期。

② PricewaterhouseCoopers, Trends 2005: Good Practices in Corporate Reporting, 2004.

状况和经营成果的分析和看法"是 MD&A 最基本的质量要求。我国上市公司管理层对 MD&A 信息披露并不太重视，从这一意义上讲，把"立足管理层视角"作为我国 MD&A 披露总原则之一是十分必要的。

问题在于如何定义"管理层"。IASB 把"管理层"定义为：那些对 MD&A 信息披露决策和信息披露监管负责的人员，包括高级经理层和管理机构成员[①]。英国要求 OFR"立足董事会视角"，可见其管理层指的就是董事会。加拿大和德国对"管理层"概念界定与此相同。我国 MD&A 主要包含在董事会报告中，故管理层主要是指董事会。

第二，分析性。MD&A 对财务报表的补充（complement）和增加（supplement）作用主要体现在"分析"上。其中，"补充"是指 MD&A 应对财务报表所报告的数据进行进一步分析与解释，对财务报表信息的来源与变化原因作出说明；"增加"则强调 MD&A 应该包括财务报表中没有的和企业经营与业绩有关的财务及非财务信息。显然，补充和增加并不意味着复制。目前我国上市公司披露的 MD&A 信息，很多内容是从财务报表直接复制或经简单计算而来，缺乏分析深度，其决策有用性不大。上市公司在撰写 MD&A 信息时，应紧扣"分析性"，切实提供有价值的信息。

第三，前瞻性。前瞻性是 MD&A 信息最重要的质量特征之一，在某种程度上，MD&A 正是因为其未来导向才日渐凸显其重要性。我国上市公司的前瞻性信息披露一直是公司报告的"软肋"。应该披露哪些前瞻性信息，如何披露这些信息等问题一直困扰着我国上市公司管理层和政府监管部门。

不难发现，上述三个原则就是 MD&A 信息本质特征的具体体现，三者缺一不可。之所以将 MD&A 信息的本质特征明确为我国 MD&A 信息披露的总原则，一则，因为 MD&A 所披露的信息如果不同时具备上述特征，就可能失去它作为一项制度安排的重要意义；二则，上述三个方面正是我国上市公司 MD&A 信息披露实务亟需重点改进之处，将其提到披露总原则层次，有助于加深上市公司管理层对 MD&A 信息披露要求的理解，督促他们提高 MD&A 信息披露质量。

---

① IASB, *Discussion Paper*: *Management Commentary*, 2005, Paragraph 51.

2. 具体质量要求

制定我国 MD&A 信息披露质量要求，一方面要考虑 MD&A 信息与财务报表信息的不同；另一方面还必须考虑我国的新兴市场与转轨经济特征，以及市场以散户为主的典型特点。综合这两方面，本书认为应重点关注 MD&A 信息的可靠性、相关性、可理解性、时间可比性和重要性等特征。以下分而述之。

第一，可靠性①。关于可靠性的定义及构成要素存在一定差异。FASB 认为可靠性由如实反映、可验证性、中立性和完整性等构成，而 IASB 还特别强调谨慎性和实质重于形式。就 MD&A 而言，需要特别强调两点：一是关于"中立""平衡"和"公允"的措辞选择。前已述及，与"中立"相近的还有"平衡"和"公允"。平衡性侧重于内容的无偏性。这对叙述性报告尤其重要。在各国没有做出法律规定前，MD&A 披露实践中一般都过于注重积极信息；中立性和公允性则主要指立场中立、不偏袒任何集团的利益。由于 MD&A 信息的文本属性，更应强调其内容构成的均衡，因而用"平衡性"更贴切。但可靠性和平衡性强调的对象不同，平衡的信息不一定可靠，反之亦如此。因此就 MD&A 信息而言，本书建议将可靠性和平衡性分列为两个独立的质量要求。二是关于谨慎性。MD&A 信息披露的"谨慎性"主要体现在两个方面：①前瞻性信息披露的风险警示与法律责任问题。在这方面可以借鉴美国引入"安全港"制度，对前瞻性信息提供"警示性陈述"。②战略信息披露与商业秘密保护的冲突与协调问题。随着全球竞争日益激烈，如何保护好商业秘密不仅关系到一个企业的兴亡和安全，有时甚至可能影响到国家安全，因此必须保持应有的谨慎。

第二，相关性。上述各国和国际组织直接或间接地要求 MD&A 信息具有相关性。问题是它应与谁的决策相关，或者应该首先关注谁的决策需求。不难发现，除德国外的其他国家都强调 MD&A 信息对投资者或股东的有用性，即强调 MD&A 应重点关注投资者或股东的决策需求。这实际与各国财务报告目标定位具有内在一致性。

---

① FASB 与 IASB 联合趋同框架（关于目标和信息质量特征的初步意见）中改变了可靠性的提法，代之以如实反映。

德国明确将可靠性作为管理层报告的质量要求，是因为德国对会计信息的质量要求，其首要衡量标准是会计信息在法律上的证据力，其次才是决策的有用性。法律证据力必然要求信息可靠。美、英、加拿大等均属于英美法系，更强调信息的决策有用性，它们并未将可靠性作为MD&A的质量要求。我国新会计准则明确将可靠性放在相关性之前，这符合我国目前新兴市场和转轨经济的大背景。

第三，可理解性。MD&A 旨在通过提供管理层对公司短期与长期经营状况的分析，给投资者提供一个可以透过管理层视角看公司的机会（SEC，1987），因此"可理解"是 MD&A 信息"有用"的必要基础和前提。上市公司在撰写 MD&A 信息时，可以从语言表述和披露形式两方面来考虑：表述要清晰明了，尽量减少专业术语，如实在无法避免，则应提供必要的、通俗的解释；形式上可以考虑用图表或提供一个概要，以增进读者对整个 MD&A 的理解和把握，或按重要性程度"分层"列报，有助于信息使用者快速识别最重要的信息。

第四，时间可比性。MD&A 提供的是管理层认为重要的信息，其内容因主体而异，应反映出各公司自身的个性特征，若要求不同主体之间信息可比势必与 MD&A 的总体披露原则相悖，因而只能强调 MD&A 信息纵向可比。加拿大、英国和 IASB 都在相应规范或权威文件中把"可比性"限定为纵向可比，并把它作为一项重要质量特征加以规定。需要注意，纵向可比强调的是须对前期 MD&A 披露的业绩目标、期望、战略（如核心资源、风险等）的变化进行重点反映和讨论。如若在前期被管理层视为重要风险的事项在当期变得不再重要，就需要在当期 MD&A 中加以解释。

第五，重要性。如果堆砌许多不必要的信息，势必淹没重要性信息，降低 MD&A 的有效性。SEC 在指南中特别提到，MD&A 披露应该"强调必需的或能增进理解的实质性信息，不强调（或删除）非必需的或不能促进理解力的非实质性信息"[①]。因此，必须确保管理层对 MD&A 撰写的直接责任，由管理层来决定和把握关键的披露内容。

重要性是各国信息披露普遍运用的判断标准。在会计信息质量特征

---

① SEC Interpretation MD&A，III B.

逻辑层次中，美国和英国视其为承认质量的起端，FASB 与 IASB 的联合趋同框架（2006）则将其作为"确认"的界限。重要性并没有一个明确的定义，目前最具代表性的观点有两种：一种是以是否影响投资者决策为标准，即一件事项是否重要取决于其是否对投资者作出投资决策产生影响。SEC 在制定信息披露规则时就主要使用这一标准[①]。实际上，SEC 所阐释的"重要性"援引于法律。在 Mills v. Electric Auto-Lite Co. 一案中，美国最高法院认为，所谓"重大"是指"对理性投资人的投资决策有重要影响"或"能够改变投资者所获信息总和"[②]；另一种则是把信息披露后的市场价格变动作为"重要性"的替代变量，即认为信息是否需要披露取决于其是否会影响股价。这被称为价格敏感性标准，英国和德国等都采用这一标准。我国定期报告和招股说明书是投资者决策标准，而对临时报告采用的是价格敏感性标准。

最后，需要指出，MD&A 信息质量要求不能仅停留在理论层面，必须贯彻落实到上市公司信息披露实践才有意义。因此，对具体财务报告的质量评价，一般是根据财务报告准则判断其合规性。对 MD&A 信息的质量测评，也应该从内容和形式两方面深入分析、总体把握，以判断其数量和质量上的合规性；而对某一国家或地区上市公司 MD&A 信息披露质量的评价，还需要评价其披露要求或准则的质量和执行效率。可见，无论是某一公司还是某一国家或地区的 MD&A 信息披露质量测评，其核心都在于对披露内容的考察。

四 MD&A 信息披露的主要内容

MD&A 的主要内容是 MD&A 信息披露体系的核心，但它取决于每个企业的个性特征，具有很大的灵活性。因此，MD&A 内容研究较之财务报表内容研究难度更大。尽管不可能完全列示它所应披露的全部内容，但提供一个披露框架或披露要点对指导 MD&A 信息披露实务是非常必要的。世

[①] 但美国交易所主要以价格敏感性为标准。

[②] TSC Indus., Inc. v. Northway, Inc., 426 U.S. 438, 449, 1976.

界主要国家或国际会计专业组织对 MD&A 主要内容的规定不尽相同，本部分将先对最具代表性的美国、英国和 IASB 的相关规定进行比较研究，然后对我国上市公司定期报告中 MD&A 的主要内容进行归纳和评价。

（一）国外 MD&A 信息披露主要内容评介

1. 美国 MD&A 信息披露的主要内容

根据现行适用的《非财务信息披露内容与格式条例》（Regulation S-K）第303条，美国 MD&A 的内容主要包括流动性、资本来源、经营成果、资产负债表外项目和契约负债五个方面，具体要求如表2—3所示。

表2—3　　　　美国 MD&A 信息披露的主要内容与具体要求

主要内容	具 体 要 求
流动性	同时进行长期和短期流动性分析，内容应与公司业务相适应。任何很可能大幅增加或降低公司流动性的已知趋势、需求、承诺、事项或不确定性都应予以披露。若确定有重大的流动性匮乏，应说明公司已经或拟采取的补救措施。此外，还应说明公司认为可能对流动性产生影响的资产负债表情况和利润与现金流项目
资本来源	描述公司最近会计期间资本支出方面的重大承诺（或义务）及所需资金的预期来源；描述资金来源的所有已知有利或不利趋势
经营成果	①分别描述对报告期间营业利润产生重要影响的非正常或非经常事项、交易或重大变化，并说明其影响程度。此外，应根据公司判断，对任何其他有助于理解公司营运成果的重要收入和费用构成进行描述；②描述任何已发生或合理预期将对公司销售、收入、营业利润产生重要有利或不利影响的已知趋势或不确定性因素。若公司知晓某事项会导致成本和收入关系的重要变化（如劳动力和原材料成本增加、价格上涨、存货调整等），则应披露；③应讨论销售收入大幅增加的原因（如价格增加、销售量或服务增加、开发新产品等）及影响程度；④讨论通胀和价格变化对公司最近三个会计年度的销售、收入和营业利润的影响

续表

主要内容	具 体 要 求
资产负债表外项目	单独讨论已经或很可能对公司当前或未来财务状况、财务状况的变化、收入或费用、营运成果、流动性、资本支出或资本来源等产生重要影响的资产负债表外项目，包括：①表外项目的特征与商业目的；②表外项目给公司带来利益的重要性；③表外项目所导致的收入、费用与现金流变化，留存收益、发行证券和负债的数量与特征，任何其他义务或负债的数量与特征，以及触发这些义务或负债的事项或情况；④任何可能导致公司表外项目终止或重大减少的已知事项、需求、承诺、趋势或不确定性因素，以及公司已经或拟采取的应对措施
契约负债	以表格形式提供最近会计年度期末资产负债表中公司已知的契约负债

其中，契约负债的披露表格也有具体规定，不仅要求按照负债总类分别列示，而且对每一类还要按照偿还期限分别予以汇总，见表2—4。

表2—4　　　　　　　　　契约负债披露格式

契约负债	预期支付额				
	总额	少于1年	1—3年	3—5年	超过5年
长期负债					
融资租赁负债					
经营租赁负债					
购买负债（Purchase Obligations）					
根据GAAP在公司资产负债表上反映的其他长期负债					
合　计					

萨班斯法案以后，为增强MD&A披露的信息含量和透明度，SEC于2003年12月19日发布了新的MD&A解释性指南，该指南在对公司财务报告（包括财富500强企业）进行分析的基础上，要求公司提供MD&A概要，即要求公司以管理层的综合分析作为整个MD&A的起首，着重分析主要经营指标（包括非财务信息）、已知重要趋势和不确定性因素，强

调对财务信息的分析；同时，该指南还对流动资金和资本来源的披露要求进行了补充，具体体现在四个方面：一是现金需求。要求公司必须考虑以下信息是否会影响流动性：维持正常经营、完成执行中的计划项目及达到预定目标所需的资金；承诺的资本投资和其他支出；应对已知趋势与不确定性的资金支出及这些支出的可能来源。指南规定，披露现金需求的目的在于与财务报表中的负债及其他信息进行对照，如，对于负债，必须解释负债的原因及资金使用方式，以及可能引发不确定事项的信息（如或有负债的损失等）。二是现金来源与使用。对经营所需资金的使用，不仅要求简单说明现金收支金额，而且要对收入来源和使用方向予以说明；而对于融资情况，当外部贷款合同、表外融资合同、公司发行的与股票相关的派生融资工具，以及可能影响融资的外部因素（如利率变化）等对公司有重要影响时，应披露这些融资合同及其对现金流的重要性。在披露融资合同时，还应对融资类型、选择该融资方式的合理性及可行性，以及该融资方式对公司现金和流动性的影响作出分析。三是债务工具、担保和相关契约。当公司存在违约或有可能出现违约时，应讨论和分析公司避免违约的措施、争取获得豁免的措施及其他可能引起违约的情况（如合同中的交叉违约条款[①]），以及可用于履行义务的资金，另外还应分析用以融资的债务合同可能给公司造成的损失。四是现金管理。公司通常在决定何时和如何使用现金方面有一定灵活性，MD&A应对作出这种临时决定的现有趋势和不确定性进行描述。此外，2003年指南还首次要求公司MD&A披露重要的财务预测信息。它认为，MD&A应补充而不是简单重复已在报表附注中描述过的财务政策，当附注描述了适用的会计方法时，MD&A应说明选择该方法可能带来的不确定性。

2010年9月，SEC又颁布了MD&A信息披露解释性指南，在该指南中SEC重申"MD&A信息要求公司为投资者披露对历史结果有影响或很可能影响未来期间的已知的趋势和不确定性，且这种披露应当从管理层的视角出发来探讨和分析企业经营情况"，还提供指导公司如何披露资金和流动性风险管理。它从流动性、杠杆比率、契约义务三方面阐述了公

[①] 即在银行贷款时，合同中约定如果A对银行违约，则同时认为B也对银行违约的条款约定。

司应该如何进行信息披露来满足 MD&A 信息披露的要求。有关流动性披露部分，它建议公司应该考虑披露与其资产或财务状况有关的资金管理和风险管理政策，这一点对于银行业尤为重要。对于拥有现金或其他投资组合的公司，也应该提供有关该组合的性质和组成的信息，包括持有的资产和与其有关的市场风险、结算风险或其他风险敞口。在杠杆比率部分，尽管对于杠杆比率的计算方法没有监管上的强制披露要求，但 SEC 仍然提请公司在 MD&A 中披露与杠杆比率有关的财务计量方法及非财务计量方法，并指出这种计算方法对于理解公司的财务状况是有帮助的。在契约义务部分，SEC 指出为了帮助理解 MD&A 信息中流动资产和固定资产，公司很有必要列表披露合同义务。

总体看，美国关于 MD&A 信息披露内容的规定与其信息披露目标及信息质量要求具有一致性，主要内容侧重于财务状况和经营绩效的关键指标，尽管也强调非财务指标的披露，但主要项目仍围绕着财务信息进行分析，尤其重视对已知趋势和不确定性因素的描述。从内容规定的导向看，美国 MD&A 信息披露内容十分具体和细致，主要是以规则为基础的。

2. 英国 OFR 信息披露的内容框架

英国 OFR 信息披露的内容框架由 RS 1 所提出，要求对业务、目标和战略进行描述；对当期业绩和未来业务发展与现有资源、风险及不确定性，以及与公司利益相关者的关系展开分析；对现在和未来的会计政策、资本结构、财务政策、现金流与流动性等财务状况进行讨论；对雇员、环境、社会和社区问题，劳动力和原材料供应等因素，股份发放与回购等其他内容予以披露。作为对 RS 1 的补充，ASB 还发布了 RS 1 的《执行指南》，给出了一些可能被列入 OFR 的特定内容，见表 2—5。

表 2—5　　　　　　英国 OFR 信息披露要点与特定内容

披露要点	特 定 内 容
公司性质、目标与战略	强调对公司经营的内外环境进行描述。其中，内部环境包括公司所在行业、主要产品与服务、客户、经营过程、业务结构和对主要经营场所与地理位置的描述；外部环境则包括市场竞争格局，影响经营的法律、监管、宏观经济与社会环境等

续表

披露要点	特定内容
当期业绩与未来经营发展	描述财务报表涵盖期间公司经营发展和经营业绩的重要特点，重点关注那些与了解公司整体经营发展与业绩相关的分部信息，强调对当期和未来经营发展与业绩的趋势与因素进行分析，在描述经营发展和业绩时应该与企业的经营战略目标联系起来；对公司本年度所处行业或外部环境的变化及其对本年经营发展与业绩变化的影响进行分析；对董事会认为可能影响未来前景的主要趋势与因素进行分析，如新产品或新服务的发展情况或资本投资的预期收益情况。此外，还应披露主要趋势和因素的假设条件，分析当前和计划投资支出水平，说明该项投资与经营目标的关联性
资源	应列出公司有形或无形的关键优势与资源，特别是资产负债表外项目。公司资源取决于其业务性质，一般包括公司声誉、自然资源、雇员、研究与开发、智力资本、专利、商标和市场地位等
主要风险与不确定性	包括财务风险、经营风险、管理风险和操作风险，应披露那些可能对公司战略与公司价值产生重大影响的风险。在描述主要风险与不确定性时，应保持平衡性，既包括可能的机会也包括消极的结果，更重要的是要披露管理主要风险的措施
关系	对股东以外的可能直接或间接影响公司业绩与公司价值的利益关系人进行说明，如客户、供应商、雇员、债权人、债务人及社会、社区等
财务状况	应结合财务报表，对影响公司当期财务状况的事项和可能影响未来财务状况的因素进行描述；重点强调财务报表附注中有助于理解公司业绩和财务状况的会计政策，关注会计估计的应用和会计政策变更；对资本结构进行分析，包括权益资本与债务资本比例、债务期限组合等
现金流量	对本年现金流入与流出情况进行分析，包括公司获取现金、满足已知或可能的现金需求，以及筹集资金的能力。一般而言，分析利润构成应按分部进行，以显示各分部产生现金流的能力，但当分部现金流与分部收入或利润出现重大不一致时，应进行说明和解释
流动性	对公司当期和未来的流动性进行讨论。必要时，还应对贷款额、贷款需求的敏感性（以当期贷款最高额表示）及贷款的期限组合等作出说明

表2—5并非英国的强制性披露要求，公司可以自行选择。与美国MD&A明显不同的是，英国OFR不仅强调财务信息的分析，还十分重视

非财务信息，强调社会和环境、风险、资源与关系等问题的披露。此外，强调关键业绩指标（Key Performance Indicators，KPI）是英国 OFR 的另一突出特色。KPI 是指"能够有效衡量企业经营发展、业绩或财务状况的数量指标，这些指标能够反映该企业的关键成功因素，能够展示为达到某一或某些特定目标所取得的进展"[①]，它既包括财务指标，也包括非财务指标。对每个 KPI，应说明其含义与计算方法，应披露主要数据来源，若有必要还要说明其相关假设。若财务报表经过调整，则应该在 OFR 中强调这一事实，并相应调整；KPI 本身的任何变动也应予以披露，包括财务报表中所采用的主要会计政策的重大变更。这在一定程度上保证了可比性，提高了信息披露的透明度。

2013 年 8 月，英国要求上市公司在年报中提供战略报告（Strategic Report），2014 年，英国财务报告委员会（Financial Reporting Council，FRC）则在出台《战略报告指南》（Guidance on the Strategic Report）中指出，高质量的战略报告，给股东提供了全面和有意义的关于公司商业模式、战略、发展、业绩表现、定位和未来前景的描述，有助于提高公司治理水平和促进投资。《战略报告指南》中指出公司的战略报告需要遵循三个原则：公正、平衡、可理解，它必须是全面而简洁的，有前瞻性导向，在当前期间具有相关性。表 2—6 列出了 FRC 战略报告的三大类内容。

表 2—6　　　　　　　　　英国战略报告的内容

战略管理	经营环境	经营业绩
战略与目标 商业模式	趋势和要素 主要风险和不确定性 环境、员工、社会、社区和人权因素	业绩和定位分析 关键业绩指标 雇员性别多样性

3. IASB 的 MC 信息披露框架

IASB（2005）在讨论稿中把 MC 的披露框架界定为五个方面，2010

[①] Accounting Standards Board, *Reporting Standard 1: Operating and Financial Review*, 2005, paragragh 4.

年 10 月，IASB 正式发布了 MC 披露框架，根据现有和潜在投资者的需求，基于讨论稿（2005）提出了 MC 的五个组成要素：业务性质；公司目标与战略；关键资源、风险与关系；经营成果与前景；业绩指标。这与 PWC 的企业价值报告架构①（Value Reporting Framework）非常相似，见表 2—7。

表 2—7　　IASB 的 MC 披露框架与 PWC 的企业价值报告架构

IASB 的 MC 披露框架	PWC 的企业价值报告架构
业务性质	市场概览（Market Overview），包括竞争环境、法规环境及宏观经济环境等
公司目标与战略	战略与结构，包括企业战略、目标、目的、组织设计及治理结构等
关键资源、风险与关系	价值管理，包括财务资本与实物资源及各类关系以及企业风险管理过程
经营成果与前景 业绩指标	财务业绩，包括财务业绩与非财务业绩

从表 2—7 可以看出，IASB 的 MC 内容框架与 PWC 的企业价值报告几乎一一对应。尽管后者没有专门要求披露"业绩指标"，但企业价值报告的四大披露要点无不需要用各种指标衡量。PWC 的企业价值报告是基于资本市场需求调研而提出的，这表明 IASB 所提出的 MC 五大内容是符合资本市场尤其是投资者需求的。这种以投资者需求为导向的内容框架实际与 IASB 对 MC 信息披露目标的界定具有很强的内在一致性。此外，IASB 在 MC 内容框架的第三类特别强调了"关键"二字，以表明公司无须列出所有资源、风险与关系，而应注意识别和描述那些对成功实现公司战略与目标具有关键作用的资源、风险与关系。这是重要性原则的具体体现。

---

① 当企业必须向投资者及其他利益相关者同时报告企业绩效的时候，传统企业报告模型已经越来越不能满足这种需要。企业价值报告架构（Value Reporting Framework）是普华永道在绩效管理和企业报告领域做出的一项创新，它能够提供更多更详细的信息，以满足投资者需要。

4. 比较与评述

美国、英国和 IASB 在 MD&A 信息披露内容方面都坚持强制披露与自愿披露相结合，灵活性较强，强调公司可自行选择；都强调财务信息，尤其是流动性与资金的需求、来源、使用及管理，以及经营成果等内容的披露；都强调对未来风险和不确定性因素的揭示与披露；都强调内容的平衡性，尤其强调对不利趋势的分析；都强调重要性原则的运用。但美国 MD&A 的规定是以规则为基础，要求非常明细，内容上主要强调对财务信息的分析与讨论，强调对预计负债的管理，包括债务工具、担保和相关契约等；在规定内容的同时兼顾了对披露形式的要求，如对 MD&A 概要和契约负债表格的要求，高度重视"可理解性"；而英国和 IASB 的规定以原则为基础，不仅要求披露财务信息，更强调对业务性质、公司目标与战略等非财务信息的揭示；在重点考虑投资者需求时，还强调其他信息使用群体的利益，要求披露这些重要关系。

MD&A 信息披露一方面克服了财务报表数据过于技术化和专业化的弊端，灵活性更强；另一方面又有一定的内容规范可循，使管理层不至于无所顾忌而信口开河。综合上述比较分析，MD&A 信息披露内容应该坚持"六结合"，即强制性与自愿性相结合、财务与非财务信息相结合、历史性与前瞻性相结合、利好与利差信息相结合、点与面相结合、定量计算与定性分析相结合。这六个方面实际上是 MD&A 信息质量特征在内容方面的具体体现①。

（二）我国 MD&A 信息披露内容的最新要求与评述

本书主要着眼于半年报和年报《内容与格式准则》② 中的 MD&A 信息披露要求。

1. 半年度报告准则中 MD&A 内容的最新要求

证监会所要求披露的半年报《内容与格式准则》中的 MD&A 主要包括经营情况、投资情况、实际与预测的对比、经营计划、亏损警示、非

---

① 李燕媛：《如何编好年报中的"管理层讨论与分析"》，《财会月刊》2008 年第 11 期。
② 即《公开发行证券的公司信息披露内容与格式准则第 3 号〈半年度报告的内容与格式〉》和《公开发行证券的公司信息披露内容与格式准则第 2 号〈年度报告的内容与格式〉》。

标意见说明六大内容。2013 年和 2014 年，证监会对半年报披露内容与格式准则又进行了两次修订。其中，2013 年修订版相较于 2007 年修订版变化较大，对 MD&A 的披露内容有了更多更细致的要求，增加了"按照行业、产品或地区经营情况分析""核心竞争力分析""利润分配方案"等内容，并将"实际与预测的对比"并入"主营业务分析"一类中。2014 年修订版无实质变化，具体内容见表 2—8。

表 2—8　半年度报告准则（2014 年修订）对 MD&A 内容的要求

内容	子项目
主营业务分析	①列示公司营业收入、成本、费用、研发投入、现金流等项目的同比变动情况及原因。若公司利润构成或利润来源发生重大变动，公司应当详细说明情况。 ②公司招股说明书、募集说明书和资产重组报告书等公开披露文件中披露的未来发展与规划延续至报告期内的，公司应当对规划目标的实施进度进行分析；实施进度与规划不符的，应当详细说明原因。 ③公司应当回顾总结前期披露的经营计划在报告期内的进展，并对未达到计划目标的情况进行解释。
按照行业、产品或地区经营情况分析	对于占公司营业收入总额或营业利润总额 10% 以上的业务经营活动及其所属行业、主要产品或地区，应当分项列示其营业收入、营业成本、毛利率，并分析其变动情况。
核心竞争力分析	公司应当披露报告期内核心竞争力的重要变化及对公司所产生的影响。如发生因设备或技术升级换代、特许经营权丧失等导致公司核心竞争力受到严重影响的，公司应当详细分析，并说明拟采取的相应措施。
投资情况分析	①对外投资的情况 ②非金融类公司委托理财及衍生品投资的情况 ③募集资金的使用情况 ④主要子公司、参股公司情况 ⑤重大非募集资金投资情况
亏损警示	公司如果预测年初至下一报告期期末的累计净利润可能为亏损或者与上年同期相比发生大幅度变动，应当予以警示并说明原因。

续表

内容	子项目
非标意见说明	公司半年度报告经会计师事务所审计，并被出具非标准审计报告的，应就所涉及的事项予以说明。上年年度报告中的财务报告被CPA出具非标准审计报告的，董事会应就所涉及事项的变化及处理情况予以说明。
利润分配方案	公司应当披露报告期内实施的利润分配方案特别是现金分红方案、资本公积金转增股本方案的执行或调整情况。如公司董事会在审议半年度报告时拟定利润分配预案、资本公积金转增股本预案的，公司应当说明上述预案是否符合公司章程及审议程序的规定，是否充分保护中小投资者的合法权益，是否由独立董事发表意见。

2. 年度报告准则中 MD&A 内容的最新要求

2005年修订的年报《内容与格式准则》对上市公司年报 MD&A 内容进行了细化，这是本次修订最大的亮点，表明我国监管部门真正开始重视 MD&A 信息披露。2007年12月证监会再次修订年报《内容与格式准则》，其中关于 MD&A 披露内容的规定在2005年基础上，增加了公允价值、特殊目的主体等内容。2012年、2014年，中国证监会对年度《内容与格式准则》分别进行了修订。其中，2012年修订版对 MD&A 信息披露规则进行了重大修改，对 MD&A 信息披露质量与方式提出了更高的要求，主要表现在：

（1）首次提出公司披露董事会报告应遵循的原则，包括可靠性、充分决策相关性、充分关联性等，鼓励公司披露对业绩敏感度较高的关键业绩指标，明确了应重点披露的内容及语言要求，旨在从总体上提高MD&A 信息披露的有用性。

（2）在原有基础上对每一个项目的披露内容进行了更为详细的规定，要求公司对重要指标的变化进行差异说明，如在"主营业务分析"部分中对"收入""成本""费用""研发投入""现金流"等重要指标的披露规则制定得更加详细、具体，同时对"重大变化"的标准提出了定量要求（20%或30%等），使 MD&A 信息披露更具可操作性。

（3）鼓励公司披露更多与企业长短期利益相关的其他内容，强调披露方式和内容的灵活性，鼓励公司主动披露积极履行社会责任的工作情况等。

  2014年修订的年报《内容与格式准则》指出，公司认为不适用的披露项目，应说明不适用的原因，并且鼓励公司根据实际资源情况披露相关信息。2015年，年报《内容与格式准则》又有了小幅改动，整体上强调公司MD&A信息披露应当全面完整，不能有选择地披露，除了对小项目的整合和标题变更之外，删除对"重大变化"标准的定量要求、核心竞争力说明、非标意见说明、利润分配的制定、执行或调整情况，将这一部分并入年报的其他部分，这种减化更突出了对投资者决策有用的信息，从而使MD&A信息重点更为突出。同时，新增了两方面内容：一是利润构成或利润来源发生重大变化的说明，若当期公司利润构成或利润来源的重大变化源自非主要经营业务，包括但不限于投资收益、公允价值变动损益、资产减值、营业外收支等，应当详细说明涉及金额、形成原因、是否具有可持续性。二是重大资产和股权出售情况。该次修订也大大拓展了我国MD&A信息披露的内容。

  3. 我国MD&A信息披露要求的特色与存在的问题

  我国半年报与年报《内容与格式准则》对MD&A披露内容的最新要求是我国MD&A信息披露的主体框架。其中，半年报MD&A的主体框架确立于2003年，而年报MD&A的主体框架确立于2005年。年报MD&A将披露内容分为两大类，层次更分明；内容上，无论从广度或深度，年报MD&A披露要求明显高于半年报MD&A。相比之下，年报《内容与格式准则》对"未来展望"部分的规定更多更细，而半年报仅要求披露可能发生亏损的警示说明。2012年、2014年修订的年报《内容与格式准则》在2007年基础上，语言表述与国际专业术语更接近，对董事会报告中两大主要部分的披露内容进行了详细的扩充，尤其在第一部分，要求公司对营业收入、成本、费用、研发投入、现金流等项目进行分析，对各种可能适用的情况都制定了相应的披露标准，相比于2012年修订版，2014年的要求更加细化，要求公司不仅仅披露基本的财务数据，更要挖掘数据变化背后的业务、环境原因，这也体现出新的年报《内容与格式准则》对于MD&A信息披露决策有用性、关联性的要求。同时，要求公司新增披露"按照行业、产品或地区经营情况""核心竞争力分析""非金融类公司委托理财及衍生品投资情况"等内容。新增内容主要体现了新会计准则的要求，使得 MD&A 与新会计准则具有了更高的耦合度。2015 年，年报《内容与格式准则》正式将"董事会报告"更名为 MD&A，将部分内容移至其他部分，新增了利润构成或利润来源发生重大变化的说明和重大资产和股权出售情况等，对其中的小项目层次和顺序又进行了重新编排，可见，证监会越来越重视 MD&A 信息披露制度。

综合来看，我国在借鉴国外成熟市场先进经验的基础上，初步形成了一个较为完整的 MD&A 信息披露内容框架，体现了"六结合"原则，从而使 MD&A 信息成为董事会对公司经营、财务状况的深层解读，还涉及了对公司智力资本、商标、专利等无形资产的披露。而且，我国 MD&A 强制披露公允价值计量项目，并强调对公允价值取得方式与估值技术进行说明，这表明我国在公允价值运用上比较谨慎；形式上，将 MD&A 直接分为公司经营情况回顾和未来发展展望两大类，层次明晰，是历史性信息与前瞻性信息相结合的完美体现；从年报《内容与格式准则》的行文内容看，我国 MD&A 披露要求是以规则为基础的，它对披露义务规定得十分明确和详细。规则导向可能导致公司管理层在撰写 MD&A 时逐条对照披露规则，从而损害 MD&A 的灵活性，但在现阶段，这种方式有助于缓解企业会计人员和管理层知识不足的问题，在一定程度上可促进 MD&A 的充分披露。

尽管如此，与美国和英国相比，我国 MD&A 披露要求还存在不少问题：会计政策、财务政策、资本结构等财务信息披露不足；对与供应商、客户以外的其他利益相关者如雇员、合同方、债权人、债务人的重要关系关注不够；半年报中仅要求对可能发生的亏损进行警示说明，对公司下半年发展预测力度不够；自愿披露指南过少，前瞻性信息不足，无法起到引导和促进公司自愿披露和前瞻性信息披露的作用。另外，年报 MD&A 中的"回顾"和"展望"下各部分的小标题缺乏一定的概括性，有的内容相互交叉和重复，尚需进一步提炼和归类。这些问题亟须在 MD&A 信息披露规范中加以改进。

五 MD&A 信息鉴证：理论分析

从 MD&A 信息披露的主要内容可以看出，MD&A 涉及企业生产经营的各个方面，既有财务信息，又有非财务信息，既有历史信息，又有前瞻性信息。其信息生成不受公认会计准则的约束，披露质量较之财务报表信息披露更难保证。因而，更有必要引入相应的监督鉴证机制。本部分主要从理论上分析 MD&A 信息鉴证的必要性及其所面临的困难[①]，具体的 MD&A 鉴证规范将在第三章详细论述。

（一）相关概念辨析：鉴证、审计、审阅与审核

何谓鉴证（Assurance），它与审计（Audit）是什么关系，根据《中国注册会计师执业准则》（2006），注册会计师的业务按是否提供保证可分为鉴证业务和相关服务。前者是指 CPA 对鉴证对象作出结论，以增强预期使用者对鉴证对象信任程度的业务[②]，主要包括审计、审阅和其他鉴证业务（如预测性财务信息审核）。可见，在外延上，鉴证包括审计、审核（Examination）与审阅（Review），这三大概念主要是从英文专业术语翻译而来，因汉语用词接近，难以从字面上区分。具体对比如表2—9所示。

表2—9　　　　　　审计、审阅与审核的差异

项目	审计	审阅	审核
鉴证对象	历史财务信息（财务报表）	历史财务信息	历史财务信息以外的可能事项
鉴证标准	审计准则	审阅准则	其他鉴证业务准则

---

① 李燕媛、张蝶：《我国上市公司"管理层讨论与分析"信息鉴证：三重困境及对策建议》，《审计研究》2012年第5期。

② 《中国注册会计师鉴证业务基本准则》第二章第五条。

续表

项目	审计	审阅	审核
执行的具体程序	检查、观察、查询、函证、重新计算、重新执行、分析程序	查询和分析程序	检查、观察、查询、函证、重新计算、重新执行、分析程序
保证水平	合理保证（较高程度的保证）	有限保证（中等程度的保证）	有限保证（中等程度的保证）
报告保证形式	积极保证形式（正面陈述是否遵守指定财务报告框架）	消极保证形式（只需陈述是否发现未遵守指定财务报告框架的情况）	消极保证①

就 MD&A 信息而言，严格来说，应该称为"MD&A 审核或审阅"或"MD&A 鉴证"，而不能冠以"MD&A 审计"，一则，是因为审计主要针对财务报表认定；二则，MD&A 信息涉及许多主观判断，具有较强的不确定性，其前瞻性和叙述性特征与作为审计对象的历史财务信息性质完全不同，这决定只能对它提供有限保证。

（二）MD&A 信息披露鉴证的必要性及所面临的困难

1. MD&A 信息鉴证的必要性

首先，从契约经济学和信息经济学角度看，有必要引入一个对 MD&A 信息是否符合信息披露规范进行监督和发表专业意见的机制。一方面，企业契约主体之间存在着严重的信息不对称，公司管理层作为契约联结的中心点，应该及时向其他契约主体披露 MD&A 信息。事实上，管理层本身也具有一定的鉴证需求：当经营业绩好时，管理层希望通过外部鉴证得以确证，以获取股东的赞赏、奖金或续聘，并占据市场资源优势；而当公司业绩差时，管理层可能会尽力淡化或回避公司的问题与困难，尤其是那些显示管理层无能与无效率的结果。但企业缔约主体是由利益诉求互不相同的多方所构成的，他们对于管理层提供的 MD&A 信

---

① 在美国，审核业务也可对认定作出积极保证。

息在本质上是不信任的。囿于许多现实因素，如物理因素、法律制度因素及时间费用因素①，他们无法亲自鉴证，因而会要求独立的、具有专业技能的 CPA 对 MD&A 信息进行审核或审阅。另一方面，根据詹森和迈克林（Jensen & Meckling，1976）的代理成本理论框架，如果 MD&A 信息质量较低，就可能导致 MD&A 信息披露不经济。可见，MD&A 披露能在多大程度上缓解信息不对称，降低代理成本，主要取决于 MD&A 信息披露质量。因此客观需要对 MD&A 信息披露质量进行监督和鉴证。

其次，从 MD&A 信息本身的特点和我国 MD&A 信息披露实践来看，也亟须对其进行鉴证。MD&A 的生成与披露具有很强的主观性和灵活性，管理层自由决定的空间较大，再加上其文本信息属性，在措辞选择、版面安排、篇幅长短等方面更容易被管理层操纵，若不对 MD&A 信息进行鉴证，很可能出现把本应在报表附注中披露的信息转移到无须鉴证的 MD&A 中以规避审计的现象。根据艾本斯坦和帕瓦（Epstein & Pava，1995）的调查，63% 的投资者认为，应该由外部审计师对公司 MD&A 进行鉴证。在全球会计业频频遭遇诚信危机的今天，这一比例无疑会更高。即使是起源较早、制度相对更规范的美国，其公司披露的 MD&A 信息在接受 SEC 质量审查时，也曾多次遭到批评和谴责。我国学者的研究也一致表明我国上市公司 MD&A 信息披露质量堪忧。若再不加强监管，MD&A 只会流于形式，甚至成为公司管理层愚弄投资者的工具，不仅不能改善与投资者的关系和优化资源配置，反倒可能进一步打击投资者信心，影响资本市场的发展。

最后，从注册会计师业务范围来看，MD&A 审核或审阅业务有利于拓展其业务空间。美国等发达资本市场国家早就开始重视 MD&A 信息披露鉴证问题，并已经在 MD&A 信息鉴证方面付诸实践②。到目前为止，我国注册会计师还没有专门的 MD&A 审阅或审核服务。目前，许多事务所开拓业务仍着眼于客户数量的增加，这在"僧多粥少"环境下，就会引发压价竞争、不当竞争等影响 CPA 行业发展的严重问题。而 MD&A 信息

---

① 这就是美国会计学会（AAA）1973 年发布的《基本审计概念说明书》（ASOBAC）所讲的疏远性。

② 关于 MD&A 信息鉴证规范将在第三章第四部分详细论述。

鉴证有利于 CPA 服务市场的细分，从而为事务所创造新的收益增长点，形成具有差异的核心竞争力。

2. MD&A 信息鉴证所面临的困难

第一，MD&A 鉴证业务本身具有突出的复杂性。首先，缺乏合适的鉴证标准。MD&A 本身所具有的前瞻性决定了鉴证难度。诸如事件发生的可能性、可能对公司造成的影响、公司战略等因素都是不易量化的，难以找到统一的鉴证标准；其次，MD&A 信息难以复核，很多信息取决于公司自身的业务类型和具体环境，管理层对财务报表数据的解释、对经营成果的归因、对未来前景的展望等信息一般都难以被观测和复核；再次，如果对 MD&A 进行鉴证，管理层可能会为应付鉴证而逐条对照披露规则，却忽视公司具体情况，导致编写出来的 MD&A 信息内容千篇一律，刻板僵硬；最后，可能还面临成本效益权衡问题，要得到一个有意义的保证水平，可能导致过高的成本。

第二，就我国鉴证服务市场而言，短期内难以形成有效的 MD&A 信息鉴证需求。我国会计师事务所脱钩改制更多的是行政力量的推进，业务开拓也主要借助政府及其相关职能部门的推动，而无暇放在市场需求方面①。而现实市场处于过度竞争格局，被鉴证单位或委托方处于强权地位，其对 CPA 执业报告的需要主要是为了满足法定要求，或转嫁风险，这样一来，委托方也很难主动要求对 MD&A 信息进行鉴证。到目前为止，我国证监会还没有规定 CPA 具有专门审阅、审核或评价 MD&A 整体或部分信息的责任。不过可以预见，随着我国市场经济和资本市场的不断发展，MD&A 信息鉴证也会逐步产生并发展起来。

---

① 一般认为，市场需求是注册会计师业务拓展的直接诱因。为此，笔者曾就我国投资者（包括机构投资者和公众投资者）和政府监管者对我国 MD&A 信息披露鉴证的需求作过初步访谈调查。结果发现，绝大多数投资者（尤其是机构投资者）认为 MD&A 信息很重要并希望由注册会计师提供专业鉴证；而监管者却持不同的态度，尽管他们普遍认可 MD&A 信息的重要性，但大多数受访者却认为没有必要对 MD&A 进行审核或审阅。然而在我国目前的环境下，投资者的需求难以形成"有效需求"。

六 小结

本章首先在分析现有 MD&A 概念的基础上对 MD&A 信息的本质特征进行了归纳，进而对"管理层讨论与分析"的概念作出新的界定；然后，结合财务报告目标和会计信息质量特征，借鉴国外成熟规定，对 MD&A 信息披露的目标、质量要求、主要内容和鉴证等基本理论问题进行了较为系统的诠释。这一层次的理论研究表明：MD&A 信息披露并不仅仅是简单的文字叙述，而是一个由需求主体、披露目标、质量要求、主要内容与鉴证等组成的多维度向量，各向量之间具有一定的内在逻辑性，共同构成 MD&A 信息披露理论框架。在整个披露框架中，以需求主体为基础确立的披露目标起核心指导作用，决定着 MD&A 信息披露的主要内容和披露边界；质量要求则具有枢纽作用，它向上承接着 MD&A 信息披露目标，向下统率着 MD&A 信息披露质量；信息鉴证则为 MD&A 信息披露质量提供了监督和适度保证。整个理论框架逻辑一致，既明确了 MD&A 信息披露的基本理论问题，又拓宽了 MD&A 信息披露研究的视野，有助于对其形成系统的认识。

从本章的基本理论问题研究不难看出，MD&A 信息披露制度既具社会性，又有技术性。从社会性角度讲，不同社会制度结构下的信息披露制度存有差异；从技术性角度讲，不同社会制度结构下的 MD&A 信息披露制度安排之间又可相互借鉴和移植。这种借鉴与移植，对我国现阶段而言非常必要，有利于优势互补和降低制度安排成本。因此，第三章将对 MD&A 信息披露制度进行更为系统的比较和更为全面的剖析。

第三章

MD&A 信息供应链解析及国际比较

为进一步深入了解 MD&A 信息生成与提供过程的内在机理与微观结构，本章借鉴供应链思想，将 MD&A 信息披露制度予以分解；然后对世界主要国家的 MD&A 披露制度予以比较研究和综合性评价。但本章意不在于单纯比较各国 MD&A 信息披露制度的优劣，而主要研究该制度安排在特定环境中的起源、变迁及自我实施等问题，以更好地实现 MD&A 信息披露与其他制度安排的互补。这对我国如何改进、发展和整合 MD&A 披露制度具有重要意义。

一　MD&A 信息供应链

关于"财务报告供应链"的研究（陆建桥，2002；方红星，2004，2006；IFAC，2008，2011）早已有之。但尚未发现关于 MD&A 供应链的研究。事实上，MD&A 信息同样涉及信息汇集、披露、鉴证、分析和使用等各环节，同样具有环环相扣、渐次推进的特点，可被形象地称为"MD&A 信息供应链"。具体如图 3—1 所示。

图 3—1 中的"MD&A 信息供应链"既考虑了公司治理与内部控制等环境因素的影响，又清晰界定了各参与者的功能及 MD&A 信息从生成到使用的整个过程。它可分解为五个关键要素：MD&A 信息披露规范、相关公司治理与内部控制、鉴证规范、披露监管和信息解析，其关系如下：

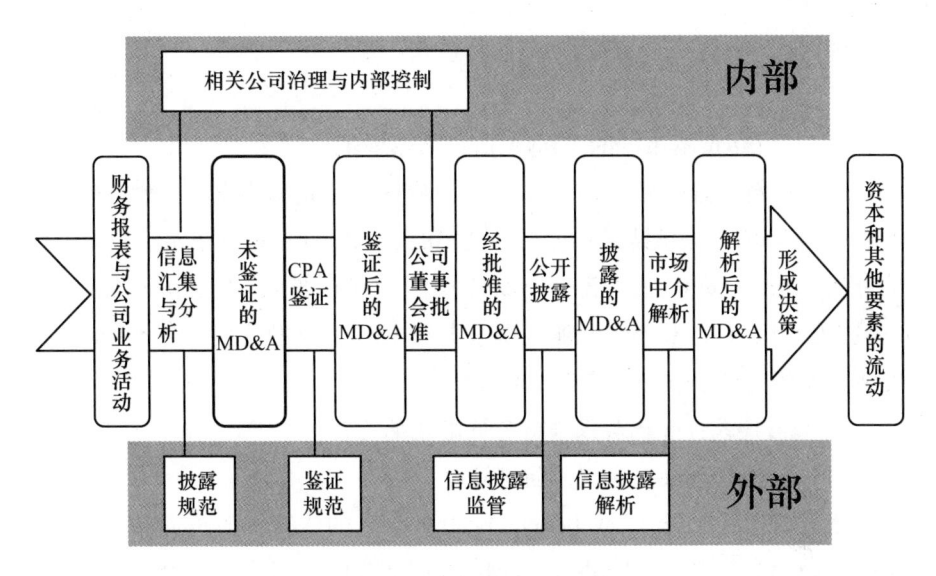

图 3—1　MD&A 信息供应链

第一，五个环节目标一致，共同致力于高质量 MD&A 信息披露。且只有这五个方面相互协调，方能形成合力；否则就会产生"短板效应"。

第二，五个方面既相互分离，又相互渗透。如，"管理层讨论与分析"信息披露规范既是披露要求，也是 MD&A 信息鉴证的主要依据；而 MD&A 信息监管又贯穿于其信息供应链的全过程。

下文将以信息披露规范为起点，按照从内到外的顺序，对中外 MD&A 制度的相关公司治理与内部控制、信息鉴证、信息解析、信息监管、信息披露规范五个维度进行国际比较分析。

二　MD&A 信息披露规范的国际比较

MD&A 信息披露规范回答了"应如何提供 MD&A 信息"的问题，在整个供应链中至关重要。本部分将从以下两个方面进行：首先研究发达资本市场国家 MD&A 信息披露规范的发展与演进，归纳其演进规律和特点，作出历史评价；然后全面梳理我国信息披露法规体系中的 MD&A 信息披露规则，并结合发达资本市场国家 MD&A 信息披露规范的特点，总结我国现有 MD&A 信息披露规范的特色与不足。

（一）发达资本市场的 MD&A 信息披露规范

由于资料占有的局限和语言文化的障碍，完整而全面地考察和比较世界各国 MD&A 信息披露制度是不现实的。本部分根据普华永道 1973 年的分类方法[①]，选取三类五大国家即德国（德国模式）、美国和加拿大（美国模式）、英国和澳大利亚（英联邦模式）为典型代表，对 MD&A 制度演进及相应规范作一简要论述和评价。

1. 德国模式：管理层报告信息披露规范

（1）德国管理层报告规范演进概况

德国管理层报告（Lageberichterstattung）[②]的法律渊源可追溯到 1897 年的《德国商法典》（Handelsgesetzbuch，HGB）。其中第 289 条第 2 款规定，管理层报告必须介绍公司的真实状况，内容包括经营年度结束后开展或将要开展的重要事项、未来公司的发展、研究与发展领域及现有的分支机构。这一规定所体现的思想，不仅在当时具有进步意义，也对后来的公司信息披露产生了重要影响。

1929 年的世界经济危机，德国既是主要发源地，也是主要受害者。由于股票投机现象普遍，公司管理不善，公司破产数量急剧增加。1931 年，德国紧急对商法典中的《股份法》进行修订，首次要求所有上市公司编制管理层报告。1937 年，《股份法》从 HGB 中分离出来，要求董事会对当期财务报表进行解释，将当期财务报表与前期报表相比，以识别重要变化，并对公司财务状况作出评论。至 1986 年，德国要求所有有限公司编制管理层报告，还必须对资产负债表日后事项和欧盟第 4

[①] ［英］克里斯托弗·诺比斯、罗伯特·帕克：《比较国际会计》，薛清梅译，东北财经大学出版社 2005 年版，第 50 页。

[②] 德语一般只用 Lageberichterstattung，英语有多种译文。在德国的法律和会计准则中一般被译为 management report，故本书译为管理层报告。有的也称之为企业状况报告。

号指令[1]列出的其他事项进行评述。

1998年德国修订HGB，将风险报告引入管理层报告中，要求详细分析和阐述各种风险对企业财产、财务和收益状况可能产生的不良影响及对企业生存可能造成的损害。至2001年，德国正式颁布第5号会计准则《风险报告》（GAS 5）。2004年GAS 5得以修订，进一步强化了管理层报告的有关披露要求，董事会须对对报告期内公司的发展和经营业绩与年度末财务状况，以及公司未来可能的发展趋势，包括机会与风险进行全面分析，并报告关键财务与非财务指标，如与环境、职工有关的事项等。这些要求也体现在商法第289条的修订中。

2005年2月，德国会计准则委员会（GASC）[2]通过了第15号会计准则《管理层报告》（GAS 15），对管理层报告的披露原则、内容格式和披露要求作出了全面而详细的规定，明确指出：管理层报告应对企业发展和集团状况进行公允的回顾，应对企业未来发展与重要风险及机会作出评价和分析，强调关注可持续的价值创造力。GAS 15的发布，标志着管理层报告正式成为德国财务报告体系至关重要的组成部分。

（2）历史评价

德国管理层报告具有以下四个显著特点：第一，管理层报告要求从最初的公开有限公司到所有有限公司，其演变具有明显的层次性；第二，德国采用了区别对待的原则，即管理层报告要求与企业的法律形式及其规模有密切关系，如资合公司就必须包括管理层报告，而人合公司则不作要求[3]，又如，大型公司必须完全按照商法规定的要求予以披露，而中、小型公司，则可以采用简略形式；第三，尤其强调风险的披露。要

---

[1] 欧盟第4号公司法指令——《建立在欧洲经济共同体条约第54（3）（g）条基础上的关于公司年度财务报告的78/660/EEC号指令》（*Fourth Council Directive 78/660/EEC of 25 July 1978 based on Article 54（3）（g）of the Treaty on the annual accounts of certain types of companies*）于1978年7月25日通过，是为确保公司所披露财务信息可比性而制定的最低限度法律文件。该指令第九节第四十六条规定，年度报告至少必须包括对公司的业务发展和经营状况的客观评论。具体内容参见欧盟第4号指令。

[2] 德语为Deutsche Rechnungslegung Standard Committee，DRSC。

[3] 资合公司（Kapitalgesellschaften）都包括股份公司、股份两合公司和有限责任公司。资合公司是一种与人合公司（Personengesellschaften）相对应的法律形式。属于人合公司的有：民法公司、合伙企业、无限合伙企业、两合公司、海运公司、协会、合作社等。

求单独披露风险报告,对一般风险、特殊风险、风险种类及各种风险的定量定性分析,以及风险管理状况等信息,尤其是可能对企业未来发展产生重要影响的风险因素应进行揭示;第四,管理层报告准则为非强制性,这在一定程度上制约了德国管理层报告的发展。

2. 美国模式:MD&A 信息披露规范

(1)美国 MD&A 信息披露制度规范演进概况

美国 MD&A 披露制度最为成熟。根据其不同时期的特征,可将其分为以下四个阶段。

1)萌芽阶段:1933—1968 年

1933 年之前,纽约证券交易所就有要求提供部分财务分析信息的零散规定,但强制要求全面提供公司财务状况信息的法律规定则源于 1933 年《证券法》和 1934 年《证券交易法》。前者要求公司必须在登记文件中披露由登记发行的融资可能引起的财务状况和运作的重大变化。同样,根据 1934 年《证券交易法》,资产评估方面的软信息属于法定重大披露事项。这些信息以历史信息为主,没有提出"管理层讨论与分析"概念,这可能是国内外学者普遍认为美国 MD&A 起源于 1968 年的主要原因。

2)起始阶段:1968—1979 年

1968 年 12 月 9 日,SEC 发布了 1933 年《证券法》下的《招股说明书指南》[1],要求提供"盈余概况"(Summary of Earnings),包括对当期业绩发生反转的附注及影响盈余的非正常情况进行讨论。这被认为是美国 MD&A 信息披露制度的正式起源。

1974 年 8 月 14 日,SEC 又发布了 1934 年《证券交易法》下[2]的《定期报告和招股说明书指南》[3],要求提供"经营概况"(Summary of Opera-

---

[1] SEC, *Guides for Preparation and Filing of Registration Statements under the Securities Act of 1933*, Securities Act Release No. 33-4936, December 9, 1968.

[2] SEC 实行双轨制披露体系历时五十多年:一套是依据 1933 年《证券法》规定的公开发行登记制度,另一套则是依据 1934 年《证券交易法》规定的定期报告制度。双轨制造成了大量的重复上报及不必要的文书工作。直至 1982 年,SEC 为依据 1933 年《证券法》进行证券登记制度制定了一套综合披露制度。这一制度将 1933 年《证券法》和 1934 年《证券交易法》的披露规定进行了综合和简化。

[3] SEC, *Guides for Preparation and Filing of Reports and Registration Statements*. Securities Act Release No. 33-5520, August 14, 1974.

tions），内容包括：收入和费用的重大变化；对净利润产生重要影响的会计原则、方法和惯例的变化。《定期报告和招股说明书指南》明确指出，"重大变化"是指当发行人当期的收入和费用相比前一年超过10%，或最近三年平均净利润变化超过2%。如果某一项目的百分比尚未达到上述标准而又对理解经营概况非常必要，也必须对其进行讨论。否则，就会受到 SEC 处罚。

尽管 SEC 试图保持 1968 年和 1974 年两个指南的灵活性，力使管理层能对那些与公司业务相关的特定事项进行讨论，避免照本宣科式的披露。但公司为达到披露要求，一般只提供财务报表各项目的百分比变化（通过自行计算很容易获得），而没有对变化背后的实质性原因进行分析。因而，1968 年和 1974 年的两个指南并没有达到 SEC 的初衷。

为改善 MD&A 信息披露，SEC 公司披露咨询委员会重申应给予管理层更大的自由，促进其关注有意义的前景信息。在这一背景下，SEC（1979）发布了第 175 号规则[1]，也被称为"安全港规则"（Safe Harbor Rules）。根据这一规则，只要前瞻性信息披露是善意且有合理依据（Reasonable Basis）的，即使其预测与后来的实际不符，公司也不用承担责任。这一规则系美国首创，无疑对美国乃至世界其他国家的 MD&A 信息披露尤其是前瞻性信息披露具有重要的促进意义。前瞻性信息披露和安全港规则将在下文详细讨论，在此从略。

3）发展阶段：1980—2002 年

1980 年是美国 MD&A 信息披露制度发展史上的第一个重要转折点。在 1979 年"安全港规则"的影响下，SEC 对公司前瞻性信息披露的态度由怀疑转为鼓励，由此导致了 1980 年 9 月 MD&A 披露新文告[2]的出台。该文告主要有以下变化：SEC 开始鼓励公司自愿提供战略规划信息或其他前瞻性信息；取消 1968 年和 1974 年指南中百分比法和对报表项目逐个分析的要求；要求提供对通货膨胀和产品价格波动影响的信息。最重要

---

[1] 《联邦法典》17 § 230.175。

[2] SEC, *Final Rule*: *Amendments to Annual Report Form*, *Related Forms*, *Rules*, *Regulations*, *and Guides*; *Integration of Securities Acts Disclosure Systems*, Securities Act Release No. 33 – 6231, September 2, 1980.

的是，该文告首次将 MD&A 信息作为一个项目单列出来，并增加了披露格式方面的要求，内容上将其从简单的盈余总结扩展到对流动性、资金来源和经营成果的讨论与分析，从而确定了 MD&A 信息披露的主体框架，该框架一直沿用至今。

1981 年，SEC 在考察公司 MD&A 信息披露情况后，于同年 9 月发布了包括考察结果和若干判例的文告[①]。该文告表示，SEC 整体上对 MD&A 信息披露新要求的遵循情况满意，认为没有必要再增加更多明细要求。但在 1986 年，SEC 收到 Coopers & Lybrand 提交的关于 MD&A 披露要求的议案，他们建议在 MD&A 中增加对风险因素的讨论，并希望由审计师对其执行审阅程序。不久，七家大型会计公司的合伙人联名发表了题为"未来财务信息的相关性、可靠性与可信性：对 AICPA 理事会的建议书"的白皮书，他们提出了同样的建议，但要求对 MD&A 执行正式审计而非审阅程序。

为回应上述建议，SEC 于 1987 年 4 月 17 日发布概念文告[②]广泛征求意见，结果发现，多数人认为没有必要改变 MD&A 披露要求，但认为应加强 MD&A 规范的执行力度和对其进行审阅，或者发布一个有助于改善 MD&A 披露现状的解释性指南。为此，SEC（1989）发布了第一个解释性指南[③]。它为公司 MD&A 披露提供了具体指导，包括前瞻性信息与前景性信息、流动性与资本来源、财务报表项目重大变化等八个方面。1989 年解释性指南最为突出的贡献在于：一是提出了著名的"双向测试"（Two Pronged Test）标准，即先由管理层评估各已知趋势、需求、承诺、事项或不确定性是否"很可能"发生，然后客观评价这些事项的影响，以此判断该项信息是否应予以披露；二是它首次把未来信息分为强制性和自愿性两种，并把强制披露的未来信息称为前景性信息，而把自愿披露的

---

① SEC, *Discussion of Item 11 of Regulation S – K*: *Management's Discussion and Analysis of Financial Condition and Results of Operations*. Securities Act Release No. 33 – 6349, September 28, 1981.

② SEC, *Concept Release on Management's Discussion and Analysis of Financial Condition and Operations*. Securities Act Release No. 33 – 6711, April 17, 1987.

③ SEC, *Interpretation*: *Management's Discussion and Analysis of Financial Condition and Results of Operations*; *Certain Investment Company Disclosures*, Securities Act Release No. 33 – 6835, May 18, 1989.

未来信息称为前瞻性信息,并提醒发行公司:根据同年新增的条例 S – K 第 303 项的规定[①],公司必须披露管理层已知晓的趋势、事项和很可能对公司未来产生重大影响的不确定因素,鼓励披露预测的未来趋势或事项,以及目前已经知晓的趋势、事项或不确定因素的未来影响。这一指南的发布,标志着美国 MD&A 信息披露制度进入一个稳定发展阶段。

此后十多年间,SEC 没有出台新的文告或解释性指南,但它一直密切关注着上市公司 MD&A 的信息披露情况。经过多年观察,SEC 发现,有关环境和经营的趋势、事项和不确定因素已在 MD&A 中披露,但用以计量这些不确定性的方法、假设与估计未予揭示。为此,SEC 于 2001 年 11 月发布提案[②],鼓励公司在 MD&A 中披露主要会计政策,若这些政策在判断和应用方面存在不确定性,还应予以说明。同年 12 月 31 日,SEC 收到经 AICPA 批准的来自安达信、德勤、安然、毕马威和普华永道的联名申请书,他们要求 SEC 针对条例 S – K Item 303、条例 S – B Item 303 和 Form 20 – F Item 5 发布新的解释性指南,以指导当年公司年报编制。他们认为应在三方面强化公司的 MD&A 信息披露:流动性与资本来源,包括资产负债表外安排;特定交易活动,包括以公允价值计量的非交易性合约;关联方与关联方交易。为回应这一申请,SEC 于 2002 年 1 月发布文告[③],对这三个问题进行了规定。同年 5 月 10 日,SEC 就 MD&A 中关键会计政策应用问题的披露发布新文告[④],提议新增两大内容,即会计估计及所采用的会计政策对财务报告的重要影响。

2002 年 7 月 25 日,《萨班斯法案》(Sarbanes-Oxley Act,SOX)颁布。该法案的第 401(a)部分新增资产负债表外业务披露,要求 SEC 在 SOX 法案生效的 180 天内颁布最终规则,年度和季度财务报告中应披露"所有重大资产负债表外业务、安排、义务(包括或有负债),如果公司

---

① Regulation S – K Item 303,《联邦法典》17 § 229. 303。

② SEC. *Cautionary Advice Regarding Disclosure about Critical Accounting Policies*. Securities Act Release No. 33 – 8040, December 12, 2001.

③ SEC. *Commission Statement about Management's Discussion and Analysis of Financial Condition and Results of Operations*. Securities Act Release No. 33 – 8056, January 22, 2002.

④ SEC, *Proposed Rule*: *Disclosure in Management's Discussion and Analysis about the Application of Critical Accounting Policies*. Securities Act Release No. 33 – 8098, May 10, 2002.

同非实体和其他个人之间存在对公司财务状况及其变动、经营成果、收入费用构成等产生重大影响的其他关系,也应披露"[①]。在这一指导下,SEC 于 2002 年 11 月 4 日发布了在 MD&A 中披露表外安排、契约性负债和或有负债的征求意见稿。

4) 完善阶段: 2003 年至今

2003 年 1 月 28 日,SEC 发布了关于表外安排信息披露的最终规则[②],提出了"很可能"披露门槛(Reasonably Likely Threshold),以确定某项表外安排是否必须披露。对契约型负债的类型要求新增一个表格(见表 2—3),该表格不仅要披露公司债务中到期需支付的总数,用具体的分类加以汇总,并且要区分不同时期。

应 SOX 法案的要求,SEC(2003)发布自 1989 年以来的第二个 MD&A 解释性指南[③],呼吁公司高管参与 MD&A 披露制度的制定,并就如何分析财务信息、如何披露已知重要趋势和不确定性、如何分析关键业绩指标等六大方面的主要问题提出了具体建议,体现了 SEC 在提高 MD&A 信息披露质量方面的新观点。

此外,美国还在 MD&A 信息方面积极推进 XBRL 的研究与应用,2005 年 2 月 28 日,美国《财务报告——管理层讨论与分析分类标准》(正式稿)已获 XBRL 国际批准。这标志着美国 MD&A 信息披露制度进入一个全新的发展阶段。

2010 年 9 月,SEC 则再次颁布 MD&A 的《委员会指南:流动性呈报与资本资源披露》(Commission Guidance on Presentation of Liquidity and Capital Resources Disclosures),在该指南中 SEC 重申"该指南要求公司为投资者披露对历史结果有影响或很可能影响未来期间的已知的趋势和不确定性,且这种披露应当从管理层的视角出发来探讨和分析企业经营情

---

① USA, *Sarbanes-Oxley Act of USA*, Sec. 401. Disclosures in Periodic Reports. 2002.

② SEC, *Final Rule*: Disclosure in Management's Discussion and Analysis about Off-Balance Sheet Arrangements and Aggregate Contractual Obligations. Securities Act Release No. 33 – 8182, January 28, 2003.

③ SEC, *Interpretation*: Commission Guidance Regarding Management's Discussion and Analysis of Financial Condition and Results of Operations, Securities Act Release No. 33 – 8350, December 19, 2003.

况"，还指导公司如何披露资金和流动性风险管理。

总体上，美国 MD&A 信息披露规范已形成了一个层次清晰、易于操作的完整体系，包括法律、公告和解释性指南三个层次。首先，《证券法》和《证券交易法》在整个体系中起统驭作用，是基本要求；其次，公告主要规范上市公司 MD&A 披露的具体内容，是具体而统一的标准；最后，解释性指南主要对 MD&A 信息各项内容的披露细节提供具体指导，是操作性规范[①]。

(2) 加拿大 MD&A 制度规范演进概况

1989 年，安大略证券交易委员会（Ontario Securities Commission，OSC）引入了 MD&A 披露制度，并将其与定期报告一起视为加拿大企业报告的核心组成部分。此后十几年，加拿大证券监管机构效仿美国制定了不少有关 MD&A 的披露要求，这些对加拿大 MD&A 信息披露和董事会与管理层的职责及义务都产生了深远影响。

21 世纪初，美国安然及一些大公司纷纷爆出财务丑闻之后，MD&A 再次引起公众关注。为指导上市公司提高 MD&A 披露质量，CICA 下属"绩效报告委员会"（Canadian Performance Reporting，CPR）于 2002 年 11 月 28 日发布了《管理层讨论与分析：编制与披露指南》[②]，专为指导企业改进 MD&A 披露流程而设计编撰，是继 1989 年引入 MD&A 以来第一份详细的指导文件。该指南包括本书第二章（见表 2—2）已述及的六大信息披露原则，还包括一个信息披露框架，即目标、核心业务和战略，关键业绩动因，实现经营目标的能力，经营成果（含历史分析与前景分析）与风险。

2004 年 4 月，OSC 颁布了国家文件 NI 51 - 102《持续信息披露责任》[③]。在该文件中，OSC 就 MD&A 的提交、批准和派发等问题进行了专门规定。应 NI 51 - 102 的要求和公司报告实务的需要，CICA 于 2004 年 5 月

[①] 李燕媛：《"管理层讨论与分析"信息披露——基于供应链构建与解构的多维审视》，《中南财经政法大学学报》2012 年第 4 期。

[②] Canadian Institute of Chartered Accountants, Management's Discussion and Analysis: Guidance on Preparation and Disclosure, November 28, 2002.

[③] Ontario Securities Commission Bulletin (OSCB), National Instrument 51 - 102: Continuous Disclosure Obligations, April 2, 2004.

对2002年指南进行修订①，其变化主要体现在：一是体现了 NI 51-102 的最新要求，在专业用语及披露要求方面均与 NI 51-102 保持一致；二是增列 20 个重要问题，以供董事会和审计委员会监督和评估 MD&A 信息披露质量；三是详细论述了 MD&A 信息披露体系和步骤的要求与特征，强调其可读性和及时性；四是在段落安排上有所调整，使得各部分内容更加集中。

自 2002 年加入 IASB 的 MD&A 项目研究组以来，加拿大的 MD&A 披露规范与实务不仅影响到其他成员国（如英国），同时也受到了其他成员国的启发和影响。2005 年 10 月 14 日，CPR 发布了一则题为《MD&A 披露：关于气候变化和其他环境问题对财务的影响》的简论②，认为管理层有责任关注气候变化和其他环境问题，识别其对企业财务状况和经营成果已经或可能产生的影响，并就其对投资者决策可能造成的影响作出判断。这一披露要求开始关注企业发展与保护环境的关系，并将关注环境问题明确为管理层的责任，这些都是 2002 年指南未曾涉及的，具有明显的进步意义。

2006 年 5 月，CICA 发布《风险披露：MD&A 解释文告》③，对风险的定义、如何识别应予披露的风险，以及如何披露风险等问题进行了规定。该文告经 CPR 批准已加入《MD&A：编制与披露指南》（修订）征求意见稿中。同年 9 月，CSA 在对 45 家信托公司的持续信息披露情况进行审查后指出，MD&A 信息披露在流动性、风险与不确定性及经营业绩与成果概况三个方面存在重要缺陷。对此，CPR 也在其指南（修订）征求意见稿中，对现金分配的披露作出了要求。最近，根据 NI 52-109《上市公司年报及中报披露声明》的要求，自 2006 年 6 月 30 日开始，管理层必须声明是否已在 MD&A 中披露了有关内部控制的重大变化；自 2008 年 6 月 30 日始，则要求管理层在年度 MD&A 中就公司内控对当期财务报告的控制过程及有效性作出结论。可见，MD&A 已成为加拿大持续信息披

---

① CICA, *Management's Discussion and Analysis: Guidance on Preparation and Disclosure*, *Summary of Revisions*, May 2004.

② CPR, *MD&A Disclosure about the Financial Impact of Climate Change and Other Environmental Issues*, Oct. 14, 2005.

③ CICA, *Risk Disclosures: MD&A Interpretive Release*, May 31, 2006.

露制度的重要组成部分,其信息披露质量及它与其他信息的一致性,已成为 CSA 持续信息披露实务监管的重要工作。

(3) 历史评价

之所以将美国与加拿大划归一类,对其 MD&A 信息披露制度演进情况进行详细研究,不仅因为它们是北美洲最大、最发达的两个国家,具有较强的代表性,更是因为加拿大的 MD&A 制度直接来源于美国,两者在 MD&A 信息披露方面十分相似:其一,称谓完全相同,都被称为 MD&A,且两国的 MD&A 都以保护投资者利益为主要目标;其二,两国对 MD&A 信息披露均为强制性要求,并主要是以规则为导向,明确指明了 MD&A 所应披露的要点,其内容也基本相同;其三,形式上,两国的 MD&A 均包含在公司年报中。两国的不同则主要表现在:一是从制度规范看,加拿大只有各省的立法,没有联邦一级的《证券法》和《证券交易法》。尽管加拿大监管者要求提供 MD&A,但并没有像美国那样上升到法律高度;二是从制度规范的制定机构看,美国 MD&A 披露规则主要由 SEC 负责制定和修订,而在加拿大,尽管其全国性的证券监管机构 CSA 和省级证券监管机构 OSC 对 MD&A 信息披露规则均具有重要影响,但最终仍是由其会计职业团体 CICA 制定和修订,其权威性不及美国。此外,美国的 MD&A 信息披露规范以条例为基础,侧重于会计技巧,较为烦琐,为管理层操纵和进行披露管理提供了一定的便利,下文所列示的一系列 MD&A 诉讼案便是最好的印证。

3. 英联邦模式:"经营与财务评述"信息披露规范

(1) 英国"经营与财务评述"制度规范演进概况

20 世纪 80 年代后期至 90 年代初,英国许多企业频频遭遇破产,财务造假者趋之若鹜。在这一背景下,卡德伯里委员会(the Cadbury Committee)发表了著名的《卡德伯里报告》(Cadbury Report, 1992),认为财务报表无法满足使用者的所有信息需求,公司应该向股东提供有关业绩和前景的详细信息;并明确指出:"董事会有责任对公司状况进行一个平衡而又易于理解的评价。"

受《卡德伯里报告》的启发,英国 ASB 于 1993 年 7 月首次就"经营与财务评述"(OFR)发表意见稿,以自愿遵循的最佳惯例为基础,提供了一个能使董事会对影响公司业绩与财务状况的主要因素进行讨论的框架。这可以视为 ASB 将美国 MD&A 引入英国财务报告制度的尝试。此后，ASB 对 OFR 的格式与内容提出了许多建议。

20 世纪末，英国贸易工业部（Department for Trade and Industry，DTI）开始推行公司法的全面改革，提出对公司制度进行根本变革，并重点探讨了 OFR 法制化问题①。1998 年，DTI 成立了公司法改革筹划小组。2001 年小组发布最终报告，建议将董事的义务法典化，要求所有公司迅速、全面地披露有关信息。DTI（2002）进一步指出 ASB 不仅拥有制定财务报表格式与内容规则的权力，还应对 OFR 披露要求等负责。它建议强制要求大多数股份公开公司和大型股份非公开公司披露 OFR，并将其纳入审计范围，提交财务报告审核小组（Financial Reporting Review Panel，FRRP）审议②。

在上述这些组织及其文件的影响下，2003 年，OFR 意见稿先于公司法被修订，重新编制了相关的披露规则。2004 年 5 月 30 日，DTI 就如何具体实施 OFR 要求发表了题为《关于经营与财务评述和董事会报告监管问题的草案》的咨询文件，提出起草一个法规以促进 OFR 法制化。该文件反映了欧盟会计指令关于董事会报告"经营评述"（Business Review）的要求：自 2005 年 1 月 1 日起，大中型公司被要求对公司经营发展与业绩提供一个全面而又易于理解的分析，应该包括财务与非财务的关键业绩指标，还应包括与环境、雇员等有关的事项，中型公司可免除后一项披露义务③。

至此，英国政府指定 ASB 作为 OFR 报告准则的制定机构。2004 年 11 月，ASB 发布 OFR 报告准则征求意见稿，并于 2005 年 5 月 10 日正式发布名为"经营与财务评述"的第 1 号报告准则（RS 1），要求所有上市公司（小公司除外）都须在董事会报告中提供 OFR。RS 1 以原则为导向，

---

① 冯巧根：《基于英国 OFR 揭示的企业社会责任报告及其借鉴》，《上海立信会计学院学报》2007 年第 9 期。

② 参见 [英] 克里斯托弗·诺比斯、罗伯特·帕克《比较国际会计》，薛清梅译，东北财经大学出版社 2005 年版，第 113—121 页。

③ Directive 2003/51/EC of the European Parliament and the Council of 18 June 2003 amending Directives 78/660/EEC, 83/349/EEC, 86/635/EEC and 91/674/EEC on the annual and consolidated accounts of certain types of companies, banks and other financial institutions and insurance undertakings.

给出了 OFR 所应披露的各项要点的框架。作为补充，ASB 还发布了 RS 1 执行指南，给出了一些有可能被列入 OFR 的特定内容和关键业绩指标的范例及建议。自 2006 年 4 月 1 日起，FRRP 被赋予法定权力对上市公司董事会报告是否遵循 1985 年公司法的相关条款进行检查。对未遵循要求的公司，有权通过法庭强制要求其修改董事会报告。可见，在 RS 1 下，OFR 属于强制披露要求。

然而，英国财政大臣于 2005 年 11 月宣布政府打算撤销要求公司公开 OFR 的法定要求。因为这些法定要求与欧盟关于经营评述的主要要求基本相同，而英国政府一般不会将其监管要求凌驾于欧盟指令之上。因此，OFR 的法定要求于 2005 年 12 月被废止[①]。这样一来，ASB 不得不于 2006 年 1 月 26 日将 RS 1 由报告准则改为实务公告，显然，实务公告并不具有法律效力。

而英国"2006 年公司法"首次以法律形式明确公司董事的权与责，并把以前分散在判例法和衡平法中的董事义务集中起来加以明晰。它规定，董事会的义务之一便是对公司经营业绩与状况进行评价。该法还对董事在董事会报告中的责任提供了保护条款：只有当董事的陈述不真实或具有误导性且基于恶意（Bad Faith），以及故意漏报或有意隐瞒重大事实，才承担相应责任。这与美国 MD&A 安全港规则相似。

2013 年，英国要求公司出具战略报告。2014 年，FRC 出台《战略报告指南》，指出高质量的战略报告给股东提供了全面和有意义的关于公司商业模式、战略、发展、业绩表现、定位和未来前景的描述，有助于提高公司治理水平。战略报告中要求披露战略管理、经营环境、经营业绩三大部分内容。这与 MD&A 信息的部分内容是相同的。

（2）澳大利亚"经营与财务评述"制度规范演进概况

澳大利亚《公司法》第 299 部分要求董事会报告包含经营与财务评述（Review of Operations and Financial Condition，OFR），但没有规定具体

[①] The Companies Act 1985（Operating and Financial Review）（Repeal）Regulations 2005（SI 2005/3442）.

内容。1998年，澳大利亚集团100强（Group of 100，G100）[①]公布了《经营与财务状况评述指南》（Guide to Review of Operations and Financial Condition）（下称《指南》），首次对上市公司OFR披露提供了建议。《指南》于2003年得以修订。从《指南》可见，澳大利亚OFR披露的主要内容有公司概览与公司战略（包括公司目标、业绩指标和经营动态），经营评述（包括当期经营成果和股东回报情况），与未来业绩有关的投资，财务状况评述（包括资本结构与财务政策，来自经营活动的现金及其他现金来源，流动性与融资，公司资源，法规及其他外部因素的影响等）、风险管理与公司治理情况。尽管修订后的G100《指南》对OFR的披露要点提出了具体指导，但它显然不具有法律效力。

在G100指南的基础上，《澳大利亚公司法经济改革计划》（Australian Corporate Law Economic Reform Program，CLERP，2004）[②]对《公司法》第299A部分进行修订，要求扩展董事会报告，规定从2004年7月1日起，董事会报告必须包括董事会对公司经营情况、财务状况、经营战略及未来前景的评价。澳大利亚证交所（Australian Securities Exchange，ASX）也根据修订后的《公司法》制定了上市规则，要求所有上市公司提供OFR，但它没有强制规定披露内容。CLERP和ASX都建议上市公司遵循G100指南。到目前为止，澳大利亚国家证券监管部门——证券投资委员会（Australian Securities and Investment Commission，ASIC）尚未强制要求执行相关报告要求。可见，尽管澳大利亚公司法和交易所的上市规则均强制要求提供OFR，但披露内容仍然遵循自愿指南形式。

（3）历史评价

澳大利亚曾是英国殖民地，其会计在很多方面难免受英国影响。在OFR制度方面，这两个英联邦成员国具有很多相似之处：其一，称谓无实质差异；其二，到目前为止，两国对OFR的要求均属于自愿指南形式，其指南主要以原则为导向，建议披露的内容要点也大致相同；其三，两

[①] G100，是由澳大利亚主要的私营企业、公众公司及在澳大利亚上市的全球企业组成的一个集团。

[②] Australian Corporate Law Economic Reform Program（Audit Reform and Corporate Disclosure）Act，2004. 该项计划是由澳大利亚财政部于1997年3月公布并开始实施的。

国 OFR 披露要求的发展演进均与该国《公司法》的改革密切关联，《公司法》的改革行为促进了 OFR 制度的引入与演进，而两国关于 OFR 的披露要求都在修订后的《公司法》中有所体现。两国的差异则主要在于，英国是由 ASB 负责制定 OFR 披露要求，由 FRRP 负责检查 OFR 披露实务情况，这两个组织都拥有英国政府所赋予的法定权力；而澳大利亚现行 OFR 指南乃一行业集团制定，不具备任何法定权力。可能正因为如此，英国 OFR 制度演进水平要高于澳大利亚。

从前文对发达资本市场国家 MD&A 信息披露规范的追溯和分析过程可以看出，MD&A 信息披露法律规范的流变与各国法律的发展历程密切相关。这一点在大陆法系国家表现得更加突出，德国管理层报告的法律流变基本上反映了由《商法典》（专门法）到《公司法》（组织法）直至会计、审计等部门法的法律发展历程。而且主要国家的 MD&A 信息披露规范均具有一定的法律基础，如德国管理层报告法律主要来自《德国商法典》和《股份公司法》，美国 MD&A 信息披露法律主要来自《证券法》和《证券交易法》，而英国和澳大利亚 OFR 披露规法律则主要来自《公司法》；由于 MD&A 信息披露法律规范的流变与语言、历史背景（如殖民统治）、法律借鉴与移植等密切相关，不仅两大法系下 MD&A 信息披露法律规范的根源互不相同，而且即便是同属英美法系的英国和美国，其 MD&A 信息披露制度也因流变过程中的扬弃和创新而各具特色。

（二）我国上市公司 MD&A 信息披露规范

1. 我国上市公司信息披露的法规框架

图 3—2 展示了目前上市公司信息披露法规的基本层次。

需指出，我国的"财务情况说明书"[①] 与 MD&A 要求非常接近，但两者的区别仍十分明显，前者提供的都是历史信息，而后者非常强调前瞻性。

与西方国家相比，我国尚没有专门的 MD&A 信息披露准则或指南，现有相关披露要求主要散布在第二层次和第三层次，且以第三层次为主，

[①] 2006 年修订的《企业会计准则》在旧准则的基础上，已经取消了财务会计报告包括财务情况说明书的说法。但《公司法》和《会计法》仍保留着这一提法。

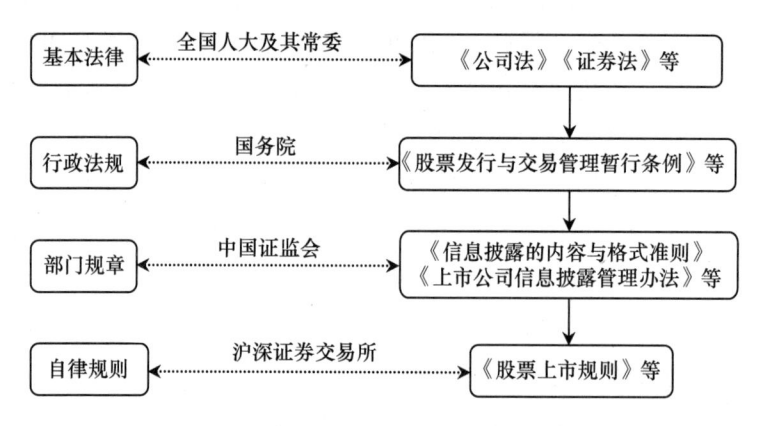

图 3—2 我国上市公司信息披露法规的基本框架

即证监会制定的《公开发行证券的公司信息披露内容与格式准则》（下称《内容与格式准则》）等①中。截至目前已颁布了 37 号准则，其中与 MD&A 有关的内容主要集中于第 1 号招股说明书、第 21 号债券募集说明书、第 3 号半年报②、第 2 号年报等准则。除此以外，《公开发行证券的公司信息披露编报规则》（下称《编报规则》）第 13 号季度报告内容与格式特别规定及《上市公司信息披露管理办法》（下称《管理办法》）均涉及 MD&A 的相关规定。下文将按时间顺序简要论述我国 MD&A 信息披露规则的演变历程。

2. 我国上市公司 MD&A 相关规则的演变概况

1993 年 4 月 22 日国务院发布的《股票发行与交易管理暂行条例》，是我国第一个以调整股票市场活动为对象的行政法规。其第六章第 58 条和第 59 条明确规定，上市公司中期报告和年度报告应当包括"公司管理部门对公司财务状况和经营成果的分析"。这是我国第一次以会计法规的形式提到"管理层讨论与分析"，尽管它没有规定其具体内容，但对我国 MD&A 信息披露制度建设无疑具有重要的奠基意义。同年 6 月，证监会发布《公开发行股票公司信息披露实施细则（试行）》，对我国公开发行

---

① 2001 年前称为《公开发行股票公司信息披露的内容与格式准则》。

② 2001 年前称为中期报告。

股票的公司必须公开披露信息的内容、方式及时间作了详细规定。要求公开发行股票的公司的中期报告和年度报告应包括《股票发行与交易管理暂行条例》第58条和第59条所列事项，即同样要求包括"公司管理部门对公司财务状况和经营成果的分析"。

(1) 定期报告中MD&A的披露规则

年报和半年报MD&A中应披露的信息主要由《内容与格式准则》规定，分别发布于1994年1月10日和6月25日，后来均历经多次修订。MD&A的称谓、在年报和半年报中的位置及其应披露的内容一直处于变化中。表3—1、表3—2分别列示了我国半年报和年报《内容与格式准则》中MD&A披露规则的演变情况。

表3—1 半年报《内容与格式准则》准则中MD&A披露规则的演变[①]

颁布时间	称谓用语	位置	具体内容或变化
1994.6.25	经营情况的回顾与展望	第二节	①上半年经营情况的回顾：由公司董事长或总经理简要介绍公司在报告期内的经营情况，包括（但不限于）公司在报告期内取得的成绩与进展。如果实际经营结果与原经营计划目标存在重大差异，应对差异产生的原因进行分析与说明。②下半年计划：主要叙述公司为了完成或超额完成年度经营计划，针对上半年生产经营过程中存在的问题准备采取的措施和对策；公司按照年度生产经营计划将要在下半年继续施行的项目安排；公司针对宏观经济环境的变化和国家有关政策的要求所要着重进行的工作
1998.6.18	经营情况的回顾与展望	第四节	简要介绍报告期内的经营情况及下半年计划，包括（但不限于）以下内容：①公司报告期内主要经营情况；②公司投资情况；③因生产经营环境及宏观政策、法规发生重大变化而已经、正在或将要对公司财务状况和经营成果产生重要影响，须明确说明；④下半年计划

[①] 半年报《内容与格式准则》还于1996年和2000年分别进行了修订，但这两次修订未改变MD&A的披露要求，故未在表中列示。

续表

颁布时间	称谓用语	位置	具体内容或变化
2002.6.22	管理层讨论与分析	第五节	①应对财务报告与其他必要的统计数据及报告期内发生或将要发生的重大事项进行讨论与分析，以帮助投资者了解经营成果、财务状况（含现金流量情况）。管理层的讨论与分析不能只重复财务报告的内容，应着重于其已知的、可能导致财务报告难以显示公司未来经营成果与财务状况的重大事项和不确定性因素，包括已对报告期产生重要影响但对未来没有影响的事项，以及未对报告期产生影响但对未来具有重要影响的事项等。②应说明报告期主营业务收入、主营业务利润、净利润、现金及现金等价物净增加额（或净减少额），以及报告期期末总资产、股东权益等主要财务数据与上年同期或年初数相比发生的重大变化，并分析其原因。③报告期经营情况。④报告期投资情况。⑤应将报告期实际经营成果与招股上市文件或定期报告披露的盈利预测、有关计划或展望进行比较。有重大差异的，应予以说明并分析其原因。⑥简要说明下半年的经营计划，包括收入、费用计划等，分析可能对下半年经营成果与财务状况产生重要影响的因素、这些因素发生的可能性及影响程度。公司对上年度报告中披露的本年度经营计划做出修改的，应予以说明。⑦预测下一报告期经营成果可能为亏损或者与上年同期相比发生大幅度变动，应予以警示。⑧财务报告经 CPA 审计，并被出具非标准无保留意见的审计报告的，公司管理层应当对审计意见涉及的事项予以说明。上年年度报告中的财务报告被 CPA 出具非标准无保留意见的审计报告的，公司管理层应对审计意见涉及事项的变化及处理情况予以说明
2003.6.24	管理层讨论与分析	第五节	上述第 2 条改为：介绍报告期内经营情况，分析公司报告期内经营活动的总体状况，新增内容：①如来源于单个参股公司的投资收益对公司净利润影响达到 10% 以上（含10%），应介绍该公司业务性质、主要产品或服务和净利润等情况。②经营中的问题与困难

续表

颁布时间	称谓用语	位置	具体内容或变化
2007.6.29	董事会报告	第五节	经营情况分析中新增内容：概述公司报告期内总体经营情况，营业收入、营业利润及净利润的同比变动情况，说明引起变动的主要影响因素
2013.4.15	董事会报告	第四节	对披露内容进行了重新编排，主要分为四大部分： （1）经营情况分析，包括：①主营业务分析，回顾总结前期披露的经营计划在报告期内的进展，列示公司营业收入、成本、费用、研发投入、现金流等项目的同比变动情况及原因。②按照行业、产品或地区经营情况分析。③核心竞争力分析。④投资状况，包括对外股权投资情况、非金融类公司委托理财及衍生品投资情况、募集资金的使用情况、主要子公司、参股公司情况、重大非募集资金投资情况。 （2）亏损警示，公司如果预测年初至下一报告期期末的累计净利润可能为亏损或者与上年同期相比发生重大变动，应当予以警示并说明原因。 （3）非标审计意见说明。 （4）利润分配方案，公司应当披露报告期内实施的利润分配方案特别是现金分红方案、资本公积金转增股本方案的执行或调整情况
2014.5.28	董事会报告	第四节	无变化

表3—2 年报《内容与格式准则》中 MD&A 披露规则的演变

颁布时间	称谓用语	位置	具体内容或变化
1994.1.10	董事长或总经理的业务报告	第三节	①公司经营情况的回顾；②对实际经营结果与盈利预测重大差异的说明；③对前次募集资金运用情况的说明；④新一年度的业务发展规划；⑤其他

续表

颁布时间	称谓用语	位置	具体内容或变化
1995.12.21	董事长或总经理的业务报告	第三节	经营情况的回顾扩展为七个方面，新增：①公司主营业务业绩概述；②公司财务状况说明；③公司投资情况说明；④公司全资附属及控股公司经营业绩概述；⑤公司员工的数量和专业素质情况说明。新一年度的业务发展规划浓缩为四个方面，删减：①固定资产更新、改造和扩充，新技术、新工艺、新材料的研究、开发与实施；②人员数量的增加和素质的提高等
1997.12.17	业务报告	第七节	①介绍公司所处的行业，以及在本行业中的地位；②介绍公司报告年度的经营情况（内容同原经营情况回顾）；③新一年度的业务发展的计划；④其他
1998.12.9	业务报告摘要	第七节	新增：①公司投资情况；②因生产经营环境，以及宏观政策、法规发生重大变化而已经、正在或将在对公司的财务状况和经营成果产生重要影响，须明确说明
1999.12.8	董事会报告	第五节	①公司经营情况；②公司财务状况；③公司投资情况；④因生产经营环境，以及宏观政策、法规发生重大变化而已经、正在或将要对公司财务状况和经营成果产生重要影响，须明确说明；⑤新一年度的业务发展计划
2001.12.10	董事会报告	第八节	在1999年基础上，重新提炼和组合，在经营情况分析方面，取消介绍公司所处的行业及公司在本行业中的地位。新增：①报告期内产品或服务发生变化，应介绍已推出或宣布推出的新产品及服务，并说明对公司经营及业绩的影响；②主要供应商、客户情况 此外，要求公司董事会必须披露新一年度的经营计划，包括（但不限于）收入、费用成本计划及新一年度的经营目标，如销售额的提升、市场份额的扩大、成本升降、研发计划等，为达到上述经营目标拟采取的策略和行动。同时，对新一年度的盈利预测由以前的不要求编制改为"可以编制"，不过，凡公司在年度报告中披露新一年度盈利预测的，该盈利预测必须经过具有从事证券相关业务资格的CPA审核并发表意见

第三章　MD&A 信息供应链解析及国际比较

续表

颁布时间	称谓用语	位置	具体内容或变化
2003.1.6	董事会报告	第八节	新增：①应对财务报告与其他必要统计数据及报告期内发生或将要发生的重大事项进行讨论与分析，以帮助投资者了解经营成果、财务状况（含现金流量情况）；②报告期内的经营情况新增主要控股公司及参股公司的经营情况及业绩和主要供应商、客户情况；③报告期内的财务状况、经营成果，包括（但不限于）报告期内总资产、股东权益、主营业务利润、净利润、现金及现金等价物净增加额等比上年同期或年初数相比发生的重大变化及其原因；④对会计师事务所出具的有解释性说明、保留意见、拒绝表示意见或否定意见的审计报告的，应就所涉及事项作出说明；⑤可以披露新一年度的经营计划，可以编制新一年度的盈利预测
2004.12.20	董事会报告	第八节	新增：①公司发生重大资产损失的，应披露对相关人员的责任追究及处理情况。公司对外担保承担连带责任导致重大资产损失的，应披露切实可行的解决措施以及行使追索权、落实内部追债责任的情况。②会计政策、会计估计变更或重大会计差错更正的，董事会应讨论、分析变更、更正的原因及影响。 变化：对会计师事务所出具的有强调事项、保留意见、无法表示意见或否定意见的审计报告的，应就所涉及事项作出说明
2005.12.26	董事会报告	第八节	分为两部分：（1）公司经营情况的回顾，包括：①总体经营情况；②主营业务及其经营状况；③公司资产、费用构成同比发生重大变动的主要影响因素；④现金流量构成情况及重大变动的影响因素；⑤公司设备利用情况、订单的获取情况、产品的销售或积压情况、主要技术人员变动情况等与公司经营相关的重要信息；⑥主要控股公司及参股公司的经营情况及业绩分析。（2）对公司未来发展的展望，包括但不限于：①所处行业的发展趋势及公司面临的市场竞争格局；②管理层所关注的未来公司发展机遇和挑战，披露公司发展战略，以及拟开展的新业务、拟开发的新产品、拟投资的新项目等，应当披露新一年度的经营计划；③资金来源、资金需求及使用计划；④风险因素

续表

颁布时间	称谓用语	位置	具体内容或变化
2007.12.17	董事会报告	第八节	第一部分新增：①报告期内其主要资产采用的计量属性，对公允价值计量的主要报表项目如金融资产、投资性房地产、与股份支付相关的成本或费用、企业合并涉及的公允价值损益，应说明公允价值的取得方式或采用的估值技术。在说明估值技术时，应说明相关假设、模型及参数设置等情况。如主要资产计量属性在报告期内发生重大变化，应说明原因及对其公司财务状况和经营成果的影响。②若主要子公司或参股公司经营业绩未出现大幅波动，但其资产方面或其他主要财务指标出现显著变化，并可能在将来对公司业绩造成影响，也应对变化情况和原因予以说明。③公司存在控制的特殊目的主体时，应介绍对其控制权方式和控制权内容，并说明公司从中可以获取的利益和所承担的风险。另外，还应介绍特殊目的主体对其提供融资、商品或劳务以支持自身主要经营活动的相关情况
2012.9.19	董事会报告	第四节	首次提出公司披露董事会报告应遵守的原则，包括可靠性、充分决策相关性、充分关联性等，鼓励公司披露对业绩敏感度较高的关键业绩指标，重点披露实质性内容、已知的重要趋势和不确定性，并要求语言表述平实，清晰易懂，力戒空洞、模板化。 在延续2007年修订版两大部分的基础之上，对各项目内容进行细化，第一部分新增：①列示公司营业收入、成本、研发投入等项目的同比变动情况及原因，说明驱动业务收入变化的产销量、订单或劳务的结算比例等因素，按行业或产品披露本年度成本的主要构成项目占总成本的比例情况。②按照行业、产品或地区经营情况分析。③核心竞争力分析。公司应当披露报告期内核心竞争力（包括设备、专利、非专利技术、特许经营权、土地使用权、水面养殖权、探矿权、采矿权、独特经营方式和盈利模式、允许他人使用自己所有的资源要素或作为被许可方使用他人资源要素等）的重要变化及对公司所产生的影响。④投资情况分析中，要求披露对外股权投资的情况、非金融类公司委托理财及衍生品投资的情况。第二部分内容无实质性变化，只是对顺序进行重排。 同时鼓励公司主动披露积极履行社会责任的工作情况

续表

颁布时间	称谓用语	位置	具体内容或变化
2014.5.28	董事会报告	第四节	新增要求：①对于公司认为对所处行业不适用，或因其他原因确实无法披露上述条款所列信息，应描述无法披露的原因。鼓励公司根据本公司、本行业特殊情况主动披露适用的指标等有助于投资者了解公司经营情况的信息。②若公司章程规定，以现金方式要约回购股份的资金视同为上市公司现金分红的，应单独披露该种方式计入现金分红的金额和比例。③公司应当披露报告期内现金分红政策的制定及执行情况，并对其中重要事项进行专项说明
2015.11.9	管理层讨论与分析	第四节	要求"对重要事项的披露应当完整全面，不能有选择地披露"。 第一部分中，将原单独列示的"收入""成本"合并为"收入与成本"，将原标题"公司控制的特殊目的主体情况"修改为"公司控制的结构化主体情况"，实现与《企业会计准则第 41 号——在其他主体中权益的披露》的统一。 删除内容：①删除对各个项目标准的定量描述。②核心竞争力分析。③非标意见说明。④利润分配政策的制定、执行或调整情况。 新增内容：①利润构成或利润来源发生重大变化的说明，若本期公司利润构成或利润来源的重大变化源自非主要经营业务，包括但不限于投资收益、公允价值变动损益、资产减值、营业外收支等，应当详细说明涉及金额、形成原因、是否具有可持续性。②重大资产和股权出售

季报中的 MD&A 信息披露则是由证监会颁布的信息披露编报规则[①]第 13 号《季度报告内容与格式特别规定》加以要求的。表3—3 列示了季报编报规则修订过程中 MD&A 披露要求的变化。

[①] 截至目前，证监会一共发布了 26 号信息披露编报规则。

表 3—3　季报信息披露编报规则中 MD&A 披露规则的演变

颁布时间	称谓用语	位置	具体内容或变化
2001.4.6	经营情况阐述与分析	第八条	①概述报告期内公司经营情况、所涉及主要行业的重大变化*。②概述报告期内公司主要投资项目的实际进度与已披露计划进度的重大差异及原因。③简要分析、阐述公司报告期经营成果以及期末财务状况，包括经营成果、财务状况、或有事项与期后事项，其他。④除上述内容外，公司无须披露《中期报告的内容与格式准则》中其他有关经营情况回顾与展望以及重要事项部分所要求披露的内容
2002.12.13	管理层讨论与分析	第四节	侧重于经营情况分析。简要分析公司报告期内经营活动的总体状况，至少包括：①公司经营的季节性或周期性特征（如有）。②对占主营收入或主营业务利润总额30%以上的主营产品，应分别列示其产品销售收入、毛利率。分析报告期利润构成情况，如公司非经常性损益对公司利润总额产生重大影响，应单独列示其金额、来源及其占利润总额的比例。如报告期内主营业务或其结构发生较大变化，应予以说明。③简要介绍经营中出现的问题与困难
2003.3.26	管理层讨论与分析	第三节	在2002年基础上，新增：①报告期内发生或将要发生、或以前期间发生但延续到报告期的重大事项，若对本报告期或以后期间的公司财务状况、经营成果产生重大影响，应披露该重大事项，并说明其影响和解决方案。②若与前一定期报告相比，公司会计政策、会计估计以及财务报表合并范围发生变化，或报告期因重大会计差错而进行追溯调整，应予以披露，并对其原因和影响数进行说明。③若季度报告经审计且会计师事务所出具有解释性说明、保留意见、拒绝表示意见或否定意见的审计报告，公司董事会和监事会应就所涉及事项作出说明。④公司如果预测年初至下一报告期末的累计净利润可能为亏损或者与上年同期相比发生大幅度变动，应当予以警示并说明原因。⑤公司若对已披露的年度经营计划或预算作出滚动调整，应当说明有关调整的内容

　　*"重大"的界定标准是，本报告期数额（或所涉及数额）与前一报告期或上年同期相比变动幅度达20%以上，且占报告期净利润的10%或报告期期末资产总额的5%以上。

续表

颁布时间	称谓用语	位置	具体内容或变化
2007.3.26	—	—	取消"管理层讨论与分析"一节，但保留部分重要内容，同时新增：①报告期主要会计报表项目、财务指标发生大幅度变动的，应当说明情况及主要原因。②公司、股东及实际控制人如在报告期内或持续到报告期内有承诺事项，应说明该承诺事项及其履行情况
2013.4.15	—	—	原第十一条"公司、股东及实际控制人如在报告期内或持续到报告期内有承诺事项，应说明该承诺事项及其履行情况"补充为"公司以及持股5%以上的股东如在报告期内发生或存在以前期间发生但持续到报告期的承诺事项，公司应当说明该承诺事项在报告期内的履行情况"

表3—3显示，2002年，若公司主营产品占主营收入或主营利润总额达到30%以上，则要求在季报中列示该产品的销售收入和毛利率，这一要求在2003年得以提高，产生披露义务的比例降为10%，从而实现了和半年报与年报要求的统一，但是这一具体指标在2007年及以后年度中予以取消，只要求对当期发生重大变化的主要报表项目和财务指标说明情况并分析原因，何谓重大则由上市公司自行决定，这对职业判断提高了要求。总体上看，季报编报规则中MD&A信息披露要求经历了由简到繁、再由繁到简的过程。精简季报中MD&A披露要求可能是基于降低信息披露成本，以及使季报和半年报与年度报告等各类信息披露方式互为补充的考虑。但本书认为，2007年、2013年、2014年的修订要求在"重要事项"下披露本属于"管理层讨论与分析"的内容，容易造成信息使用者理解上的混乱，同时也可能人为造成季报和半年报与年报的脱节。事实上，美国SEC就明确要求季报要披露MD&A信息，只是在披露内容上有所精简，更为强调重要事项的揭示。

（2）招股说明书与募集说明书中MD&A信息的披露规则

这部分同样由公司信息披露的《内容与格式准则》加以规定。其中，《公开发行证券的公司信息披露内容与格式准则第1号——招股说明书》最初发布于1997年1月7日，其间历经2001年、2003年、2006年和

2015年四次修订。直至2006年才规定必须在第十一节单独披露MD&A，主要内容①包括但不限于：财务状况、盈利能力、资本性支出、重大会计政策或会计估计的差异或变更对公司利润的影响、重大担保与诉讼、其他或有事项和重大期后事项及其影响，以及对影响财务状况和盈利能力的未来趋势进行分析。

2001年4月10日，由证监会发布实施并于2003年修订的《上市公司发行新股招股说明书》是对股份公司发行新股的实施细则。其中第十一节（第65—69条）专门就MD&A作出细致规定，要求发行新股时，公司管理层必须对本公司历史业绩和未来发展前景进行分析与评价。这是我国最早要求以"管理层讨论与分析"为题单独披露的规则。

2006年5月8日，证监会发布新的第11号内容与格式准则《上市公司公开发行证券募集说明书》，同时废止原第11号《上市公司新股招股说明书》和第13号《可转换公司债券募集说明书》。在新第11号准则募集说明书准则的第七节，也要求单独披露"管理层讨论与分析"，内容与第1号招股说明书基本相同。

最后，还有必要提及的是，证监会于2007年1月30日发布的《上市公司信息披露管理办法》（下称《管理办法》），首次引入了"公平披露"，强调投资者平等获悉同一信息的权利。它明确规定，年度报告和中期报告②应分别在第七节和第四节单独以"管理层讨论与分析"为题予以披露。从表3—1和表3—2可以看出，实际上《管理办法》对MD&A信息披露位置的规定与前述年报和半年报《内容与格式准则》是矛盾的。

3. 历史评价

根据上述分析，可把我国MD&A信息披露规则演变历程分为两个阶段：第一阶段是1993—2000年，在这一阶段尚没有出现直接以"管理层讨论与分析"为题的信息披露，它以"经营情况回顾与展望""业务报告""董事会报告"和"经营情况阐述与分析"等多种形式出现，其内

---

① 详细内容参见中国证监会，《公开发行证券的公司信息披露内容与格式准则第1号——招股说明书》（2006年修订），第二章第十一节。

② 原文为"中期报告"，本书认为应该改为"半年度报告"，以与《公开发行证券的公司信息披露内容与格式准则第3号——半年度报告》等统一。

容也不稳定；第二阶段是 2001 年至今。2001 年和 2002 年，全球资本市场都处于会计丑闻的旋涡中。美国的安然（Enron）、环球电讯（Global Crossing）、世界通信（Worldcom）和施乐（Xerox），法国的韦维迪环球（Vivendi Universal）、澳洲的澳大利亚电讯（Telstra），我国的银广夏、蓝田股份、麦科特、世纪星源、纵横国际等一系列财务舞弊案频频曝光。一时间，会计改革成为全球资本市场改革的焦点，对会计信息披露也提出了更高的要求。在这种背景下，中国证监会于 2002 年先后修订半年报、季报和年报《内容与格式准则》，正式将 MD&A 引入上市公司定期报告披露体系。除年报《内容与格式准则》外，其他准则均要求单独以"管理层讨论与分析"为题予以披露，这种披露方式一直持续到 2007 年。2007 年信息披露规范的修订，结束了年报和半年报 MD&A 披露各自为政的局面，将两者统一到董事会报告中予以披露，同时取消季报中"管理层讨论与分析"一节，代之于"重要事项"。2012 年，年报《内容与格式准则》将"董事会报告"的位次顺序由原来第八节提至第四节，并首次提出 MD&A 信息披露应遵循的原则，在 2007 年修订版的基础上进一步细化了 MD&A 信息披露的内容，新增了收入、成本及研发支出等项目的分析，鼓励公司按照实际情况披露关键业绩指标和自愿性信息。2014 年修订版中，提出对准则中要求披露而公司又不适用的项目，公司必须说明未披露或无法披露的原因，这是一个显著的进步，表明监管者已经认识到不适用项目和未披露项目的不同，以及其对公司 MD&A 信息披露质量的影响，有助于抑制公司在 MD&A 信息披露实践中的"滥竽充数"。2015 年，年报披露准则对 MD&A 披露内容进行了小幅度调整，强调公司应针对自身特点，遵循关联性原则和重要性原则披露更多与投资者决策相关的内容，而不仅仅是重复财务报告的内容。

总之，"管理层讨论与分析"是随着我国资本市场的逐步成长壮大而渐自被引入我国信息披露体系的，经历了从无到有、从原则性规定到具体化规定的发展演进过程。这是一个借鉴国际惯例与自我改进创新的过程，既借鉴了国际尤其是美国 MD&A 信息披露的主要内容，也结合了中国实际，范围上涵盖首次发行披露与持续披露，且持续披露的季报、半年报与年报应予披露的内容有繁有简，具有一定的层次性。然而，梳理我国 MD&A 信息披露规则演变过程仍然发现许多问题：①缺乏统一稳定的 MD&A 信息披露规范。目前的相关规范较为零散，内容缺乏一定的逻辑性，也没有相应的解释性指南，加之其演变十分频繁，尤其是定期报告中的披露规则，几乎每年都在修订，相关措辞用语、披露位置和披露内容也经常变动。这种朝令夕改式的披露规范不仅增加了监管者制定规则的成本，也致使信息披露义务人和信息使用者无所适从；②各规范之间缺乏应有的协调。同是证监会颁布的准则或规则，其内容尚有相互矛盾之处；③缺乏法律支撑。发达资本市场的 MD&A 信息披露制度都具有一定的法律渊源，而我国 MD&A 信息披露规范仍主要集中于部门规章，尚未上升到法律高度。截至目前，我国《公司法》《证券法》等法律未曾直接提及"管理层讨论与分析"，更不用说对其内容进行规范。

三　相关公司治理与内部控制

相关公司治理与内部控制是 MD&A 信息生成最核心的微观因素，也是其披露质量的重要保障。

（一）相关公司治理与 MD&A 信息披露

前已述及，公司治理和 MD&A 披露制度之间呈现出一定的交互性和共生性。首先，科学的公司治理是提高 MD&A 信息质量的重要保证机制；其次，MD&A 的编制与审批责任是公司内部治理机制设计的重要内容，而高质量的 MD&A 信息在一定程度上能够促进公司控制权机制、机构投资者治理机制、债权人治理机制、经理市场机制和社会舆论监督机制等外部治理机制发挥作用。因此，MD&A 信息披露是改善公司治理的一项重要措施。

公司治理内容广博，本书只论述与 MD&A 信息披露有关的内容，主要包括：信息披露责任的分配；独立董事、审计委员会或类似机构的监督。

1. 公司管理层关于 MD&A 信息披露责任的分配

上市公司管理层负有提供高质量 MD&A 信息的责任，而通过公司治理的内部机制要解决的是 MD&A 信息披露责任在公司权力与执行机构中的分配问题。

(1) 董事会的 MD&A 信息披露责任

董事会是公司的核心领导层和决策层。MD&A 信息可由财务负责人、董事会秘书或会计部门负责撰写，但主要责任承担者是公司董事会[①]。美国尤其强调由董事会来识别对公司当期及未来财务状况和经营成果有重大影响的重要趋势与因素，并立足管理层视角提供 MD&A 信息。SEC 还要求公司董事长亲自参与撰写 MD&A。一般而言，一旦公司信息披露出现重大不实，构成欺诈或者误导，除公司必须承担法人责任外，公司董事会成员也必须承担个人责任。

为保证 MD&A 信息披露责任的履行，董事应认真关注 MD&A 信息撰写情况；确保 MD&A 信息收集、撰写和披露采用法定或公认的信息披露规范，运用有效的内部控制避免出现欺诈或误导性信息，充分发挥独立董事、监事会或审计委员会等类似机构对 MD&A 信息披露的监督作用。

(2) 股东大会或类似权力机构对 MD&A 信息披露的审议

上市公司的董事会报告须经股东大会或类似权力机构审议通过。在单层董事会治理模式的英美国家，一般由董事会审批；而在双层董事会治理模式的德国，监督董事会（以下简称监事会）必须对董事会编制的年终报表、状况报告（管理层报告），以及公司盈余分配方案进行审查，并将审查结果以书面形式向股东大会汇报[②]。我国尽管设有股东大会、董事会和监事会[③]，但与德国又有所不同，德国采用的是大监事会、小董事会的模式[④]，而在我国，股东大会是公司的权力机构，董事会与监事会地位平行，共同对股东大会负责。我国上市公司的董事会报告须经股东大会审议。

[①] 我国《上市公司治理准则》第九十条规定"上市公司董事会秘书负责信息披露事项，包括建立信息披露制度、接待来访、回答咨询、联系股东，向投资者提供公司公开披露的资料等"。《公司法（2013 年修订）》第一百二十四条则规定"上市公司设董事会秘书，负责公司股东大会和董事会会议的筹备、文件保管以及公司股东资料的管理，办理信息披露事务等事宜"。

[②] ［德］托马斯·莱塞尔（Thomas Raiser）、吕迪格·法伊尔（Rüdiger Veil）:《德国资合公司法》(Recht der Kapitalgesellschaften)，高旭军，单晓光等译，法律出版社 2004 年版，第 176—177 页。

[③] 有学者把我国的董事会结构称为"三会单层制"。

[④] 龙卫球、李清池:《公司内部治理机制的改进——"董事会、监事会"二元结构模式的调整》,《比较法研究》2005 年第 6 期。

▶ 上市公司"管理层讨论与分析"信息披露问题研究

2. 审计委员会和独立董事

审计委员会和独立董事在监督财务呈报、促进 MD&A 信息披露乃至整个公司信息披露质量方面具有一定的积极作用。其中,审计委员会已成为公司董事会检查公司财务报告过程的完整性、内部会计控制系统与财务报表的必要手段(SEC,2000),而且审计委员会中独立的外部董事[①]对公司信息披露具有一定的监督作用。加拿大证券管理局就要求审计委员会对年度和中期报告 MD&A 进行检查。在德国,审计委员会作为监事会下的一个次级委员会专门负责监督公司财务报告。在我国,2002 年发布的《上市公司治理准则》(以下简称《治理准则》)建议上市公司在董事会下设立审计委员会等专门委员会,这是我国继引进监事会制度后又一个完善公司治理结构的重大举措。《治理准则》还明确审计委员会具有负责内审与外审之间的沟通、审核公司财务信息等职责。2005 年 10 月修订的《公司法》第 123 条则第一次从法律层面明确了独立董事制度。独立董事的设置为审计委员会的独立性创造了条件,对强化审计委员会的监督职能具有重要意义。

(二) 相关内部控制与 MD&A 信息披露

健全、有效的内部控制是形成高质量 MD&A 信息的保障。内部控制中所包含的内部审计,既是 MD&A 信息监督的一个方面,也是外部审计的沟通渠道。

内部控制涵盖公司经营管理的各个层级、各个方面和各项业务环节,其中与上市公司 MD&A 信息披露有关的内容主要包括:第一,建立有效的信息汇总与沟通渠道,确保信息的有效传导,以确保公司管理层全面收集、准确识别来源于公司内外与企业经营管理相关的财务及非财务信息,及时了解和把握公司及其控股子公司的财务状况、经营成果及风险状况,为编制 MD&A 提供良好的基础;第二,通过分工、授权与流程控制,认真分析公司的内外环境并确定重大信息内部报告制度,保证它们

---

① 严格地讲,外部董事(outside director)、非执行董事(non-executive director)和独立董事(independent director)在概念上有微妙差别,参见孙永祥:《公司治理结构:理论与实证研究》,生活·读书·新知三联书店 2002 年版。对此,本书不作严格区分。

在 MD&A 信息编制过程中得到有效的贯彻落实。公司应明确重大信息的范围和内容，当发生或即将发生可能对公司股价产生重大影响的趋势或事项时，有关责任人应及时将相关信息向公司董事会和董事会秘书报告；第三，应构建科学的风险评估体系，对公司当期及未来的各类风险进行监控，实时防范、及时发现、科学评估、尽早处理，为管理层判断和评价公司的未来发展趋势提供背景资料；第四，内审起监督作用，及时发现并纠正可能有损 MD&A 信息披露质量的问题。

四 "管理层讨论与分析"信息鉴证规范

审计师鉴证在 MD&A 信息供应链中起着外部监督和增加信息可信度的重要作用。本部分将以美国为例重点研究 MD&A 信息鉴证规范的发展与现状[①]。

（一）美国"管理层讨论与分析"鉴证规范的发展与评述

美国 MD&A 信息鉴证制度在世界范围内处于领先地位，它主要是由 AICPA 建立并发展起来的。根据不同时期的特征，可将其划分为以下三个阶段：

1. 萌芽阶段：1987—1997 年

为指导 MD&A 鉴证实务，拟形成一份鉴证业务标准公告（Statement on Standards for Attestation Engagement，SSAE），AICPA 下的审计准则委员会（Auditing Standards Board，ASB）于 1987 年专门成立 MD&A 工作小组。由此可见，美国从最初就十分严谨地将 MD&A 的相关业务界定为"鉴证"而非"审计"。不久，该小组发布了《管理层讨论与分析的审核》征求意见稿。

---

① 本部分参见李燕媛、张蝶《我国上市公司"管理层讨论与分析"信息鉴证：三重困境及对策建议》，《审计研究》2012 年第 5 期。

▶ 上市公司"管理层讨论与分析"信息披露问题研究

AICPA（1994）在著名的 Jenkins 报告①中提出要披露更多前瞻性信息，把现行财务报告发展为综合报告模型，而且认为用户可能需要 CPA 对财务报表以外的更多信息提供审计、审核或审阅服务，建议审计师对综合报告模型的内容提供保证，以满足公司和报告使用者的需求②。而当时 CPA 在 MD&A 审核或审阅实践中碰到许多问题，如在执行 MD&A 鉴证业务时，是否需要对相关的财务报表进行审计或审阅，如何运用重要性，应该执行哪些程序，如何报告鉴证结论等，现有的指南未能解决这些问题。为此，ASB 决定发布新指南，为 CPA 对依照 SEC 规则和规章所编制的 MD&A 信息鉴证提供指导。

2. 形成阶段：1997—2001 年

这一时期，MD&A 信息鉴证制度得以初步建立。以下列文件的渐自发布为标志：

（1）MD&A 鉴证业务标准公告建议稿

1997 年 3 月，ASB 发布第二份征求意见稿《鉴证业务标准公告建议——管理层讨论与分析》（SSAE 建议稿）③，明确指出 MD&A 鉴证包括审核和审阅两种业务，并从保证水平上对这两者进行了区分，前者是一种积极保证，而后者是一种消极保证。

SSAE 建议稿还专门针对 CPA 在工作中碰到的实际问题征求了意见，要求对 MD&A 涵盖期间的所有财务报表都必须经过从事 MD&A 审核或审阅业务的 CPA 本人或前期的其他 CPA 审计。除非已对 MD&A 最近一期的财务报表进行了审计；否则，就不得接受 MD&A 审核或审阅业务，不得对 MD&A 整体发表意见或提供保证。

实际上，ASB 在其 1975 年发布的第 8 号审计准则公告（SAS No. 8）《含有已审财务报表的文件中的其他信息》中，就已经明确规定 CPA 应

---

① American Institute of Certified Public Accountants（AICPA），*Improving business reporting-A customer focus*. Comprehensive Report of the Special Committee on Financial Reporting of the AICPA, New York, 1994.

② 李燕媛：《美国管理层讨论与分析鉴证制度的发展》，《中国注册会计师》2008 年第 10 期。

③ 建议稿在业务承接与业务计划、考虑相关内部控制的适用性、取得充分适当的证据、分析性复核与询问在审阅业务中的运用、考虑期后事项和鉴证报告等六个方面提供了详细指南。

该阅读 MD&A，以确认其信息的内容和表达方式是否与财务报表中的信息存在重大不一致。与 SAS No.8 相比，SSAE 建议稿是专门针对 MD&A 的，两者在业务计划、程序运用、报告方式等诸多方面有所差别，前者是财务报表审计过程中针对 MD&A 的"附带式阅读"，而后者是专门针对 MD&A 执行审核或审阅程序并报告结论。

（2）MD&A 鉴证业务标准公告正式稿（SSAE No.8）

ASB 于 1998 年正式发布第 8 号 MD&A 鉴证业务标准公告（SSAE No.8）[1]，标志着美国 MD&A 鉴证制度正式形成，也是全球第一个 MD&A 鉴证准则。其主要内容包括总则、审核业务、审阅业务、审核与审阅报告、与审计委员会的沟通等 11 个部分共 114 个段落，对 MD&A 审核或审阅业务承接、业务计划、执行的程序及审核或审阅报告等都提供了具体指导。它规定，有关并购或其他交易的模拟财务信息（Pro Forma Financial Information）、外部信息（如某些评级机构对公司的评级数据）、前瞻性信息，以及 SEC 要求以外的自愿信息都在 MD&A 审核或审阅范围内。就审核而言，一般采用检查和验证程序，要求审计师在三个方面对 MD&A 发表意见：一是是否包含了条例 S-K 第 303 条与 SEC 其他规则要求披露的项目；二是所包含的历史财务信息是否（在所有重要方面）与财务报表一致；三是基本的信息、判断、估计与假设是否为 MD&A 披露提供了一个合理的基础。可见，MD&A 审核须就完整性、一致性和合理性发表意见。而 MD&A 审阅则主要采用查询和分析性程序，无须发表意见。

（3）第 86 号审计准则公告（SAS No.86）

同年 6 月 30 日，ASB 又发布了第 86 号审计准则公告（SAS No.86）。它规定，当 CPA 依照 SSAE No.8 对 MD&A 进行审核或审阅时，要在安慰函[2]的引言部分说明是按照 SSAE No.8 进行审核或审阅的，并在安慰函后

---

[1] AICPA, *Official Releases SSAE No.8 & SAS No.86*, Journal of Accountancy, June, 1998, pp.103-121.

[2] 所谓安慰函（comfort letters）是指证券申请上市法定协议的附件，它表明某些条件已经或将能够被满足。如在证券承销中，由注册会计师出具的这种函件表明在申报文件和招股说明书中有关信息已经正确地编制并且自编制之日起没有发生重大变化。安慰函不是表明信息是正确的，只是说没有证据表明信息是不正确的。正是由于这个原因，安慰函有时也被称为消极的安慰函。

附上 SSAE No. 8。

3. 发展阶段：2001 年至今

ASB（2001）发布第 10 号《鉴证标准：修正与重编码》标准公告（SSAE No. 10）。与原 SSAE No. 8 相比，SSAE No. 10 中的 MD&A 鉴证在主要内容上并没有实质性的变化，只删减了一段重复的内容，由 114 个段落减为 113 个。另外，SSAE No. 10 层次更清楚，语言更简明。可以说，从内容和表现形式上，尤其是在与 ASB 其他规定的统一上，SSAE No. 10 又前进了一步，标志着美国 MD&A 鉴证制度进入新的发展时期。

进入 21 世纪以后，SEC 也开始关注 MD&A 鉴证问题。它在《关于在 MD&A 中披露关键会计政策运用情况的提案》（2002）[①] 中专门对 MD&A 中关键会计政策的鉴证进行说明，并就是否需要按 SSAE No. 10 的要求审核关键会计估计信息等 9 个问题对外广泛征求意见。SEC 建议可要求独立审计人员根据鉴证准则对 MD&A 中的会计估计信息予以审核，并要求 CPA 必须收集充分适当的证据，为 MD&A 是否存在有意或无意重大错报或漏报提供合理保证。它还明确指出，IPO 的公司，以及发生大额资产重组或并购的公司所提供的 MD&A 信息都须经 CPA 审核。另外，若被 SEC 认定 MD&A 披露中存在重大缺陷的公司，也须经 CPA 对其 MD&A 进行专项审核。

为提高审计报告的有用性，美国公众公司会计监督委员会（Public Company Accounting Oversight Board，PCAOB）于 2011 年要求审计师对财务报表之外的其他信息（如 MD&A）进行鉴证，并要求其在执行鉴证程序后，从三个层面对 MD&A 信息披露发表专业意见：首先，内容是否在所有重大方面已遵循了 SEC 规范中的要求；其次，历史财务信息是否在所有重大方面与财务报表一致；最后，潜在的信息、决策、估计和假设是否为 MD&A 披露提供了合理基础。PCAOB 还建议 MD&A 鉴证报告应当包括引言段、范围段、解释段和意见段四个部分。

从美国 MD&A 信息鉴证制度 30 年的发展轨迹不难看出，其注册会计师协会和证券监管部门均十分重视 MD&A 信息鉴证工作，AICPA 所发布

---

① SEC. Proposed Rule: *Disclosure in Management's Discussion and Analysis about the Application of Critical Accounting Policies*. Release Nos. 33 - 8098; 34 - 45907, May 14, 2002.

的鉴证准则对 MD&A 信息鉴证的各项细节工作均作出了具体的规定，具有明显的规则导向特点，其优点在于比较严密、完备，可操作性强，且易于监管，但同时应该看到，对任何制定准则的机构而言，要穷尽可能存在的各种形式和类型的财务往来与商业关系并制定出相应的准则是不可能的，因而美国现有的 MD&A 信息鉴证准则并非十全十美。SEC 以 AICPA 的 MD&A 信息鉴证标准公告为基础，也发布了 MD&A 信息鉴证的专项提案，并对公司 MD&A 必须进行专项审核的情形予以规定，这样一来，大大提高了 MD&A 信息鉴证的强制性和权威性。

(二) 其他国家 MD&A 信息鉴证规范

德国《商法典》第 316 条和第 317 条规定必须委托决算审计师对公司的年终报表、簿记与状况报告进行审计，审计师必须确定状况报告是否会引起人们对公司状况的错误判断。德国的审计准则《管理层报告审计》(No. 350)[①] 要求审计师对管理层报告进行审计，并从三个方面发表意见：①管理层报告是否与财务报表，以及审计师在审计过程中了解的所有重大信息是一致的；②整体上，管理层报告是否有助于使用者了解公司经营状况及未来风险等信息；③披露内容是否完整。

英国 DTI 也要求审计师必须对 OFR 进行评价并发表专业意见，也包括三个方面：①董事会对 OFR 编制的准备过程是否适当，所需信息是否准确、相关和有依据，董事会对公司经营情况的判断是否实事求是；②OFR 是否与审计师在财务报表审计过程中所获取的信息保持一致；③是否遵循了相关编报准则。[②]

加拿大 CICA 在《MD&A：编制与披露指南》中认为审计师有责任阅读 MD&A，以确认 MD&A 的内容和方式是否在所有重大方面均与财务报表中的信息一致。但需要注意，这种"附带式阅读"的保证程度大大低于单独针对 MD&A 本身的审核或审阅，加拿大特许会计师并不专门对

[①] Institut der Wirtschaftsprfer in Deutshland (Institute of Auditors). IDW Auditing Standard No. 350：Audit of Management Report, 1998.

[②] DTI. Company Law. Draft Regulations on the Operating and Financial Review and Directors' Report, May 30, 2004.

MD&A 发表意见。

可见，德、英和加拿大在 MD&A 信息鉴证方面具有明显的差异，其中，德国和英国的管理层报告或 OFR 信息审计均从法律高度要求单独对其完整性和遵循情况发表意见，具有一定的强制性和法律权威性；而加拿大只需在财务报表审计过程中附带阅读 MD&A 信息，无须就 MD&A 信息披露情况发表意见，其审计师责任和保证程度大大低于德国与英国。

（三）我国"管理层讨论与分析"信息鉴证规范与相关案例

1. 现有的相关鉴证准则评析

到目前为止，证监会还没有规定 CPA 具有专门审阅、审核或评价 MD&A 整体或部分的责任，更没有专门针对 MD&A 信息鉴证的相关准则。财政部〔2006〕1521 号审计准则中，只要求 CPA 在对财务报表出具审计报告时考虑其他信息，但没有专门确定其他信息是否得到适当陈述的责任。在该准则第二章第四条中所列七类其他信息[①]中第一类便是"被审计单位管理层或治理层的经营报告"，MD&A 就包括在董事会报告中。这表明在 MD&A 信息鉴证方面，我国与加拿大情况类似，只要求 CPA 在财务报表审计过程中附带阅读 MD&A，以确认 MD&A 中是否存在与财务报表不一致的可能影响财务报表可信赖度的信息，无须专门针对 MD&A 信息本身发表意见。

我国 CPA 执业实践中尚没有 MD&A 审核或审阅业务[②]。但 2006 年发布的新审计准则体系中的《鉴证业务基本准则》，审阅准则第 2101 号，其他鉴证业务准则第 3101 号和第 3111 号等从业务承接、业务计划、执行程序及鉴证报告等方面对审阅或审核历史财务信息和预测性财务信息进行了规范，这可以为 MD&A 信息审阅与审核业务提供一定的借鉴。尽管

---

① 其他信息是指根据法律法规的规定或惯例，在被审计单位年度报告、招股说明书等文件中包含的除已审计财务报表和审计报告以外的其他财务信息和非财务信息。主要包括：（一）被审计单位管理层或治理层的经营报告；（二）财务数据摘要；（三）就业数据；（四）计划的资本性支出；（五）财务比率；（六）董事和高级管理人员的姓名；（七）摘要列示的季度数据。

② 陈孝：《现代审计功能拓展研究：概念框架与经验证据》，博士学位论文，西南财经大学，2006 年，第 148 页。

如此，如果考虑执业准则的包容性和前瞻性，则有必要对上述准则进行部分修改、补充与完善。

2. 由 MD&A 而引起的审计失败案例：以中钨高新和 ST 厦华为例

实务中不乏因 MD&A 存在瑕疵而导致审计失败的例子，以下两例便十分典型：

（1）天津五洲联合会计师事务所与中钨高新

2003 年，中钨高新材料股份有限公司（简称"中钨高新"）在其年报董事会报告的 MD&A 部分，披露报告期现金及现金等价物净增加额为 30 762 354.05 元，2002 年为 -17 145 331.94 元，按年增加 4 790 万元，同比增加 279.42%，对此，中钨高新在 MD&A 中分析原因为"经营活动产生的现金流量净额增加"。

但据分析，现金流量表中披露的报告期经营活动产生的现金流量净额为 69 464 606.07 元，上年为 123 453 391.91 元，按年下降 5 399 万元；投资活动产生的现金流量净额为 -47 987 474.81 元，上年为 -26 975 972.31元，按年下降 2 101 万元；筹资活动产生的现金流量净额为 9 285 222.79 元，上年为 -113 622 751.54 元，按年增加 12 291 万元[①]。因此，中钨高新该期是由于筹资活动产生的现金流量净额增加，才导致其现金及现金等价物净增加额增加，而并非管理层在 MD&A 中所解释的来源于经营活动，这明显具有误导投资者的嫌疑。一般来说，经营活动现金流增加所传递的是公司经营活动良好发展的信号，而筹资活动现金流增加所传递出来的信号则更多的是公司可能出现了财务困难。负责年报审计的天津五洲联合会计师事务所的相关 CPA 对此却只字未提，出具了标准无保留意见。

（2）厦门天健华天会计师事务所与 ST 厦华

厦门华侨电子股份有限公司（证券简称"ST 厦华"[②]）2003 年年度

[①] 中钨高新 2002 年和 2003 年度报告。深圳证券交易所，http://www.cstsc.com.cn。经计算整理。

[②] 厦华电子于 2000 年、2001 年每股分别亏损 0.79 元和 0.77 元，故于 2002 年 4 月 25 日始，被执行特别处理，股票简称由"厦华电子"变更为"ST 厦华"。2004 年，经上海证券交易所核准，厦华公司股票自 4 月 30 日起撤销了公司股票特别处理，公司股票简称恢复为"厦华电子"。

净利润为 40 946 521. 12 元，较上年同期增长高达 297. 56%，该公司在董事会报告的 MD&A 部分这样解释，"净利润较上年同期增加 297. 56%，主要是因为本期不断提高高端彩电的毛利贡献和投资收益增加所致"①。但根据当期年报分析，公司扣除非经常性损益后的净利润仅为 12 614 060. 19 元，即净利润主要来源于以政府补贴为主的当期非经常性损益，占比接近 70%，而日常活动经营净利润仅占 30%②。由此可见，ST 厦华当期年报 MD&A 对净利润增长原因的解释与财务报表相关数据存在重大不一致。对此，厦门天健华天会计师事务所相关 CPA 并未提请董事会修改，也未在审计报告中说明。

中钨高新和 ST 厦华并非特例，像这种因 MD&A 信息披露与财务报表存在重大不一致而审计师未予发现或有意忽略的案例并不少见，但至今未有任何注册会计师或事务所因此受到处罚，由此反映出这样一个事实：目前我国证券监管部门与注册会计师协会及会计师事务所，以及注册会计师本身对上市公司 MD&A 信息披露均不够重视，相关监管尚十分薄弱。由于时间和成本等因素，CPA 在审计过程中往往把主要精力集中于财务报表本身，对报表以外的其他信息（如 MD&A）缺乏应有的关注，加之政府和行业监管乏力，部分上市公司便乘机利用 MD&A 信息披露进行"披露管理"。MD&A 信息披露中的虚假陈述或误导性陈述比财务报表中的"数字游戏"更隐蔽，一般须联系当期或前期报表及其他信息进行综合分析方能识别，这对信息使用者的专业能力要求较高，因此，广大非专业投资者往往深受其害。

五 "管理层讨论与分析"信息解析

MD&A 信息要有效发挥其功能，依赖于高质量信息披露和用户的正

---

① 金融界网站，http：//share. jrj. com. cn/cominfo/ggdetail_2004-04-23_600870_179064. htm。

② 中国证券在线，个股公告荟萃之厦华电子，http：//www. f10. com. cn/ggzx/gsgg. asp? ZQDM=600870。经计算整理。

确解析。前者可通过其供应链的前四个环节加以保障，后者则需要对信息源的全面理解、准确把握、深入挖掘和技术处理。但绝大部分使用者并不具备这一专业分析能力，即使假设他们具备这种能力，其各自从事信息解析的成本也过高。因而，MD&A 信息解析（Extract）[①] 主要借助证券分析师、评级机构等中介服务机构。显然，高效的 MD&A 信息解析机制有助于增进 MD&A 信息的使用价值。

（一）证券分析师及其功能

证券分析师一般具有远超中小投资者的专业洞察力和财务分析技巧。他们通过对上市公司的走访，与公司管理层的交流和沟通，能更专业地完成信息搜集、鉴别、加工、提炼和分析过程，对优化信息用户经济决策、促进证券市场的健康发展具有一定积极作用（方红星，2004）。Healy 和 Palepu（2001）的实证研究也肯定了证券分析师在提高资本市场效率方面的积极作用。实际上，证券分析师的功能发挥与 MD&A 信息披露呈现双向互动关系：一方面，证券分析师的专业解析可使信息使用者更透彻地理解、鉴别和把握 MD&A 信息，提高其决策价值；另一方面，MD&A 是证券分析师的重要分析依据。Rogers 和 Grant（1997）发现，分析师报告中平均有 31% 的信息来源于 MD&A，而只有 14% 的信息来源于财务报表；胡奕明等（2003）的调查也发现，董事会对公司当期财务或经营状况的分析说明（即 MD&A）是证券分析师经常关注的目标[②]。高质量 MD&A 信息披露可减少证券分析师的信息搜集与解析工作，增加其预测的准确性。

影响证券分析师功能发挥的两个关键因素：一是专业胜任能力，另一个则是其独立性。由于服务对象和利益属性的不同[③]，现实中证券分析

[①] 信息解析是指对信息源的分析、提炼和加工过程。
[②] 胡奕明、林文雄等：《证券分析师的信息来源、关注域与分析工具》，《金融研究》2003 年第 12 期。
[③] 证券分析师一般可分为卖方分析师（sell-side analyst）和买方分析师（buy-side analyst）两种，前者主要为投资银行和证券经纪商服务，他们往往向投资者免费提供分析报告，通过吸引投资者购买其承销的股票或通过其所属的公司进行证券交易来获取收益；后者主要为养老基金、保险公司等投资机构的投资组合提供分析报告。

师的行为不可避免地受到来自外部（公司及客户利益等）和自身（能力及心理等）条件的约束与影响，其解析和预测不可能完全准确，因此也不能过高地估计他们的作用。

早在20世纪60年代，美国便已有专业证券分析师，相关行业规范也已比较健全，已经出台专门针对分析师的《职业行为道德准则守则》，要求其必须严格遵守；否则视违反情况的严重程度分别给予停牌、吊销资格、罚款和移交法庭等处罚。SEC还经常对投资银行的分析师进行不定期审查。而我国证券业协会于2005年才修订发布《中国证券业协会证券分析师职业道德守则》，实务中，无论是信息来源、关注域与信息关注深度，还是分析工具与报告质量，我国的证券分析师总体水平都还比较落后[①]。因而，欲充分发挥证券分析师在我国MD&A信息供应链中的积极作用，必须积极加强证券分析师的培养，并采取切实措施保证其独立性和服务质量。

（二）专业评级机构及其功能发挥

评级机构主要包括信用评级和信息披露质量评级等。信息使用者可通过相应的评级对相关公司的MD&A信息披露情况形成一个总括性认识，或起到一定的决策参考作用。评级机构的生命力来自其专业上的权威性和实质上的独立性。美国的标准普尔、穆迪和惠誉，已有近百年历史，是享誉全球的国际评级机构。早在20世纪90年代初，国际财务分析与研究中心（Center for International Financial Analysis and Research，CIFAR）就建立了美国上市公司信息披露评级体系。而我国评级机构发展比较滞后，针对上市公司信息披露的专业评级机构更是匮乏。目前只有深圳证券交易所对其上市公司的信息披露质量提供优秀、良好、合格和不合格四个等级的评级。

[①] 胡奕明：《证券分析师研究报告：市场信息的解读》，清华大学出版社2005年版。他的问卷调查结果显示，我国证券分析师发展总体水平还比较落后，具体表现在比较注重公开披露信息，而较少通过直接接触如公司新闻发布会、电话或走访等方式获取第一手资料；信息关注域也不够广泛，对公司治理、审计意见等信息重视不够；分析工具偏弱；等等。

六 "管理层讨论与分析"信息披露监管

(一) MD&A 信息披露监管模式

信息披露监管一般主要有政府监管、自律监管和中间型三种模式。政府监管以政府为主，执行力强，但监管成本相对较高；自律监管主要由交易所、行业协会等组织负责，专业性强，但不如政府监管的权威性高；第三种则是介于政府监管和自律监管之间，政府负责统一立法，自律组织协同监督管理。最终采用哪种监管模式，是由该国的法律体系、政治体制，以及资本市场和会计职业组织的发展程度决定的。

就 MD&A 信息披露监管而言，美国和加拿大是典型的政府监管，而美国 MD&A 信息披露监管的力度又明显强于加拿大；英国和澳大利亚属于自律性监管模式；德国则为中间型。我国 MD&A 信息披露则属于政府监管模式，由证监会统一管理为主，沪深交易所起辅助监管作用。

(二) MD&A 信息披露监管内容与手段

1. MD&A 信息披露监管的三大内容及其手段

一般讲，专业规则监管、日常监管和行政执法是信息披露监管的主要内容及其常规手段。制定和修订 MD&A 信息披露、审计鉴证等方面的专业准则或指南规范属于专业规则监管；对上市公司 MD&A 信息披露过程和结果进行持续监控和定期与不定期检查属于日常监管；行政执法则是对监管过程中发现的违规行为进行调查和处罚。其中，披露规范在本章前部分已有详细论述，下文将重点探讨日常监管和行政执法监管。

2. MD&A 信息披露的日常监管

在世界范围内，美国的 MD&A 信息披露制度最为成熟和系统，SEC 通过其下设的公司财务部（Division of Corporate Finance）负责 MD&A 信息披露日常监管工作。其中最具代表性的有两次专门考察。

(1) 20 世纪 80 年代末期的专门考察

自 20 世纪 80 年代开始，SEC 就多次公开表示要对 MD&A 披露进行考察。1988 年它正式启动了对 MD&A 披露的全面考察，旨在寻求关于

► 上市公司"管理层讨论与分析"信息披露问题研究

MD&A 信息披露充分性的公众意见及专业会计团体成员的修改意见，以评估 MD&A 信息披露规则是否存在缺陷，以及公司是否按照 Item 303 项规定的内容和要求进行披露，以便最终作出修改 MD&A 信息披露规则的决定。同年 3 月，公司财务部成立了一个内部稽查小组，专门负责对 MD&A 披露进行考察。这次考察一直持续到 1989 年，内容也涉及招股说明书和定期报告，但焦点放在 MD&A 披露上。SEC 对 530 家公司的 MD&A 进行检查，发现 95% 有缺陷。为此，SEC 于 1989 年为编制 MD&A 发布了详细的解释指南。

(2) 对财富 500 强公司财务报告的审查

2001 年 12 月，公司财务部开始对财富 500 强公司的年报进行检查，并给 350 家公司发出了整改意见。结果显示，在这些意见中，MD&A 披露所占比重最大。他们发现许多公司提供的 MD&A 像"刻板"一样僵硬，未能提供公司过去业绩或经营前景的有用信息。这次检查也注意到，法定披露还缺乏对已知趋势、不确定性或其他因素的考虑，以及对年度之间重要变化和趋势的分析也不充分[1]。由此，SEC 公司财务部主管艾伦·贝勒（Alan Beller）在 2002 年和 2003 年讲话中一再提醒公司注意 MD&A 披露的重要性，并强烈要求公司采取实质性措施提高 MD&A 披露质量。在 SOX（2002）法案中，SEC 对上市公司信息披露监管力度显著加强，对 MD&A 信息披露的关注程度比以前更强，尤其强调对 MD&A 信息加强审查。此后，SEC 在其认为过去没有充分披露的领域加强了改进力度，要求在 MD&A 中对关键会计估计和会计政策的选择，以及公司的表外安排、契约负债、或有负债或承诺进行披露和描述。

除美国之外，加拿大 OSC 也定期检查公司 MD&A 披露情况并发表质量检查报告，但执行力度不如美国。它只要求公司重新提交 MD&A，还表示愿意派出专家帮助那些在遵循 MD&A 要求方面存在困难的公司（OSC，2004）。而英国和澳大利亚的 OFR 则以自愿指南为基础，内容方面不存在监管。澳大利亚学者谢和塔卡（Seah & Tarca，2006）曾对上述

---

[1] SEC, *Summary by the Division of Corporation Finance of Significant Issues Addressed in the Review of the Periodic Reports of the Fortune 500 Companies*, http://www.sec.gov/divisions/corpfin/fortune500rep.htm, 2003.

第三章　MD&A 信息供应链解析及国际比较

四国的 MD&A 信息披露情况进行对比研究，结果发现，强制性要求下的美国和加拿大公司的 MD&A 信息披露得分要高于自愿性指南下的英国和澳大利亚公司；尽管美国与加拿大公司在规模上差异很大，但两国的 MD&A 披露水平没有显著差异。这表明加拿大监管者以检查而不是制裁来强制要求提供 MD&A 的方法，同样能够达到积极强制性监管的效果。

3. MD&A 信息披露的行政执法监管：SEC 与一系列 MD&A 诉讼案

在 MD&A 信息披露的行政执法监管方面，美国无疑是最有力度的。1933 年《证券法》就明确指出，"证券交易委员会对管理层讨论与分析态度强硬。如果有明确证据证明管理层讨论与分析披露不充分，则公司应承担责任"[①]。事实也证实了这一点。SEC 一直积极追查违反 MD&A 披露要求的公司，众多公司及相关责任人因 MD&A 信息披露问题被 SEC 提起诉讼，由此产生了卡特彼勒（Caterpillar）、联合医疗仪器（Shared Medical Systems）、美国西部航空（America West Airlines）、萨兰特（Salant）、波士顿银行（Bank of Boston）、坎贝尔（Kemper）、吉布森贺卡（Gibson Greetings）、索尼（Sony）、爱迪生学校（Edison Schools）、凯马特（Kmart）等一系列著名案例。

在最为著名的 Sony 案（1998）中，Sony 公司将购买的 CBS 唱片公司和两家电影制片厂合并成一个单独的"娱乐部"，利用其音乐业务的盈利隐瞒电影公司的巨额亏损。它在多年年报 MD&A 部分均只讨论了积极的经营成果，描述一幅美好的公司蓝图，而丝毫不提亏损的性质和程度，以及管理层已知的消极结果与趋势。为此，Sony 公司及其董事兼"资本市场与投资者关系部"总经理 Sumio Sano[②] 被 SEC 作为被告提起诉讼[③]。根据《证券交易法》第 21C 条，Sony 公司和 Sano 必须立即停止有违《证券交易法》的任何行为；Sony 公司还必须聘请独立审计师对截至 1999 年 3 月 31 日的 MD&A 呈报进行审核并发表意见；必须采用一定的程序确保其财务执行官为公司提交 SEC 备案的公开披露（包含但不限于 MD&A）的

---

① ［美］托马斯·李·哈森（Thomas Lee Hazen）：《证券法》（*The Law of Securities Regulation*），张学安等译，中国政法大学出版社 2003 年版，第 127 页。

② 作为总经理，Sumio Sano 主要负责索尼公司供股东使用的年报中的 MD&A 部分以及 Form 20-F 年报的草拟。

③ SEC，*Sony Corporation and Sumio Sano*，Case No：LR-15832，1998.

准确性、合法性负责。此外，Sony 公司还须支付 100 万美元的民事罚款。

而在 2005 年的 Kmart 一案中，SEC 指控 Kmart 公司的前董事长兼 CEO 查尔斯·科纳韦（Charles Conaway）和前 CFO 约翰·麦克唐纳（John Mc Donald）进行财务欺诈，因为他们在 2001 年第三季度和截至 2001 年 10 月 31 日的 Form 10 - Q 报告 MD&A 部分，就 Kmart 资金流动性和相关问题的陈述存在重大误报与漏报：一是没有披露 2001 年夏天大量超额存货采购的原因及其对公司资金流动性的影响；二是在 MD&A 部分将存货的巨幅增加归因于"存货的季节性波动和为提高整体库存而采取的行动"①，而这种陈述具有重大误导性，因为实际上绝大部分存货（价值 8.5 亿美元）是由于 Kmart 管理层"随意和单方面"的超额采购造成的。超额采购严重危及公司的资金流动，Kmart 的延迟支付货款导致其存货供应商停止供货，为此，Kmart 公司被迫于 2002 年 1 月 22 日申请破产②。SEC 认为科纳韦和麦克唐纳违反了《证券交易法》规定，要求法院对被告执行永久性禁令③，并勒令被告退还非法所得，缴纳先决利息④，同时支付民事罚款，禁止担任任何上市公司的管理层或董事。

可见，美国 SEC 对 MD&A 信息披露的监管力度不亚于其对财务报表的监管。上述两个案例的判令也充分表明，美国信息披露法律责任不仅注重行政责任，而且十分注重民事责任。一个成熟的证券监管制度必然要求对投资者因发行人没有遵守法定规范而受到的损害进行赔偿，反观我国，尽管证监会对上市公司违规行为的行政处罚力度日益加强，但投资者受损的权益尤其是中小投资者的权益仍然难以得到赔偿。就 MD&A 信息披露监管内容和方法而言，目前我国还停留在 MD&A 信息披露规则监管方面，尚缺乏 MD&A 鉴证专业准则的指导和监管；而日常监管和行政执法也还十分薄弱。可见，就 MD&A 信息披露监管而言，我国与西方

---

① SEC, *SEC Charges Kmart's Former CEO and CFO with Financial Fraud*, Litigation Release No. 19344. August 23, 2005.

② 2003 年 5 月，Kmart 摆脱破产保护，改组为 Kmart 控股公司，规模明显缩减。

③ 永久性禁令（Permanent Injunction）是英美法系国家衡平法上的救济措施，是法院在诉讼程序终结时作出的禁止或要求当事人作特定行为的一项令状或命令。

④ 先决利息（Prejudgment Interest）从损害发生之日起计算到判决生效之日止，这个规定被认为对于被告有很强的威慑作用，因为诉讼持续的时间往往很长，这段时间的利息数目通常很大。

发达国家尤其是美国相比,差距还相当大,其发展任重而道远。

(三) 前瞻性信息披露监管

前瞻性信息披露是 MD&A 的本质和价值所在。但这种披露通常会产生两个问题:一是如何判断是否具有披露义务;二是一项与实际不符的判断或预测是否引起被诉。而如何对其进行监管也同样困难,故值得专门讨论。

1. 美国前瞻性信息披露监管

(1) SEC 的态度演变:从反对到鼓励,再到部分强制

SEC 曾反对披露前瞻性信息,认为它在"本质上是不可信赖的"[①]。这种政策遭到许多批评。为此,SEC 成立惠特委员会(Wheat commission)专门研究包括前瞻性信息的各种信息披露问题。1969 年,惠特委员会在提交 SEC 的报告中仍然认为"披露未来信息可能导致的诉讼风险、更新义务和投资者不正当依赖的风险可能超过其所带来的收益"[②]。此后几年,SEC 开始认识到即使不准披露前瞻性信息,也无法禁止部分投资者,特别是大投资者和机构投资者从其他途径获得该类信息,而中小投资者则无法获取,这就加剧了市场中的信息不对称。

1979 年,SEC 制定并颁布第 175 号规则,引入了安全港规则,开始鼓励公司披露前瞻性信息。同时也有评论者认为,投资者进行投资决策时更多的是依赖前瞻性信息,因此,SEC 不仅要鼓励,更应该要强制要求披露这种信息[③]。SEC 没有立即采纳这一建议,时隔十年之后,SEC (1989) 才规定:公司在特定情况下有义务披露前瞻性信息[④]。至此,SEC 对前瞻性信息的态度已明确转为部分强制,即实行自愿与强制相结合的监管方式。SEC 对如何划分自愿披露与强制披露问题也有明确规范。

---

① Wielgos. v. Commonwealth Edison. Co. 892. F. 2d509, 1989, p. 514.
② 同上。
③ 廖凡:《鼓励与强制之间——美国证券法对前瞻性信息披露的规定》,《金融法苑》2003 年第 5 期。
④ 根据这一规定,如果任何趋势、要求、承诺、事项或不确定性已为管理层所知晓,并且有可能对公司财务状况或经营结果产生重大影响。

(2) 强制披露的前景性信息与自愿披露的其他前瞻性信息

SEC 规定，前景性信息（Prospective Information）必须强制披露，而其他前瞻性信息则自愿披露。Item 303 的多项条款对必须在 MD&A 中披露的前景性信息作出了规定，要求讨论"任何将导致或很可能导致注册人的流动性大幅增减的已知趋势或已知要求、承诺、事项或不确定因素"[1]；披露"发行人已知的很可能对其持续经营的净销售或收入或利润产生重大影响的任何趋势与不确定性因素"[2]。最后，它强调 MD&A "应该特别关注管理层已知的可能导致披露的财务信息无法预示未来经营结果或财务状况的重大事项和不确定因素"[3]。

尽管 Item 303 作出了上述规定，但在实务中，强制披露与自愿披露的界限仍然不够清晰。SEC 也特别指出，要注意前景性信息和自愿披露的前瞻性信息之间的区别，两者可能都会涉及预测（Prediction）或计划（Projection），但两者预测性质有所不同，前者的预测基础是可合理预见"可能显著影响公司的重要已知趋势、事项和不确定性因素"[4]，如生产成本的降低，市场份额的减少，可能不再续签的重要合同等；而自愿披露的前瞻性信息则是对未来不确定趋势或事项的估计，或对已知趋势、事项或不确定因素对公司影响程度的估计。显然，后者的不确定性程度更高。

2. 其他主要国家：从放任到规范

在德、英等国，最初其监管者对前瞻性信息披露采用放任态度，任由企业自愿提供。这种政策滋生了很多问题，其中最突出的就是信息的真实性问题。由此监管者逐渐认识到，必须对 MD&A 中的前瞻性信息披露进行规范，即自愿和强制相结合。但在自愿与强制孰轻孰重的程度上，各国又有所不同，如德国更侧重于强制性披露，如 GAS 15 明确要求管理层报告对企业未来发展及重要风险与机会作出评价和分析；尽管英国 RS 1 规定应该披露可能影响未来财务状况的因素，以及那些可能对公司

---

[1] Regulation S-K Item 303，《联邦法典》17 § 229.303 (a) (1)。

[2] 同上。

[3] Regulation S-K Item 303，《联邦法典》17 § 229.303 (a)，Instruction 3。

[4] SEC. Release No. 36：Management's Discussion and Analysis of Financial Condition and Results of Operation; Certain Investment Company Disclosures. 1989.

战略与公司价值产生重大影响的风险,但 RS 1 是以自愿为原则的,澳大利亚与英国类似。加拿大在 1982 年以前禁止披露前瞻性信息,1982 年,证券主管机关制定《国家政策公报》第 48 号(National Policy Statement No. 48)规定:除在股票上市期间及证券发行的说明书外,不允许发布预测。现在仍适用的《管理层讨论与分析:编制与披露指南》中则明确要求上市公司对经营成果进行前瞻性分析。

3. 我国管理层讨论与分析中的前瞻性信息披露监管

表 3—2 显示,我国 MD&A 中的前瞻性信息也可分为强制性披露的未来信息和自愿披露的盈利预测两类:前者包括(但不限于)所处行业发展趋势、公司未来发展机遇与挑战、未来重大资本支出计划、未来资金来源安排、未来发展战略所需的资金需求及使用计划等。这一类信息具有较强的确知性和计划性,因而年度报告准则规定,上述信息必须在 MD&A 中体现。二是盈利预测[①],对这类确知性程度相对较低的盈利预测信息,证监会历经了一个由不要求编制到自愿编制的过程:2001 年之前,明确规定年度报告不要求公司编制新一年度的利润预测,自 2001 年起,年报《内容与格式准则》规定在 MD&A 部分,公司可以自愿提供新一年度盈利预测。

不难看出,我国强制披露的前瞻性信息主要是定性信息,而自愿披露的盈利预测则是定量的财务信息。相对前者来说,后者更容易监管。证监会对年报 MD&A 中盈利预测的监管主要体现在两个方面:第一,明确要求盈利预测必须由 CPA 审核并发表专业意见,且从事该项业务的 CPA 必须具有相关业务资格;第二,前期披露的盈利预测若与实际业绩的差异达到 ±20% 及以上,公司应在 MD&A 中详细说明造成差异的原因。而证监会对 MD&A 中的新一年度计划、风险因素等强制披露内容的监管,尚缺乏明显举措。

[①] 盈利预测是指在对一般经济条件、营业环境、市场情况、生产经营条件和财务状况等进行合理假设的基础上,按公司正常发展速度,本着审慎原则对会计年度净利润总额、每股盈利、市盈率等财务事项作出预计。

七 小结

本章借鉴供应链思想,将 MD&A 制度解构成五个联系紧密的要素或环节,并分别进行分析和评价,这对全面深入地了解 MD&A 信息披露的内在机理与微观结构无疑很有帮助。但若就此止笔,对 MD&A 信息披露制度仍无法形成一个整体认识。因而在此以全局观为指导,将 MD&A 作为一种整合性制度安排系统地加以总结与评价。

从整个供应链角度分析,MD&A 信息披露制度受各国经济、政治、法律与文化环境的多重影响。一个国家 MD&A 披露制度的发展水平和功能发挥便取决于上述这些因素与 MD&A 信息供应链上每个要素或环节的发展程度及其综合协调程度。

从全球来看,德国管理层报告是 MD&A 信息披露最早的形式。它以《商法》为统领,强调管理层报告的披露、监管和审计,然而相关规定和要求仍比较宽泛,缺乏细化的规则和指南。在会计环境方面,德国证券市场的发展水平尚不及美国,德国会计职业界力量也相对比较薄弱,影响力和权威性不够,再加上受罗马文化与日耳曼种族文化的影响,德国在学习和接受其他国家的先进制度或国际会计准则方面也不积极[①]。这些因素综合导致德国管理层报告虽历史最悠久但影响远不及美国 MD&A。

美国 MD&A 也并非十全十美。尽管美国 MD&A 信息披露规范、相关公司治理与内部控制、MD&A 信息鉴证规范与信息解析机制及相应的信息披露监管等各个环节都相对成熟,但各环节并非齐心协力、齐抓共管,而是各行其是、相互脱节,因而美国 MD&A 信息披露质量同样堪忧,这更加说明 MD&A 信息供应链各个环节相互协调和配合的重要性。加拿大与美国在 MD&A 披露规范上非常接近,但因受限于其资本市场发展程度、会计职业发展水平和 MD&A 配套制度建设的缘故,加拿大的 MD&A 披露

---

① 俞元鹉:《德国会计环境与会计模式》,《德国研究》(*Deutschland Studien*) 2000 年第 3 期。

制度发展水平不及美国。英国和澳大利亚在 OFR 报告方面均以自愿指南为原则，由此形成与美国强制立法模式的鲜明对比。从供应链角度看，英国和澳大利亚仅在披露规范和鉴证方面有不同程度的规定，但缺乏相应的监管。而英国和澳大利亚的市场经济与资本市场发展程度、会计职业团体力量及 OFR 规则制定机构的权威性等因素的差异，决定了这两国 OFR 报告制度发展演进水平的不同。

我国 MD&A 披露制度尚处于发展初期，在上市公司 MD&A 信息披露规范建设方面已取得了一定成绩，MD&A 披露要求已涵盖首次披露与持续披露，内容已基本与国际趋同。比起西方国家，我国上市公司 MD&A 信息披露规范的主要问题表现在：

（1）尚没有统一系统的 MD&A 信息披露规范或指引。现有披露要求散见于证监会的各种准则或规则中，尚未上升到法律高度。证监会制定的信息披露内容与格式准则仅对 MD&A 的内容进行了初步规范，披露要点混杂多变且尚存不少冲突，缺乏体系性、稳定性和协调性；

（2）信息披露责任不明，缺乏相应的追责条款。目前相关准则只初步规定 MD&A 应该披露哪些主要内容，还没有涉及对公司及管理层披露责任的认定；

（3）从供应链角度看，我国 MD&A 披露制度最突出的问题便在于它仅仅制定了一些披露规则，而其他方面如监管、鉴证与解析环节，或十分薄弱或尚未涉足。本章的国际比较分析已充分表明，MD&A 信息披露仅仅对披露内容进行规范是不够的，要真正发挥 MD&A 信息披露的作用，必须从供应链视角出发，高度重视 MD&A 披露监管、信息鉴证、信息解析及相应的公司治理与内部控制等配套制度建设。

各国 MD&A 披露制度的演进越来越明显地呈现出国际协调的重要趋势。主要表现如 MD&A 已经成为世界范围内公司信息披露尤其是定期报告披露的一项重要内容；各国监管层渐次重视 MD&A 信息披露制度建设，加拿大、英国和澳大利亚等国家纷纷仿效美国制定了一系列直接针对 MD&A 信息披露的准则或指南；IASB 正致力于管理层评论项目研究，也是试图为管理层评论信息披露、监管与鉴证提供可以参照的国际标准。MD&A 披露制度的国际化趋势，以及美国等发达市场经济国家所提供的 MD&A 信息披露制度的典范模式，无疑为我国 MD&A 制度的改进、发展与整合提供了重要借鉴。但在学习和借鉴过程中切忌盲目移植或搬套,而应该在制度创新的前提下合理发挥路径依赖的积极作用,以提高我国MD&A信息披露制度的适应性效率。

第四章

上市公司 MD&A 信息披露与
鉴证现状的问卷调查

前三章对 MD&A 信息披露进行了较系统的理论研究，为全面了解 MD&A 信息披露制度提供了基本框架。为初步了解和把握我国上市公司 MD&A 信息披露与鉴证现状，笔者及课题组成员张蝶于 2011 年 9 月至 2012 年 8 月期间，以会计信息使用者中相对最为了解和熟悉 MD&A 信息披露的会计师事务所执业审计师为调查对象，就其对我国上市公司年报中"管理层讨论与分析"信息披露与鉴证需求及认知情况进行了初步调查[1]。

一 问卷设计和调查说明

在派发问卷之前，课题组成员进行了初稿设计，并通过试调查，多次修改并完善问卷，以确保问卷内容的信息含量具有代表性，考虑到事务所工作人员的岗位职责区别，在问卷发放与回收过程中，只有在确定对方是从事审计业务工作的专业人士时，调查人员才会向其发放问卷开展进一步的调查，这就把事务所的其他职员排除在外，如办公室行政人员、工程测算员、资产评估员等，保证了问卷来源的准确性。同时为了

---

[1] 特别感谢中南财经政法大学会计学院 2010 级研究生张蝶同学，其在本部分问卷设计、调查与数据整理及初步分析等方面做了辛苦工作。

弥补单一调查方式可能导致的信息不足，保证调查样本尽可能代表各层次的审计人员，课题组采用纸质媒介调查、网上调查和当面调查三结合的全面调查方式，以提高调查样本的总体代表性。此外，为保证问卷调查的普遍性，本研究尽量扩大问卷发放的覆盖面，调查对象包括了北京、上海、广州、深圳、武汉等全国主要城市各大会计师事务所的执业审计师，较好地满足了普遍性的要求。

在近一年的时间里，共发放问卷500份，回收375份。经过问卷初审，剔除回复不全、前后存在明显矛盾等无效问卷后，最终得到的有效问卷308份，有效回收率为61.6%。

（一）调查问卷设计

针对不同问题的具体性质，本问卷设计了三类题型：①单选题；②多选题；③多选并按重要性排序题。对于多选排序题则采用五点李克特量表法，选项分布从1（非常了解、非常重要、非常重视、非常满意、非常必要）到5（一点也不了解、一点也不重要、一点也不重视、非常不满意、完全没必要）逐级递减。此外，对于有些开放性问题还设置了"其他"选项以便被调查对象在所给选项之外表达自己的看法。

本次问卷调查涉及以下五个方面。第一部分包含3个问题，是有关调查对象的专业背景统计，包括调查对象所任职会计师事务所的性质及规模，在审计行业工作的年限及相关专业工作经验。第二部分包含4个问题，是有关调查对象对MD&A的认识及态度，包括对MD&A的了解程度和重要性认识，以及在实务审计中对MD&A的态度。第三部分包含2个问题，是调查对象对目前MD&A信息披露现状及影响因素的看法，包括导致MD&A披露质量不满意的具体原因分析。第四部分包含5个问题，主要了解调查对象对MD&A鉴证问题的态度，包括鉴证与否的必要性、由谁实施、采用何种鉴证方式及鉴证结果的呈现形式等。第五部分包含2个问题，则专门探讨MD&A实务鉴证的困难性以及鉴证准则制定与否的必要性。

（二）调查对象的基本情况

为确保问卷调查的可行性和有效性，本研究主要从执业审计师角度对相关MD&A信息鉴证问题进行了调查。所有接受问卷调查的对象均是审计行业的专业执业人员，他们都任职于国内各大内资和外资会计师事务所。在涉及具体的 MD&A 鉴证问题之前，首先应该明确被调查对象的基本情况。

如表 4—1 所示，其中有 69.48% 来自国内"前十大"[①] 会计师事务所中的内资事务所，这一部分构成了问卷调查的主要对象，另外，有 7.79% 的人来自"四大"[②] 会计师事务所，除此之外，其他审计师则来自国内规模较小的会计师事务所。

表 4—1　　　　　　　　被调查对象任职的事务所分布

来源分布	国际"四大"	国内"十大"	都不是	合计
人数（人）	24	214	70	308
比例（%）	7.79	69.48	22.73	100

有关被调查对象在会计师事务所的工作年限调查如表 4—2 所示，有 5 年以上工作经历的被调查者占 20.78%，在事务所工作超过 2 年的审计师合计占全体被调查者的 58.44%，仅有 18.83% 的审计师刚刚加入审计行业队伍不到 1 年。整体来看，作为调查样本的审计师属于鉴证业务经验较为丰富的执业人员。

表 4—2　　　　　　　　在事务所任职的时间分布

时间分布	1 年以内	1—2 年	2—3 年	3—5 年	5 年以上	合计
人数（人）	58	70	56	60	64	308
比例（%）	18.83	22.73	18.18	19.48	20.78	100

如表 4—3 所示，就被调查对象的工作经历来看，约 46.10% 的被调查者一直从事审计工作，另外约 23.38% 和 25.97% 的人在前期从事过财务会计或其他相关职业，后期才转入会计师事务所工作。只有 4.55% 左右的人员属于跨行业转入，后期才开始进入审计行业。

[①] 博思数据研究中心（http://www.bosidata.com）2012 年中国会计师事务所十大品牌排行榜：普华永道、德勤、安永、毕马威、立信、中瑞岳华、信永中和、天健、大信、中审。

[②] 普华永道（PwC）、德勤（DTT）、安永（EY）、毕马威（KPMG）。

表4—3 被调查对象的专业背景

被调查对象的专业背景	一直在会计师事务所工作	一直从事财务会计工作,但前期不在会计师事务所	从事过其他相关职业,后期转到会计师事务所	从事过其他非相关职业,后期转到会计师事务所	合计
人数（人）	142	72	80	14	308
比例（%）	46.10	23.38	25.97	4.55	100

综上，从调查对象所任职的会计师事务所的性质和规模来看，本研究所选取的被调查对象来源广泛，范围从内资到外资。从被调查审计师的任职年限以及专业经验来看，在专业领域的工作年限分布比较均衡，短期（1年以内）、中期（2—5年）、长期（5年以上）段各有代表，能够体现各层级审计人员对MD&A鉴证的认知，保证了调查结果的全面性。同时，国内"前十大"会计师事务所基本囊括了全国大部分上市公司的鉴证业务，来自这些事务所的审计师的执业经验更为丰富，在全国范围内具有代表性，这就保证了问卷调查结果的普遍适用性。

二 我国MD&A信息披露与鉴证现状：基于审计师的调查

为确保调查结果的有效性，课题组选取了对"管理层讨论与分析"信息披露较为熟悉的审计师作为调查对象，在了解了被调查对象的基本情况之后，问卷就MD&A信息披露及其鉴证的相关方面做了统计分析。

（一）审计师对MD&A信息的基本认知

对被调查对象的专业背景统计是问卷调查最基本也是最重要的工作，对审计师的了解越详细，才能更为准确地从他们的角度来分析问题。在对MD&A鉴证问题调查之前，首先需要了解审计师对MD&A本身的认识，以及审计师在实务工作中对MD&A所持有的态度。问卷调查的统计结果如表 4—4 所示。定期报告中，审计师最为熟知和关心的莫过于财务报表所反映的信息，而 2015 年之前 MD&A 主要位于年度报告中"董事会报告"一节，在表外信息众多的情况下很容易被信息使用者所忽视。调查结果显示，在对广泛分布于各大会计师事务所的审计师进行调查之后，仅有不到 13% 的人表示对 MD&A 的了解程度较高，其次约 36.36% 的人对 MD&A 有一定了解，有一半以上的被调查者表示对 MD&A "不太了解"。而在那些相对了解的人群中，有 83.77% 的审计师认为 MD&A 比较重要，而 14.29% 的人认为 MD&A 披露多含空话、套话，认为 MD&A 的重要性一般。这一结果表明，相比表内信息的普遍认知性，MD&A 并没有被审计师所广泛知晓，其普及程度尚待提高。再加上其披露上的缺陷，更加降低了 MD&A 在报表中的重要性程度。在熟知 MD&A 的情况下，约 37.01% 的执业人员在定期报告审计中对 MD&A 持"比较重视"的态度，但是其采取的鉴证方式明显不如财务报告审计程序那样严谨。有 51.3% 的人仅仅采取一般性阅读的方式，甚至有 35.71% 的人持放任自流的态度，在整个财务报告审计过程中"基本不看"MD&A 所披露的信息。从了解 MD&A 的人数之少，在审计过程中较少受到关注，以及审计师实际持有的无所谓的鉴证态度来看，当前年报审计业务并没有重视 MD&A 信息。MD&A 的重要性还没有被审计师所认识并加以利用，从而呈现出实际鉴证业务中 MD&A 似乎可有可无的假象，审计师是否关注以及如何关注 MD&A 对财务报告审计的影响微乎其微，这可能正是阻碍 MD&A 鉴证业务开展的重要原因之一。

表 4—4　　　　　　审计师对 MD&A 的认识及态度

对 MD&A 的了解程度		对 MD&A 重要性的认识		实务中对 MD&A 的重视度		实务中对待 MD&A 的方式	
选项	比例（%）	选项	比例（%）	选项	比例（%）	选项	比例（%）
比较了解	12.34	比较重要	83.77	比较重视	37.01	仔细阅读	12.99
有一定了解	36.36	一般	14.29	重视	14.29	一般性阅读	51.3
不太了解	51.30	不太重要	1.94	不太重视	48.7	基本不看	35.71
合计	100	合计	100	合计	100	合计	100

（二）审计师对目前 MD&A 信息披露现状与影响因素的认知

我国的上市公司信息披露《内容与格式准则》，对公司 MD&A 信息披露做出了明确要求，对披露内容、披露格式、披露时间等都有说明，并且随着资本市场的发展不断完善。上市公司理应按照准则要求合理提供 MD&A 信息，满足广大信息使用者的需求。同时，规范的 MD&A 信息披露能够帮助审计师深入了解公司内部的运转情况，获取更为可靠的证据来降低鉴证业务风险。问卷调查就当前市场上 MD&A 信息披露现状征询了审计师的意见，并且进一步分析了影响披露质量的各个因素。

如表 4—5 所示，在对上市公司 MD&A 信息披露质量的调查研究中，结果显示仅有约 40.26% 的审计师对 MD&A 披露质量比较满意，剩余约 59.74% 的人持不满意的态度，而其中非常不满意者又占比约 14.29%。可见，在大多数审计师眼中，公司的 MD&A 没有严格遵循证监会发布的信息披露规范，它们在 MD&A 中所披露的信息远不能满足外部信息使用者的需求。

表 4—5　　　　　　　　MD&A 披露现状满意度的调查

对当前 MD&A 披露现状	比较满意	不满意	非常不满意	合计
人数（人）	124	140	44	308
比例（%）	40.26	45.45	14.29	100

进一步的调查表明，导致审计师不满意的原因如表 4—6 所示。19.80% 的人认为 MD&A 存在"报喜不报忧"的现象，17.45% 的人觉得披露的信息不完整，12.42% 的人认为多数公司披露的 MD&A 信息千篇一律，没有突出自身区别于其他公司的特性，公司个性特征不明显，而 12.08% 的人表示前瞻性信息披露严重不足，使得 MD&A 丧失了特有的预测性作用。另外，如信息披露不及时、披露的信息不可靠、缺乏管理层视角的分析性内容等也是影响审计师满意度的因素。

表4—6　　　　　　　对MD&A披露质量不满意的原因

选项（可多选）	人数（人）	比例（%）	排名
信息不完整	104	17.45	2
披露不及时	62	10.40	5
信息不可靠	60	10.07	6
信息不相关	20	3.36	8
所披露的信息不好理解	18	3.02	9
存在"报喜不报忧"的现象	118	19.80	1
前瞻性信息披露严重不足	72	12.08	4
信息不可比	16	2.68	10
千篇一律，没有突出公司自身个性	74	12.42	3
分析性内容太少	52	8.72	7
合计	596	100	—
其他（审计师认为可能存在的其他原因）	披露内容少，内容不具体		

上市公司在MD&A信息披露质量方面为何存在众多问题呢？审计师的答复如表4—7所示。在可能影响或制约MD&A信息披露质量的因素分析中，审计师公认的主要制约因素有几方面，排名前三的依次是缺乏对MD&A披露质量的外部监督和约束，占全部被调查者人数的1/4以上，为25.65%；缺乏统一系统的披露规范，占全体审计师的24.68%；管理层不重视MD&A信息披露，这一比例也达到24.35%。还有诸如缺乏判断性指导范本（13.96%）和披露成本大于披露收益（11.36%）也对披露质量有所影响。这些因素既有来自外在客观因素的影响，如外部监督的乏力以及统一指导规范的缺乏，又有来自内部主观因素的制约，如管理层自身的不重视以及对披露成本和收益的考虑。至于具体影响各个上市公司MD&A披露质量的因素到底来源于何处，则需要根据公司披露的MD&A情况进行实际分析。

表4—7　　　　　　影响或制约MD&A披露质量的因素

选项（可多选）	人数（人）	比例（%）	排名
披露成本大于披露收益	70	11.36	5

续表

选项（可多选）	人数（人）	比例（%）	排名
管理层不重视	150	24.35	3
缺乏统一系统的披露规范	152	24.68	2
缺乏判断性指导范本	86	13.96	4
缺乏对"管理层讨论与分析"披露质量的外部监督和约束	158	25.65	1
合　计	616	100	—

（三）审计师对MD&A鉴证问题的主要态度

在调查了影响审计师对MD&A信息及其披露现状的态度之后，课题组还进一步就MD&A信息鉴证现状及问题进行了调查。这一部分对MD&A鉴证的必要性，鉴证业务的实施主体，MD&A鉴证业务中鉴证方式的选择以及最终鉴证结果的呈现形式等问题进行了探究，调查结果如表4—8所示。

表4—8　　　　　　　审计师对MD&A鉴证的认知

实施MD&A鉴证的必要性		是否必要将MD&A鉴证纳入会计师事务所的业务范围		实施MD&A鉴证的方式		MD&A鉴证结果的呈现形式	
选项	比例（%）	选项	比例（%）	选项	比例（%）	选项	比例（%）
必要	81.82	必要	72.08	审计	18.51	单独出具鉴证报告 标准格式	35.06
						单独出具鉴证报告 格式自定	27.92
不太必要	11.69	不太必要	22.08	审阅	62.34	整合到报表审计报告中	21.43

续表

实施 MD&A 鉴证的必要性		是否必要将 MD&A 鉴证纳入会计师事务所的业务范围		实施 MD&A 鉴证的方式		MD&A 鉴证结果的呈现形式	
选项	比例（%）	选项	比例（%）	选项	比例（%）	选项	比例（%）
完全没必要	6.49	完全没必要	5.84	审阅与审计结合	19.15	不出具鉴证报告，仅将结果告知被鉴证方	15.59
合计	100	合计	100	合计	100	合计	100

MD&A 信息披露制度发展日渐成熟之后，国外政府部门和专家学者的研究重心开始转向 MD&A 鉴证。在我国信息披露制度尚待完善的情况下，有关 MD&A 的研究仍处于信息披露阶段，MD&A 鉴证受到的关注程度较低，与之相关的一系列鉴证基本问题也有待探讨。不过，尽管目前审计行业对 MD&A 的关注和重视程度不高，但是审计师对引入 MD&A 鉴证还是持有积极乐观的态度。调查结果显示，约 81.82% 的人认为实施 MD&A 鉴证是必要的，并且 72.08% 的人支持将其纳入会计师事务所的鉴证业务范围，即由专业的审计师来提供 MD&A 鉴证服务。一方面能够保证 MD&A 鉴证业务的质量；另一方面还能够拓展会计师事务所的业务范围，积极响应中央号召事务所"做大做强"的发展政策。在实施鉴证业务的方式上，62.34% 的人支持采用审阅程序，提供中等程度的有限保证，而剩余的人则支持采用审计程序，提供更高程度的合理保证（18.51%），或者将审计与审阅程序结合使用，针对不同信息的特点合理选择（19.15%）。针对 MD&A 鉴证结果将如何呈现的问题，约 63% 的审计师支持单独出具鉴证报告，采用标准格式（35.06%）或由企业自行确定（27.92%），另外，约 21.43% 的人倾向于将鉴证结果整合到财务报告审计报告中，而大约 16%（15.59%）的被调查者认为直接将结果告知被鉴证方即可，无须再单独出具 MD&A 鉴证报告。

(四) 审计师对 MD&A 信息鉴证困难及鉴证准则制定的认识

上述有关鉴证问题的探讨说明了实施 MD&A 鉴证能够得到审计师的支持，但是，这并不代表 MD&A 鉴证业务可以在实务中顺利开展。第二章理论部分的阐述已经初步揭示了 MD&A 鉴证实务可能面临的困难，本部分则通过问卷调查结果来进一步论证。

课题组调查了审计师对实施 MD&A 鉴证的困难的认识，统计结果如表 4—9 所示。

表 4—9　　　　　　　　实施 MD&A 鉴证的主要困难

实施 MD&A 鉴证的困难性（多选）	人数（人）	比例（%）	排名
增加公司的成本	68	10.69	4
MD&A 属于叙述性信息，难以鉴证	178	27.99	2
MD&A 本身具有前瞻性，难以鉴证	204	32.08	1
可能导致公司只顾逐条对照信息披露要求，而缺乏对公司具体情况的分析	124	19.5	3
无章可循，无法进行鉴证	62	9.75	5
合　　计	636	100	
其　　他	缺乏有效的惩戒机制，较大的鉴证风险，超越审计师的职业能力		

由于 MD&A 信息本身特性而造成的鉴证困难引起了审计师的共鸣，其中 32.08% 的人认为 MD&A 中含有较多的前瞻性信息，诸如公司未来发展前景、可能面临的风险因素、未来的盈利预测等，这些不确定信息的存在增加了 MD&A 鉴证业务的难度；27.99% 的审计师认为 MD&A 多为叙述性信息，而其中包含的信息多是对照准则逐条披露，缺乏对公司具体情况的分析，使得来自公司外部的审计师难以复核信息质量。为保证鉴证业务质量，审计师不仅需要面临鉴证成本的大幅增加，还可能遇到超出其能力范围的信息鉴证，进而大幅增加鉴证业务风险。此外，审计师还指出诸如监管部门缺乏有效的惩戒机制，MD&A 鉴证业务可能超出审计师的职业能力范围等可能面临的困难。

针对以上实际情况，75.97%的审计师认为很有必要在我国制定相应的鉴证业务准则用以指导鉴证工作实务，仅有3.25%的被调查者觉得完全没必要，这可能是由于他们还没有认识到 MD&A 鉴证的重要性。结果如表4—10所示。

表4—10　　　　制定 MD&A 鉴证准则的必要性

制定 MD&A 鉴证准则的必要性	很必要	不太必要	完全没必要	合计
人数（人）	234	64	10	308
比例（%）	75.97	20.78	3.25	100

鉴于不同定期报告中信息披露的要求不同以及使用者的需求差异，在纳入 MD&A 鉴证范围的报告信息选取方面，其中有18.18%的人认为不管是年报还是中期报告都是公司对外披露信息的重要载体，所以理应强制纳入 MD&A 强制鉴证范围，38.96%的人支持强制实施年报 MD&A 鉴证，而对于中期报告和特殊情况下的鉴证（如 IPO、资产重组或并购）可以由企业自主决定，如33.12%的审计师认为特殊情况之外，定期报告中 MD&A 鉴证与否不必强制要求，如表4—11所示。

表4—11　　　　定期报告实施 MD&A 鉴证的约束性

定期报告实施 MD&A 鉴证的约束性	年报、中期报告 MD&A 都应强制鉴证	年报强制鉴证，中期报告自愿鉴证	年报和中期报告鉴证都自愿	特殊情况下如 IPO、资产重组或并购时才鉴证	合计
人数（人）	56	120	30	102	308
比例（%）	18.18	38.96	9.74	33.12	100

三　我国 MD&A 信息披露与鉴证存在的主要问题

通过上述对审计师问卷调查结果的统计分析，目前我国所面临的

MD&A 信息披露与鉴证问题①可归纳为以下几个主要方面。

（一）会计信息使用者普遍缺乏对 MD&A 信息的必要了解

MD&A 在我国发展的十余年中，财政部、证监会和证券交易所陆续出台新制度来规范 MD&A 的披露内容与格式，并根据公司的实际信息披露情况以及国外成熟的披露经验不断对披露准则进行修订，使得我国的 MD&A 信息披露内容体系逐渐完善。MD&A 在上市公司的年度报告、半年度报告、招股说明书、债券募集说明等文件中均有所涉及，并且是上市公司年报的重要组成部分，对有着丰富的审计业务工作经验、熟悉财务报告的审计师而言，MD&A 信息应该是工作中被熟知的信息。但调查结果却出人意料，我们所选取的被调查对象大部分来自国内大型会计师事务所，业务遍布全国主要城市，并且都具备 1—5 年及以上相关工作经验，对 MD&A 只有一定程度了解的被调查者所占比例却不到一半。并且这些了解仅限于知晓层面，年报中 MD&A 信息具体应该包含哪些内容，采用何种披露格式，在哪种情况下进行披露等问题都不太熟悉。作为与公司财务信息接触较多的审计师对 MD&A 的了解尚且如此，更不用说资本市场上的其他信息使用者（债权人、中小股东、投资者等），这也是本文选取审计师作为调查研究对象的主要原因。从 MD&A 在市场上的普及程度来看，当前我国 MD&A 信息处于被严重忽视的地位，信息本身并没有受到执业审计师应有的关注。

（二）审计师对年报中的 MD&A 信息鉴证不够重视

当前，会计师事务所的年报审计工作重点仍然是财务报表相关项目，依照注册会计师审计准则的规定，审计师需要在执行审计程序的基础上，获取充分、适当的审计证据，以合理保证被审单位的财务报表不存在由于错误和舞弊因素导致的重大错报风险。对于 MD&A，尽管被调查者中约 83.77% 的人认为它比较重要，但是鉴于准则并没有强制要求必须针对 MD&A 实施特别的审计程序，同时考虑到年报审计的时间、成本、人力

---

① 第五章将进一步基于大样本数据来分析上市公司 MD&A 信息披露质量及问题，本章着重归纳总结 MD&A 信息鉴证相关问题。

资源等因素的限制，MD&A 并没有受到审计师的重视。虽然超过半数的被调查者表示会关注 MD&A，但是从他们所表现出的关注程度来看，对 MD&A 信息鉴证尚不能起到实质性作用。其所采取的一般性阅读是从财务报告审计出发的，即查看 MD&A 所披露的信息与财务报表信息的一致性，以发现 MD&A 信息中是否存在与财务报表的重大不一致或者重大错报，从而降低报表审计的风险，提高审计意见的可靠性。MD&A 似乎只是作为财务报告审计的辅助工具，其所包含的财务报表之外的信息并没有受到审计师的特别关注，甚至与财务报表相关的信息也没有经过审计师的仔细阅读，第三章所阐述的审计实例中各种低级错误的出现足以说明这一问题。

（三）MD&A 信息有用性不足，难以激发鉴证需求

MD&A 以文字叙述为主，这就给予了管理层极大的自由发挥空间，大段的文字描述信息可能只是泛泛而谈，并没有涉及有价值的信息，如对报告期内总体经营情况的概述可能只是对宏观经济的简要介绍，对主营业务及其经营状况的分析可能仅仅是对全年业务经营的总括分析，并没有涉及分产品、分行业、分区域的详细阐述。大量的相关度低的文字信息可能掩盖了真实有用的信息，还会造成阅读人员视觉上的疲劳，影响阅读效果。同时，MD&A 中还有一部分管理层自愿性披露信息，使得 MD&A 具有更大的灵活性，例如公司存在的主要优势和困难，主要业务的市场变化情况、营业成本构成的变化情况及原因分析等。管理层可以依据公司自身情况有选择性地披露，导致披露结果带有明显的个人倾向性，正如调查结果所示：报喜不报忧，前瞻性信息不足，千篇一律，缺乏公司特性等。虽然财政部、证监会和证券交易所出台了多项准则和规范来指导上市公司 MD&A 信息披露，但是行政监督不力、市场不够重视等原因使得这些问题仍然普遍存在。完整披露的 MD&A 信息应该体现管理层对过去业绩的深度讨论和对未来发展趋势的预测分析，而现实情况却有较大偏差。公司披露 MD&A 可能更多地是为了应付证监会和证券交易所的监管要求，而不是利用这一平台来实现与投资者的良好沟通，因此大大降低了 MD&A 作为财务报表补充信息的作用。在这样的披露环境下，即使审计师在年报审计中试图给予 MD&A 较多的关注，也无从确定

有价值的鉴证信息，这使得 MD&A 鉴证名存实亡，丧失了实际意义。

（四）MD&A 鉴证实务缺乏统一指导

审计准则对财务报告审计工作作出了明确的指导，既提高了报表审计的权威性和可操作性，也降低了审计师的执业风险。而作为表外部分的 MD&A 信息并没有受到财政部和证监会的关注，鉴证业务准则中没有针对 MD&A 信息的专门规定。这一点从对准则的解读可以看出。在缺乏统一指导的情况下，审计师对 MD&A 鉴证实务的认知就会存在分歧。首先，在 MD&A 鉴证的必要性问题上，尽管 81.82% 的被调查者认为有必要实施 MD&A 鉴证，但并不是所有支持的人都认为 MD&A 鉴证应该纳入会计师事务所的鉴证业务范围，也就是说，调查者认为，中介机构、学者、政府部门等都可以成为 MD&A 鉴证的实践操作者。其次，审计人员在鉴证方式的选择上存在主观性，审计或者审阅程序的应用没有统一定论，降低了鉴证结果的可比性。最后，有关鉴证报告的格式与形式存在不同意见，到底哪一种方式适合 MD&A 鉴证尚无确定的说法，审计师对于不同方式之间的差异特点也不明确，无法择优选择。在众多分歧的情况下，为了降低鉴证业务风险，审计师在实务工作中可能会倾向于忽略 MD&A，这样更不利于开展 MD&A 鉴证业务。

（五）多重困难妨碍 MD&A 鉴证业务的开展

前文已述及，开展 MD&A 鉴证业务面临重重困难，而缺乏统一定论的 MD&A 鉴证实务指导又加重了这一困难的程度。MD&A 信息与财务报表信息在信息来源、信息分类等方面存在较大差异，并且在定期报告中财务报表信息的重要性明显高于 MD&A 信息。在年报审计工作中，审计师的关注重点主要在表内信息上，所采取的审计程序以及搜集的审计证据都是为验证报表信息服务的，这些适用于财务报告审计的程序可能并不适合 MD&A 鉴证，所搜集的证据也无法证明 MD&A 的真实与否。审计师需要额外的程序以及证据来评判 MD&A，而选取何种鉴证程序只能依赖审计师自身的职业判断。另外，在信息种类繁多并且审计时间和资源有限的情形下，MD&A 鉴证过程中应该重点关注哪一类信息或者某一信息的哪些特性，同样需要审计师根据不同公司的情况做出合理的判断。

在缺乏指导的情况下，这些不确定性因素的存在无疑增加了 MD&A 鉴证的困难。另外，MD&A 中前瞻性信息、自愿性信息和非财务信息的特性使得常规程序可能并不足以获取可靠的证据，审计师可能面临更高的成本和耗费更多的时间，甚至无法获取充分、适当的证据，这就从实务层面进一步阻碍了 MD&A 鉴证业务的开展。

四 上市公司 MD&A 信息鉴证难的原因分析

作为上市公司信息披露的一部分，MD&A 信息在资本市场上的知名度并不如财务报表信息那样高，甚至从事报表审计工作的审计师也不甚了解。监管部门缺乏对披露质量积极有效的监管，使得上市公司披露的 MD&A 的信息有用性低，目前的鉴证准则中也没有明确 MD&A 鉴证业务指南，多种困难的存在又进一步阻碍了 MD&A 鉴证的实际开展。这些问题的存在反映在实务工作中就是大部分审计师对 MD&A 的关注少，重视程度不够，不能充分发挥 MD&A 在鉴证业务中的价值。通过进一步的深入分析，可以从以下几方面来解释当前 MD&A 鉴证存在的问题。

（一）MD&A 信息鉴证尚处于探索阶段

美国的 ASB、SEC、PCAOB 等准则制定机构在发展与完善披露制度的同时，便已经意识到 MD&A 鉴证的重要性，理论界也很早就投入鉴证问题的研究中。我国从美国引入 MD&A 信息披露制度已经有十余年，目前来看，理论界和实务界的关注焦点在信息披露方面，财政部、证监会制定了一系列披露准则和规则用以规范披露内容、格式和范围，学者论文也旨在探究影响信息披露质量的因素、如何提高信息的有用性等问题，较少有 MD&A 鉴证方面的研究。理论发展的滞后导致实务操作中对 MD&A 的忽视，问卷调查的结果表明了部分审计师对 MD&A 信息披露还十分陌生，更别提 MD&A 的鉴证问题了。在准则的要求下，尽管在实务中部分审计师采取了附带性阅读方式来对待 MD&A，其主要目的是保证信息的可比性与一致性，而对于信息的完整性、及时性、可靠性等则没有给予更多的关注。不论从理论指导层面还是实践操作层面来看，我国

MD&A 鉴证都还处在探索性阶段。

（二）我国上市公司尚不够重视 MD&A 信息披露

MD&A 为管理层提供了一个与资本市场沟通的良好平台，在财务报表信息之外，从管理层视角对报表信息进行了补充与完善，涵盖的信息种类多、范围广。这些信息囊括了公司内部各环节、各部门、各时期的状况，是公司自身的一个全方位的体现。但是，上市公司没有很好地利用这一平台。正如调查结果所示，即便审计师比较重视 MD&A 披露，试图通过 MD&A 鉴证来提高披露信息的可靠性，现实执行情况却令审计师相当不满意。在弱肉强食的市场经济下，上市公司在不违反披露要求的同时，倾向于少披露甚至不披露相关信息来避免竞争者的打击，再加上监管部门缺乏对信息披露质量的有效监管，使得 MD&A 丧失了本身的价值，信息鉴证的意义并不明显。

（三）审计师主观回避鉴证业务风险

审计准则要求审计师在执业过程中必须保持必要的职业谨慎，在实施合理的审计程序，获取充分、适当的审计证据的基础上，发表恰当的审计意见，其主要目的之一是降低审计风险，避免会计师事务所和审计师陷于审计失败的法律诉讼中。MD&A 多以文字叙述为主，而文字信息与报表数字信息的鉴证有所差别，不仅要求审计师有着丰富的实践经验，还需要项目组倾注较多的精力，投入高额的鉴证成本，某些事关管理层主观判断的证据的获取甚至可能会超出审计师的执业能力范围，大大增加了鉴证业务风险。所以，从调查结果来看，被调查者中很少人支持采用保证程度较高的审计程序，而多支持审计与审阅程序的结合使用，甚至有些审计师根本不支持将 MD&A 鉴证纳入事务所的业务范围。

（四）市场尚难形成 MD&A 信息鉴证有效需求

有效的市场需求是 MD&A 鉴证业务发展的重要推动力，而市场需求来源于众多的投资者。相比国外而言，我国的资本市场起步较晚，市场上投资者的构成比较特殊，机构投资者所占比例较小，多以散户为主，他们缺乏相关的专业背景，没有明确的投资意图，抱有较大的投机心理，因此难以形成强大的利益驱动团体。这种情况下，政府的政策导向就影响着散户投资者的投资需求与决策。十余年来，MD&A 信息披露质量一直偏低，而政府部门也没有采取有效措施来予以改进，再加上公司财务报告审计实务中 MD&A 鉴证所面临的众多问题并没有受到有关部门的严厉处罚，给投资者造成了一种 MD&A 信息不受重视的假象。虽然经过鉴证的 MD&A 信息可能对投资者做出有效决策有积极作用，但是现实情况使得投资者难以形成这一需求，MD&A 鉴证的发展还是需要依靠政府部门的引导。

（五）MD&A 鉴证缺乏操作指南

纵观美国、德国等国家的 MD&A 鉴证发展历程，可以发现它们的相似之处在于都有相应的准则或者规范来指导审计师的实务鉴证工作。其中尤以美国的 MD&A 鉴证规范最为突出，其 MD&A 专项工作小组经过多年的不断努力，制定了全面而具体、可操作性很强的鉴证规范，并且根据现实情况不断修正与完善，为美国 MD&A 鉴证业务的实际开展与理论研究提供了有力的指导。我国目前的鉴证业务准则尚没有直接关注 MD&A 信息，相关规范仅散见于准则中的某些条款，需要审计师依据职业判断比照实施。在鉴证范围、鉴证方式、鉴证结果表述等方面的不确定性在一定程度上打击了审计师实施 MD&A 鉴证的积极性，这反过来又阻碍了 MD&A 鉴证实务的开展。

五 小结

我国当前 MD&A 鉴证存在理论薄弱、制度缺失与实践缺位的三重困境。基于审计师的问卷调查发现，当前环境下我国 MD&A 信息披露与鉴证存在以下五大主要问题：会计信息用户普遍缺乏对 MD&A 的必要了解；审计师在报表审计中对 MD&A 不够重视；MD&A 信息有用性不足，难以激发鉴证需求；MD&A 鉴证实务缺乏统一指导；多重困难妨碍 MD&A 鉴证业务的开展。

第五章

沪深 300 指 2003—2014 年 MD&A 信息披露质量测评

第四章从会计信息使用者的视角，对我国上市公司 MD&A 信息披露现状及鉴证相关问题进行了问卷调查与分析。本章将立足我国上市公司年报《内容与格式准则》中的"管理层讨论与分析"相关披露规范，自行构建质量测评体系，据此考察沪深 300 指 2003—2014 年年报中"管理层讨论与分析"信息披露质量及其分项信息披露水平与显著特征。

一 相关文献回顾与评述

本部分将在导论的基础上，重点梳理国内关于上市公司 MD&A 信息披露质量的实证研究成果，以便展现国内现有研究的特色与不足，更好地确立本部分的研究重点。

李常青等（2005）最早针对 MD&A 进行实证研究，他们随机抽取 100 家上市公司作为样本，考察了 2003 年和 2004 年半年报和年报中 MD&A 信息披露质量。他们根据披露频率把所披露的 MD&A 信息分为三类：每年应当披露的信息、只在事项发生后才应披露的信息与选择性披露信息。还进一步根据信息性质把每项信息分为利好、利坏、中性和缺失四种，然后按照每一披露项目的重要性程度制定了评分标准。此外，他们的研究还考虑了行业对 MD&A 信息披露质量的影响。然而，由于样本量较少，其代表性和结论的普适性可能会有所影响。此外，他们也没有阐述 MD&A 披露质量的具体评分标准。

后来，赵亚明（2006）选取 20 家深市样本公司按年报《内容与格式准则》的 10 项披露要求进行合规性确认并分项按百分制评价计分，对 2005 年年报《内容与格式准则》修订后公司 MD&A 信息披露的执行效果进行了考察；许碧（2007）选取 30 家中小企业板上市公司，分析了中小板公司年报 MD&A 披露状况并提出了相应建议；徐利飞（2007）分别以 31 家 A 股公司和 A + H 股公司为样本，将 MD&A 披露内容分为 6 大类[①]，以所披露的行数作为指标来衡量 MD&A 披露的数量，同时对 6 大类内容进行评分，分析了半年报中 MD&A 披露的质量现状，最后还就 A 股和 A + H 交叉上市的公司半年报 MD&A 信息披露质量是否存在显著差异进行了检验；张海霞（2007）对我国 IT 行业 53 家上市公司年报 MD&A 信息披露状况予以了考察；万里霜（2008）则分别按照行业、地区、规模、盈利状况与股权性质的不同对上交所 171 家 A 股上市公司 2006 年年报 MD&A 披露的环境信息进行了统计分析，获取了一些关于上市公司环境信息披露的初步证据。

综上，从研究对象上，学者们不仅关注年报 MD&A，也开始研究半年报 MD&A；不仅关注主板市场，也开始关注中小板市场；不仅关注 A 股公司，也注意将 A 股公司与 A + H 股公司的 MD&A 披露情况进行对比以寻找差距。内容上，不仅关注上市公司 MD&A 信息披露的整体质量，也开始对某个行业（如 IT 业）或 MD&A 的某个具体项目（如环境信息）的披露情况展开研究。尽管如此，国内 MD&A 研究依然问题较多：①由于没有现成的数据库，所需数据通常只能通过手工收集，导致现有研究的样本量普遍较少，这在一定程度上影响了结论的普适性；②同样受制于数据收集难度，现有研究主要使用的是某一年度的截面数据，但事实是我国半年报和年报《内容与格式准则》中关于 MD&A 信息披露的要求不停修订，截面数据显然无法全面反映 MD&A 信息披露的质量现状；③目前还没有统一的公认的 MD&A 质量评价体系和方法，而现有研究一般对各自评价方法的阐述还不够明确，缺乏必要的效度与信度检验；④现

---

① 这 6 大类包括历史经营情况、投资情况、经营成果实现情况、前瞻性信息、非标审计意见解释与其他项目。

有绝大多数研究采用的是 0—1 评分法,也就是说,只考察了披露与否的问题,而未考察"披露得怎么样"的问题,而且绝大多数都是对 MD&A 信息披露总体质量进行评价,很少考虑 MD&A 中各分项信息(如强制与自愿、财务与非财务、历史信息与未来信息)的披露质量。在现有研究的基础上,我们扬长避短,采用面板数据从多个侧面全面考察我国上市公司 2003—2014 年连续 12 年年报 MD&A 的信息披露质量状况。

二 研究设计

(一)研究目的

本章主要测评沪深 300 指上市公司年报 MD&A 信息披露质量,因为年报较其他信息披露更受信息提供者、使用者及监管层的重视和关注,而且年报 MD&A 披露最全面,代表性最强。

研究目的:首先,紧扣上市公司年报 MD&A 披露规范,构建上市公司 MD&A 信息披露测评体系;其次,以 MD&A 信息披露测评体系,构建 MD&A 信息披露指数,对上市公司年报 MD&A 总体披露情况和 100 个子项目的披露情况进行描述统计,考察其是否遵循了年报《内容与格式准则》的披露规范,并进一步细化,分析上市公司 MD&A 信息披露在强制与自愿披露、财务与非财务信息构成、历史与前瞻性信息构成,以及披露格式等多方面的质量特征。

(二)样本选择与数据来源

课题组选取 2003—2014 年作为研究期间。原因在于:其一,证监会于 2003 年 1 月修订的年报《内容与格式准则》才正式要求在董事会报告中以 MD&A 的形式披露,而截至课题组筹备结项工作之时,2014 年年报为所能获取的最新数据;其二,该时间段持续 12 年,便于考察 2005 年和 2012 年两次年报 MD&A 披露要求重大修订与细化对上市公司 MD&A 水平的影响,以全面把握上市公司 MD&A 披露质量及其动态变化趋势。

第五章 沪深300指2003—2014年MD&A信息披露质量测评

本书样本选自沪深300指数[①]。样本筛选原则如下[②]：首先，剔除2002年之后上市的公司（61家）。因为研究起始年度为2003年，且后文在计算三年平均净资产收益率（ROE）时需要用到2001年年报数据[③]，而且本研究介于2003—2014年，为考察同一家公司MD&A信息披露质量的动态变化，要求在此期间该公司必须均正常公布年报；其次，剔除金融类公司（25家），因其行业性质及信息披露规则具有特殊性；再次，剔除了研究期间内退市的公司（7家，如长航油运、邯郸钢铁、莱钢股份等）；最后，为保证前后（本章与第六章）样本的同质性，剔除后文质量影响因素研究所需数据缺失的样本（23家）。筛选后的研究样本184家，深市71家，沪市113家，按照证监会行业标准分类，共包括12大行业，如表5—1所示：

表5—1　　　　　　　　研究样本所在行业概况

行业名称	样本公司数（家）
制造业	97
房地产业	18
交通运输、仓储业	11
综合类	11
电力、煤气及水的生产和供应业	10
采掘业	8
信息技术业	8
批发和零售贸易	8
社会服务业	5
建筑业	4
传播与文化产业	3
农林牧渔业	1
合　计	184

---

①　沪深300指是在证监会直接指导下，由权威机构联合编制并于2005年第一次发布的第一个横跨沪深两市的指数，涵盖了沪深两市绝大部分上市公司，涉及几乎我国所有行业与领域，市场代表性强。

②　沪深300指数已剔除ST、*ST和PT股票。本文以2005年发布的300只指数股为基准样本，其他年度根据相应变动微调。

③　本章与第六章所选样本一致。第六章研究上市公司MD&A信息披露影响因素时，需要用到三年平均的净资产收益率。

本研究时间序列涵盖12年（2003—2014年），共计2208个样本。公司年报主要来源于沪深交易所网站。数据整理与计算采用Excel 2013完成。

三 我国上市公司MD&A信息披露质量指数的构建

（一）现有衡量MD&A信息披露质量的主要方法

研究MD&A信息披露质量的常见方法主要有直接法和间接法两种。其中，直接法是通过构建信息披露质量指数直接考察上市公司MD&A披露情况，如贝格比等（Bagby et al., 1988）、戴特和珊德弗（Dieter & Sandefur, 1989）、科尔（Cole, 1990）、胡克斯和穆恩（Hooks & Moon, 1993）、谢和塔卡（Seah & Tarca, 2006），以及李常青等（2005）、赵亚明（2006）、许碧（2007）、徐利飞（2007）、张海霞（2007）、万里霜（2008）等。间接法又有两种途径：一是通过对信息提供者（上市公司）或信息使用者（证券分析师、投资者）等进行问卷调查、访谈等方式，了解其对MD&A信息披露现状的态度，如克莱森等（Clarkson et al., 1999）、埃克纳等（Eikner et al., 2000）等；二是采用外部团体对公司信息披露的评级作为质量替代指标，如财务分析师联盟（Financial Analysts Federation, FAF）和投资管理与研究协会（The Association for Investment Management and Research, AIMR）[①]提供的上市公司信息披露排名，如朗和伦德霍尔姆（Lang & Lundholm, 1993）、韦尔克（Welker, 1996）、波特森（Botosan, 1997）等。

我国资本市场信息披露的现实环境决定了本研究只能采用直接法：一则，我国引入MD&A信息披露制度的时间不长，无论是信息提供者还是信息使用者对MD&A信息披露都欠缺了解，对他们进行问卷调查或访谈可能难以全面反映MD&A信息披露现状；二则，我国的证券分析师及

[①] AIMR是特许财务分析师协会（著名的CFA Institute）的前身，于2004年5月正式易名。AIMR于1990年成立，由1947年成立的财务分析师联盟（FAF）与1962年成立的特许金融分析师学院（Institute of Chartered Financial Analysts, ICFA）合并而成。

相应的信息披露评级机构尚处于发展阶段，尚未提供有关 MD&A 信息披露的评级数据，截至目前也没有任何权威部门发布上市公司 MD&A 信息披露质量数据。而运用直接法研究 MD&A 信息披露质量，构建 MD&A 信息披露质量指数就必须采用内容分析法对 MD&A 信息披露内容进行分类。事实证明，内容分析法对于 MD&A 信息披露质量研究不仅是必需的而且是有效的。

在内容分析研究过程中，一般有两种分析途径：一是运用现成的内容分析软件，如弗雷泽等（Frazier et al., 1984）和布莱恩（Bryan, 1997）等的研究都是借助电脑软件完成的，但由于我国 MD&A 信息披露内容灵活多变，个性特征差异显著，且现有的电脑分析软件主要是非汉语界面，暂时还没有针对汉语进行内容分析的软件；二是自建指标，大多数学者都采用这一方法。指标构建过程涉及内容细分、指标选择与计算、评分标准等多项主观性较强的复杂问题，这些问题对 MD&A 披露指数构建具有决定性作用，如果处理不妥将直接影响研究结论。

（二）我国上市公司年报 MD&A 信息披露内容的细分

内容细分是内容分析研究的前提和基础。对我国 MD&A 信息披露内容进行细分难度颇大：一则，我国年报《内容与格式准则》几乎每年都在修订，MD&A 信息披露要求不具有稳定性；二则，我国年报《内容与格式准则》没有明确 MD&A 的内容范围，年报中 MD&A 非单独列示，而是散见于董事会报告中，需要重新识别和归纳。本研究借鉴国内外现有研究成果，逐年研读年报披露要求，将董事会报告中以下 6 部分内容纳入 MD&A 质量测评体系，包括经营情况、投资情况、财务状况、环境变化的影响、非标准审计意见说明以及未来展望[1]。

进一步地，本书基于我国上市公司 MD&A 信息披露实务，参考胡克斯和穆恩（Hooks & Moon, 1993）的分类方法，循着年报《内容与格式准则》MD&A 披露规范修订的历程和重要节点，将其繁杂而分散的 MD&A 披露要求，分为三大类强制披露项目（A）、只有在符合相应情形

---

[1] 李燕媛：《"管理层讨论与分析"信息披露质量——来自沪深 300 指上市公司 2003—2007 年的证据》，《山西财经大学学报》2012 年第 12 期。

时才需披露的项目（B）和准则要求以内的自愿披露项目（C）[①]。2003—2014年，由于证监会的年报内容与格式准则持续修订，导致MD&A信息披露内容并非每年都相同，课题组根据内容与格式准则的修订，将2003—2014年准则要求披露的MD&A内容划分为四个主要阶段。其中，2003—2004年年报《内容与格式准则》要求披露的MD&A内容细分见附表2—1[②]，2005—2006年年报《内容与格式准则》要求披露的MD&A内容细分见附表2—2，2007—2011年年报《内容与格式准则》要求披露的MD&A内容细分见表附表2—3，2012—2014年年报《内容与格式准则》要求披露的MD&A内容细分见附表2—4。

（三）MD&A信息披露质量测评体系的构建

1. MD&A信息披露质量评价的主要方法

MD&A属于难以量化的文本信息，因此构建其披露质量指数存在以下几个公认的难点：一是评分标准的设立问题，如评分方法是采用未加权的0—1评分法还是采用加权方法；二是披露指数的全面性问题，即如何兼顾信息披露内容与形式、数量与质量尤其是"质量"的考察；三是披露指数的客观性问题，即如何将主观性较强的评分过程及结果控制在可接受的范围内。我国现有研究对上述问题的处理往往避繁就简，避重就轻：只考虑披露与否，即简单的0—1评分法，或只考察信息披露的数量而忽视了其质量，或二者兼而有之；而且它们都没有对自行构建的披露质量指数进行必要的信度与效度检验。加之监管政策与MD&A信息披露要求在不断变化，迫切需要对MD&A信息披露质量进行较为全面的测评。本书拟在上述问题上有所突破。

2. MD&A信息披露质量指数设计

（1）MD&A信息披露质量指数的内容

本书始终立足证监会的年报内容与格式准则来构建MD&A信息披露质量指数（Disclosure Quality Index，DQI）。同时，为考察MD&A自愿披

[①] 李燕媛：《"管理层讨论与分析"信息披露质量——来自沪深300指上市公司2003—2007年的证据》，《山西财经大学学报》2012年第12期。

[②] 因披露规则多而杂，内容细分表整理后放至附录2中。

露水平，还将准则未涉及但公司主动披露的内容也纳入研究范围。因此，本书中的 DQI 内容来自监管部门的披露规范和上市公司的披露实践，既全面、权威又有较强的代表性。

仅用信息披露数量来衡量信息披露质量是不全面的，应该把披露数量与其他指标结合起来（Deegan & Gordon，1996；Gray et al.，1995；Guthrie & Parker，1990；Hackston & Milne，1996）。本书在构建 DQI 时不仅考虑其披露与否，还进一步从披露程度（简单或翔实）、信息性质（定性或定量）、信息类型（财务或非财务）、信息导向（历史或前瞻），以及披露格式（图、表格及色彩的运用）等多个维度进行了细化考察。具体内涵及内容如表 5—2 所示：

表 5—2 MD&A 信息 DQI 评分内容及判断标准

评分维度	分类	评分代码	判断标准
披露程度	简单披露	Brief disclosure 记作 B	仅仅提及或概括相应项目，未作深入分析
	翔实披露	Substantial disclosure 记作 S	对相应项目提供了背景信息或进一步分析了原因，或进一步解释了该项目对公司未来经营成果与财务状况的影响
信息性质	定性披露	Qualitative disclosure 记作 QL	对某项目或事实的文字描述或陈述，一般不含数据
	定量披露	Quantitative disclosure 记作 QN	基于财务报表数据或其他数据对某项目或事实进行的量化分析
信息类型	财务信息	Financial information 记作 F	与财务报表有关的项目
	非财务信息	Non-financial information 记作 NF	与财务报表无关的其他项目
信息导向	历史信息	Historical information 记作 H	与公司过去有关的项目
	前瞻信息	Forward-looking information 记作 FL	事关公司未来经营或发展的项目

续表

评分维度	分类	评分代码	判断标准
披露与否	未披露	Omitted 记作 O	本应披露而未披露的项目
	不适用	Un-applied 记作 NA	公司不存在该项目所要求的披露事项或情形，无须披露

可见，本书还进一步将未披露项目分为未披露（O）和不适用（NA），正确识别和判断 O 项与 NA 项对 DQI 具有较大的影响[①]。下文还将进一步说明 O 项和 NA 项对指数计算的影响。

（2）评分方法

现有研究主要采用的是 0—1 评分法（披露 = 1，未披露 = 0），这种方法只能评价公司是否按照披露规范进行了信息披露，回答的是"披露与否"的问题，而无法回答"披露质量怎么样"的问题，也无法区分未披露项目和不适用项目。本书所采用的是 0—4 评分法，不仅考虑了披露数量还考虑了披露质量，并明确区分未披露（O）和不适用（NA）项目，具体为：未披露 = 0；不适用 = NA，简单定性 = 1；简单定量 = 2；翔实定性 = 3；翔实定量 = 4。显然，0—4 评分法比 0—1 评分更细致和科学，国外许多学者的研究证明这是切实可行的（Robb, Single & Zarzeski, 2001；Seah & Tarca, 2006；Holder-Webb, 2007）。特别地，澳大利亚学者谢和塔卡（Seah & Tarca, 2006）还对 0—1 评分法和 0—4 评分法进行了比较研究，证实 0—4 评分法更稳健。

3. MD&A 质量测评体系与指数计算

在上市公司 MD&A 信息披露实践中，除了年报《内容与格式准则》要求披露的内容外，部分公司还主动披露了准则要求以外的内容，如企业文化建设、内幕信息知情人管理等。为全面考察上市公司 MD&A 信息披露质量，本书在 MD&A 内容细分（附表 2—1 至附表 2—4）的基础上

[①] 本书在对各公司各年度 MD&A 进行内容分析时，全面阅读了整个年度报告和公司当年发布的 MD&A 以外的其他公开信息，以根据具体情况判断缺失项目是属于 O 还是属于 NA。

第五章 沪深300指2003—2014年MD&A信息披露质量测评

将MD&A披露内容进一步整合为以下四大类计100个子项目①，大致分类如表5—3所示，详细项目则参见附表3—1至附表3—3：

表5—3　　　　　　　MD&A质量测评体系分类

分类	内涵	项目数
A	强制披露项目	38
B	只有在符合相应情形时才需披露的项目	40
C	准则要求以内的自愿披露项目	14
D	准则外的自愿披露项目	8
合　　计		100

考查准则外的自愿披露内容（D项）是本部分的创新之一，可以更全面地评价我国上市公司MD&A信息披露质量现状，也有助于考察上市公司MD&A信息披露的积极性。

2003—2014年，我国年报《内容与格式准则》中的MD&A披露要求不断被修订，因此并非所有项目适用于整个研究期间。如从2005年才开始强制要求披露"总体经营情况概要"（A18），如果有公司在2005年之前主动披露了这一项，则在评分体系中就被视为D类。以此类推，年报《内容与格式准则》中适用于各年度各类别的MD&A披露项目数如表5—4所示：

表5—4　　　2003—2014年度年报《内容与格式准则》规定
　　　　　　　　　　MD&A披露项目数

年份	A 强制披露项目	B 只在符合情形时才披露的项目	C 准则内自愿披露项目	合计
2003	15	12	3	30
2004	15	14	3	32
2005	24	17	9	50
2006	25	17	9	51
2007—2011	20	22	9	51
2012—2014	22	37	4	63

---

① 详细项目参见附录3的附表3—1至附表3—3。本书参考西方国家的成熟经验并结合我国上市公司年报MD&A信息披露实务，D类只列示了8个主要项目。

关于权重问题，目前尚没有任何权威理论和文献对此进行界定，随机选择又很难令人信服，且会大大增强评分的主观性，加之 MD&A 信息披露子项目多达 100 项，很难确立权重，鉴此，本书与现有研究保持一致，在计算 DQI 时对各项目的重要性一视同仁，不再赋予主观权重。

一般而言，信息披露指数计算有绝对值和相对值两种计算方法：前者是指将各项目的评分简单加总，如波特森（Botosan，1997）、哈尼发和库克（Haniffa & Cooke，2000）、张宗新等（2003）、巫升柱（2007）等；后者则是指采用相对数即比率或比值，如范姆等（Pham et al.，2003）、霍尔德－韦伯（Holder-Webb，2007）、乔旭东（2003）、李常青等（2005，2008）等[①]。如果不能构建出一种适用于所有公司的披露指数，则可通过实际披露分值除以公司可能达到的最大分值将其转化为相对值（Marston & Shrives，1991）。MD&A 信息披露便属于此类情况，由于披露规范持续在变化，附录 3 中所列项目并非适用于所有公司或所有年度。因此，本书采用相对值计算 DQI。

首先，考察上市公司 2003—2014 年度 MD&A 信息披露的准则遵循情况，即不考虑准则外自愿披露项目 D 项。根据 A、B、C 三项内容分析与评分结果计算出各公司 MD&A 按各年度年报《内容与格式准则》披露的指数 DQI1，具体见式 5—1：

$$DQI1 = \frac{\sum_{J=1}^{IN_{ni}} Score_{nij}}{Max(Score1)} \quad （式 5—1）$$

式 5—1 中，DQI1——上市公司各年度 MD&A 准则遵循情况披露指数。

$Score_{nij}$——第 n 个公司 MD&A 第 i 类第 j 项信息披露得分；n = 1，2，3，…，184；i = A，B，C，分别代表 A、B、C 三类披露项目。

IN_{ni}——Item Number，第 n 个公司 MD&A 第 i 类所披露的实际项目数。

Max（Score 1）——第 n 个公司 MD&A 可能达到的最大分值。Max（Score 1）系以表 5—4 为基础，按各年度年报《内容与格式准则》规定披露项目数计算而来。

[①] 李燕媛：《"管理层讨论与分析"信息披露质量——来自沪深 300 指上市公司 2003—2007 年的证据》，《山西财经大学学报》2012 年第 12 期。

其次，考察上市公司 2003—2014 年 MD&A 实际披露情况，即同时将 A、B、C、D 四项纳入指数的计算，以最佳披露项目总数为基础计算 DQI2。具体见式 5—2：

$$DQI2 = \frac{\sum_{J=1}^{IN_{ni}} Score_{nij}}{Max(Score2)} \quad \text{（式 5—2）}$$

式 5—2 中，*DQI2*——上市公司 MD&A 信息披露质量指数。

Score$_{nij}$——第 *n* 个公司 MD&A 第 *i* 类第 *j* 项信息披露得分；*n* = 1，2，3，…，184；*i* = A，B，C，D，分别代表 A、B、C、D 四类披露项目。

IN$_{ni}$——Item Number，第 *n* 个公司 MD&A 第 *i* 类所披露的实际项目数。

Max（*Score2*）——第 *n* 个公司 MD&A 信息披露可能达到的最大分值，按最佳披露项目数计算。在附录 3 所列 100 个总项目的基础上，按年计算其最佳披露项目数。如，新准则不适用于 2003—2005 年，故附表 3—1 中的 A27（新准则的影响）和 A29（公允价值项目），及附表 3—2 的 B24（特殊目的主体）在相应年度从总项目数（100）中扣减。另外，由于准则外自愿披露项目数随机性较强，在计算最佳披露项目数时不予考虑。由此得到 2003 年的最佳披露项目数为 38 项，2004 年为 40 项，2005 年为 58 项，2006 年为 59 项，2007—2011 年为 58 项，2012—2014 年的最佳披露项目数则为 68 项。

在计算 *Max*（*Score*1）和 *Max*（*Score*2）时，又进一步分考虑 NA 项目和不考虑 NA 项目两种，从而产生四种披露指数 DQI1a 与 DQI1b 及 DQI2a 与 DQI2b，见表 5—5。

表 5—5　MD&A 信息披露质量指数的定义及衡量方法

MD&A 披露质量指数	含义及计算方法	备注
DQI1a、DQI2a	不适用项目记作 NA 在计算 *Max*（*Score*）时扣减那些不适用项目的分值	DQI1a、DQI2a 通常大于 DQI1b、DQI2b
DQI1b、DQI2b	不适用项目记为 0 分 在计算 *Max*（*Score*）时不考虑该项目的适用性，即分母包括所有披露项目	

当公司对测评体系中的某一项信息未曾披露时，可能有以下原因：

（1）该项目不适用于该公司，无须披露。比如，附表3—2中B12项要求若公司当期财务报表被出具非标准审计意见，则管理层应在MD&A部分对非标准审计意见所涉及的事项进行解释和说明。也就是说，当公司被出具的是标准审计意见时则无须披露此项；

（2）该项目不适用于某一测评年度。比如，附表3—1中的A27项要求管理层结合2006年会计准则的规定及公司自身业务特点，在当年年报MD&A部分，详细分析并披露执行新会计准则对公司财务状况和经营成果的影响。该项只适用于2006年，其他年度则无须披露；

（3）该项目是公司理应披露的内容，但未披露。

前两种情况被评为不适用项目（NA），而第三种情况则为未披露项目（O）。DQI1a和DQI2a的计算明确区分了O和NA，考虑了不适用项目对指数得分的影响，理论上更科学。但O和NA项目的判定受评分者主观判断的影响比较大，如果误将O项评作NA，则DQI会被夸大。为尽量减少这一影响，本书进一步计算DQI1b和DQI2b，即将O和NA等同视之，均记为0分。本书将分别计算DQI1a与DQI1b及DQI2a与DQI2b，四种指数各有优劣，互为补充[①]。

（四）效度与信度检验

1. 内容效度

内容效度也称表面效度或逻辑效度，是指衡量工具或指标变量涵盖相关内容主要方面的程度。本书所构建的MD&A质量测评体系直接来源于证监会的年报《内容与格式准则》，具有较高的权威性和一定的可复制性。本书针对年报《内容与格式准则》对MD&A披露要求的规定及变化分年度调整了测评项目，并将这些项目细分为强制披露项目（A）、只有在符合相应情形时才需披露的项目（B）、准则内自愿披露项目（C）和准则外自愿披露项目（D）四类，兼顾了证监会的披露规范及上市公司的

[①] 李燕媛：《"管理层讨论与分析"信息披露质量——来自沪深300指上市公司2003—2007年的证据》，《山西财经大学学报》2012年第12期。

披露实务，总体具有良好的内容效度。

2. 信度

MD&A 披露指数的可靠性主要取决于评分的一致性和稳定性。对于这种主观性较强的测量，必须计算评估者信度，它分为评估者间信度和评估者内信度。评估者间信度是指不同评估者对相同或相近内容评估的一致性，而评估者内信度则是指同一评估者在不同时间或地点对相同或相近内容评估的一致性。本书在样本公司中随机选取 500 份不同公司、不同年份的 MD&A 报告，由五名评估者按照评价体系进行评分。除研究者本人外的另四名评估者均为会计专业人员，研究生学历，他们均参加过年报审计实务工作，具备扎实的会计专业知识，对年报较为熟悉，且接受了如何运用指数的系列培训（包括对指数项目的讨论、实例、指导阅读其他报告信息以确定是否属于不适用项目，以及如何评分等），并且还进行了严格的试评程序。五名评估者的 Cohen's Kappa 值为 0.713[①]，$P < 0.001$，这表明三名评估者有 71% 是意见统一的，从而剔除了偶然一致的影响；Kendall 相关系数为 0.782，$P < 0.01$，表明评估者内信度较高。

四 上市公司年报 MD&A 披露质量现状的描述性统计

（一）MD&A 总体披露质量

1. 2003—2014 年年报 MD&A 信息披露的准则遵循情况（DQI1）

表 5—6 描述了公司年报 MD&A 披露在多大程度上遵循了年报《内容与格式准则》的披露要求。

[①] Cohen's Kappa 是一种被广泛接受的判定一致性强度的系数，其判定标准为：-1~0 为没有一致性、0~0.20 为轻度、0.21~0.40 为一般、0.41~0.60 为中等、0.61~0.80 为明显一致、0.81~1 为几乎完全一致。

表5—6　　　　　　　样本公司总体 DQI1 描述性统计

	\multicolumn{11}{c}{DQI1a（考虑 NA 项目）}
	2003	2004	2005	2006	2007	2008	2009	2010	2011	2012	2013	2014
均值	0.363	0.381	0.307	0.307	0.319	0.329	0.319	0.319	0.320	0.541	0.546	0.545
最小值	0.102	0.167	0.111	0.088	0.081	0.104	0.111	0.138	0.160	0.188	0.198	0.331
最大值	0.659	0.70	0.569	0.551	0.64	0.526	0.493	0.500	0.493	0.801	0.827	0.770
标准差	0.099	0.101	0.085	0.085	0.086	0.075	0.07	0.067	0.068	0.094	0.098	0.085
	\multicolumn{11}{c}{DQI1b（不考虑 NA 项目）}
	2003	2004	2005	2006	2007	2008	2009	2010	2011	2012	2013	2014
均值	0.265	0.267	0.242	0.242	0.249	0.259	0.252	0.250	0.251	0.308	0.315	0.317
最小值	0.075	0.109	0.080	0.064	0.054	0.074	0.078	0.103	0.123	0.083	0.091	0.163
最大值	0.542	0.563	0.470	0.441	0.515	0.412	0.412	0.417	0.397	0.496	0.512	0.548
标准差	0.080	0.078	0.070	0.069	0.066	0.063	0.059	0.056	0.057	0.065	0.069	0.065

从表5—6可见，无论考虑 NA 还是不考虑 NA，DQI1 均比较低，若不区分不适用项目（NA）和未披露项目（O），则 DQI1b 最大只有0.563，最小则为0.054，考虑 NA 和 O 之后，DQI1a 最大达到0.827，最小只有0.081，可见，上市公司在 MD&A 信息披露实务中并没有很好地遵循准则的披露要求。从年度看，2005—2007年比2003年和2004年 DQI1 均值还低，这可能是因为2003—2004年刚刚引入 MD&A 披露制度，相关披露要求还没有细化，因此准则要求少且简单，上市公司披露容易达到要求。而2005年 MD&A 披露要求第一次细化后，加大了 MD&A 披露难度，遵循程度有所降低。另外，2004年 DQI1 均值高于2003年，2007年 DQI1 均值高于2005年和2006年，即准则大幅修订次年及次年以后的执行情况要强于修订当年，这说明准则大幅修订后的执行需要一定的适应期。2008—2011年比较稳定，2012年准则再次修订，2012年的 MD&A 总体披露情况显著提升，2013年和2014年作为修订后的两年，比2012年修订当年均有一定程度的改善，再次印证准则的执行需要一定的适应时间。

2. 2003—2014年 MD&A 披露的动态变化趋势（DQI2）

表5—7则反映了2003—2014年上市公司 MD&A 信息披露的阶段性特征。

表 5—7　　　　　样本公司总体 DQI2 描述性统计

	\multicolumn{12}{c}{DQI2a（考虑 NA 项目）}
	2003	2004	2005	2006	2007	2008	2009	2010	2011	2012	2013	2014
均值	0.302	0.319	0.268	0.269	0.286	0.296	0.288	0.289	0.291	0.500	0.506	0.507
最小值	0.108	0.143	0.091	0.074	0.077	0.110	0.093	0.144	0.147	0.205	0.213	0.299
最大值	0.644	0.742	0.526	0.516	0.641	0.500	0.484	0.458	0.464	0.756	0.778	0.723
标准差	0.092	0.096	0.081	0.081	0.082	0.069	0.065	0.061	0.063	0.091	0.097	0.086

	\multicolumn{12}{c}{DQI2b（不考虑 NA 项目）}
	2003	2004	2005	2006	2007	2008	2009	2010	2011	2012	2013	2014
均值	0.240	0.242	0.219	0.220	0.215	0.241	0.235	0.234	0.236	0.301	0.308	0.311
最小值	0.086	0.100	0.069	0.059	0.052	0.082	0.069	0.112	0.116	0.099	0.107	0.158
最大值	0.559	0.575	0.435	0.428	0.530	0.414	0.392	0.375	0.392	0.489	0.504	0.526
标准差	0.079	0.078	0.069	0.068	0.066	0.060	0.056	0.053	0.055	0.064	0.069	0.066

表 5—7 显示，以实务为基础的 DQI2 比以披露准则为基础的 DQI1 更低，即实务中我国上市公司 MD&A 信息披露质量堪忧。图 5—1 显示了我国上市公司 MD&A 信息披露情况的动态变化趋势。

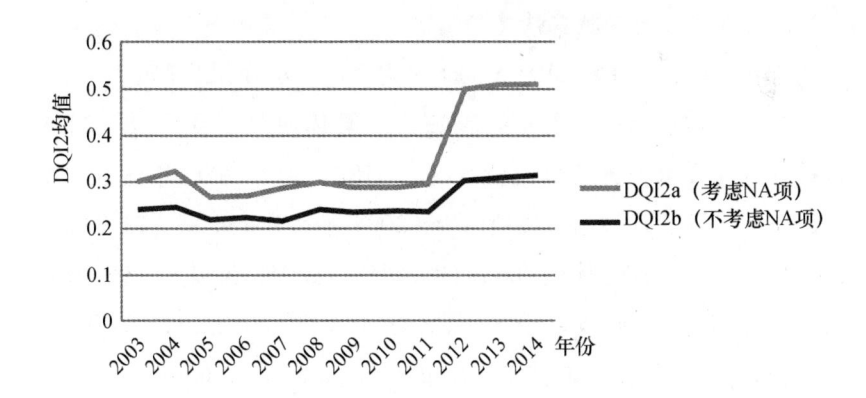

图 5—1　上市公司 2003—2014 年 MD&A 信息披露（DQI2）的动态趋势

从图 5—1 中可见，2003—2004 年由于披露要求简单，DQI2 指数比 2005 年还要高一些，2005 年年报《内容与格式准则》对 MD&A 的披露要求进行了第一次细化，这对上市公司 MD&A 披露要求大大提高，因此从指数上看,2005—2007年DQI2不升反降,自2007年之后,稳中有升,到2012年则大幅度提升,这表明2012年MD&A披露要求的修订对上市公司MD&A信息披露质量具有显著促进作用。从图5—1各段折线斜率大小看,2011—2012年折线斜率最大,2007—2008年次之,2004—2005年再次之。这说明2012年MD&A披露质量提高幅度最大,而2008年上升幅度较小,而2005年则小幅下降(披露要求大幅提高),从而反映年报《内容与格式准则》的修订对MD&A信息披露质量具有直接性影响,进而表明我国上市公司MD&A信息披露实务被动地"为应付政策要求而披露"的特征十分明显。此外,2005年和2012年均大幅修订了年报《内容与格式准则》,但由于2005年为我国定期报告引入MD&A披露制度后第一次对其进行内容规范,上市公司可能尚有些无所适从,当年披露指数反而下降。而2012年的大幅修订,是建立在2005年和2007年修订的基础上,MD&A信息披露制度已被引入10年,因此当年披露指数显著上升。

(二) MD&A子项目的披露水平

1. MD&A各项目的披露情况

为细化分析,本书将MD&A的主要内容进一步分为以下五大类。

(1) 公司经营情况,主要包括23项,具体情况见表5—8。2005年才开始强制性要求披露总体经营状况(A18),但在2003年已有106家(57.61%)公司主动披露了该项内容,2004年达到134家(72.83%)[①]。2005—2011年,披露总体经营状况的公司均达到182家以上(98.91%),而且分别有81家(44.02%)、89家(48.37%)、110家(59.78%)、51家(27.72%)、57家(30.98%)、60家(32.61%)、63家(34.24%)公司均为详细定量披露,2012—2013年详细定量披露总体经营情况的公司则高达130家以上(70.65%)。

---

① "公司总体经营情况"(A18)自2005年才开始被年报《内容与格式准则》强制要求披露,2003—2004年为准则外自愿性披露项目,故2003年和2004年的本部分数据见表5—12"总体经营概要"一项所示。

（2）报告期内财务情况。主要包括财务数据和报告期内投资情况：前者一般为三大财务报表中主要财务数据的同比重大变动及变动的主要影响因素；后者则主要包括募集资金和非募集资金的使用情况。具体情况见表5—9。

（3）重要风险和公司存在的主要优势与困难，具体情况见表5—10。这是MD&A中投资者最关注的内容之一。我国年报《内容与格式准则》自2005年才开始作出披露要求。其中A3项（2003—2006），即管理层对公司经营成果、财务状况有重要影响的重大事项和不确定因素的分析，总体看，该项披露情况很不理想，相对而言以2003年披露情况较好，这可能与当年特有的重大事件（如非典对经营环境的影响）有一定关系。对于风险因素（2005—2011年为A17；2012—2014年为A35）和已（拟）采取的风险对策（2005—2011年为自愿披露项目C11，2012年起改为强制披露项目A35），以2005年披露质量最好，分别有133家（72.28%）、119家（64.67%）公司披露了这两项信息，但以简单定性为主。通过对比发现，尚有相当一部分公司对公司风险的披露还停留在表面上，仅仅简单提及了一般性风险，没有联系公司本身的情况对特定风险进行深入具体的分析，也没有披露已采取或将采取的风险应对措施。2012年准则修订之后，强制性要求披露风险因素及已（拟）采取的风险对策（A35），即便如此，2012—2014年，仍有近10%（15—18家）的上市公司未披露这两项内容，而披露了风险及应对措施的公司，仍然以简单定性信息为主。对于公司经营中出现的问题与困难（A1），以及解决方案与对策（A2），2005年前均为强制披露，2005年开始转为自愿披露（C6），2012年又提升为强制披露项目（A38），其披露情况如表5—10所示，2003年和2004年明显好于2005—2011年，2012年虽改为强制披露项目，披露指数比2005—2011年要高，但仍然没有2003年和2004年好，其原因可能在于，一是准则从自愿（2005—2011年）改为强制（2012—2014年）之后，由于披露惯性，上市公司可能没有关注到此次变化，这也说明上市公司会计信息披露格式与内容准则修订不宜过于频繁；二是2012年准则修订以后，虽然与2003—2004年一样均属于强制披露项目，但披露要求远比2003—2004年更复杂，因此这两项的披露质量比2003—2004年有所下降。

表5-8　　　　　　上市公司2003—2014年年报MD&A中经营情况披露统计

单位：公司数

年份	总体情况		前期总结		报告期内公司具体经营情况																	
	A18	A20	B5	A4	A5	A6	A7	A8	A9	A11	B1	B3	B13	B25	C7	C8	C9	C10	A32	A33	B26	B28	B30
2003	0	—	—	171	8	58	56	81	46	142	100	140	180	—	—	—	—	—	—	—	—	—	—
	1	—	—	1	162	8	2	1	0	5	2	14	1	—	—	—	—	—	—	—	—	—	—
	2	—	—	10	1	68	67	54	113	27	60	27	1	—	—	—	—	—	—	—	—	—	—
	3	—	—	0	10	1	0	0	0	0	0	0	1	—	—	—	—	—	—	—	—	—	—
	4	—	—	2	3	49	59	48	25	10	22	3	1	—	—	—	—	—	—	—	—	—	—
2004	0	—	—	167	11	64	37	78	28	133	61	131	173	—	—	—	—	—	—	—	—	—	—
	1	—	—	0	154	6	0	0	1	8	0	12	3	—	—	—	—	—	—	—	—	—	—
	2	—	—	15	1	58	84	61	120	31	97	31	7	—	—	—	—	—	—	—	—	—	—
	3	—	—	0	14	4	0	0	0	1	0	3	1	0	—	—	—	—	—	—	—	—	—
	4	—	—	2	4	52	63	45	35	11	26	7	0	1	—	—	—	—	—	—	—	—	—
2005	0	1	160	175	61	87	33	72	14	149	113	—	175	—	171	173	176	166	—	—	—	—	—
	1	7	11	1	108	6	0	0	1	4	1	—	5	—	10	7	3	0	—	—	—	—	—
	2	89	8	7	4	40	24	19	136	23	50	—	2	—	3	3	5	10	—	—	—	—	—
	3	6	1	0	9	2	0	0	0	0	0	—	0	—	0	1	0	0	—	—	—	—	—
	4	81	4	1	2	49	127	93	33	8	20	—	2	—	0	0	0	8	—	—	—	—	—

第五章 沪深300指2003—2014年MD&A信息披露质量测评

续表

年份		总体情况	前期总结		报告期内公司具体经营情况																			
		A18	A20	B5	A4	A5	A6	A7	A8	A9	A11	B1	B3	B13	B25	C7	C8	C9	C10	A32	A33	B26	B28	B30
2006	0	1	161	176	74	87	32	68	17	156	130	—	180	—	—	172	174	180	165	—	—	—	—	—
	1	3	11	0	94	5	0	1	0	4	1	—	1	—	—	8	4	0	1	—	—	—	—	—
	2	85	8	5	4	42	25	16	134	15	34	—	2	—	—	1	5	2	10	—	—	—	—	—
	3	6	0	0	8	3	0	0	0	0	0	—	0	—	—	2	0	0	0	—	—	—	—	—
	4	89	4	3	4	47	127	99	33	9	19	—	1	—	—	1	1	2	8	—	—	—	—	—
2007	0	2	153	175	91	91	22	22	22	—	133	—	179	—	179	172	166	181	159	—	—	—	—	—
	1	8	9	0	6	6	0	0	0	—	1	—	3	—	0	10	7	2	1	—	—	—	—	—
	2	62	15	5	31	31	21	21	21	—	33	—	1	—	4	1	8	0	16	—	—	—	—	—
	3	2	1	0	2	2	0	0	0	—	0	—	0	—	0	0	0	0	0	—	—	—	—	—
	4	110	6	4	54	54	141	141	141	—	17	—	1	—	1	0	3	1	8	—	—	—	—	—
2008	0	0	152	177	25	25	141	0	0	—	148	—	182	—	183	155	166	120	139	—	—	—	—	—
	1	45	13	1	56	56	0	0	0	—	3	—	0	—	1	24	9	2	9	—	—	—	—	—
	2	18	13	3	21	21	12	12	12	—	7	—	0	—	0	2	3	55	24	—	—	—	—	—
	3	70	3	1	14	14	2	2	2	—	0	—	1	—	0	3	2	1	0	—	—	—	—	—
	4	51	3	2	68	68	170	170	170	—	26	—	1	—	0	0	4	6	12	—	—	—	—	—

· 175 ·

续表

年份	总体情况 A18	前期总结 A20	前期总结 B5	A4	A5	A6	A7	A8	A9	A11	B1	B3	B13	B25	C7	C8	C9	C10	A32	A33	B26	B28	B30
2009 0	2	153	180	28	28	0	0	0	—	152	—	180	—	—	158	167	121	140	—	—	—	—	—
2009 1	40	12	2	49	49	0	0	0	—	3	—	2	—	—	22	10	1	8	—	—	—	—	—
2009 2	22	12	1	25	25	11	11	11	—	6	—	0	—	—	0	1	54	22	—	—	—	—	—
2009 3	63	4	0	13	13	2	2	2	—	0	—	2	—	—	4	1	1	0	—	—	—	—	—
2009 4	57	3	1	69	69	171	171	171	—	23	—	0	—	—	0	5	7	14	—	—	—	—	—
2010 0	1	150	177	29	29	0	0	0	—	153	—	179	—	—	158	166	121	137	—	—	—	—	—
2010 1	42	13	4	54	54	0	0	0	—	4	—	3	—	—	23	10	3	8	—	—	—	—	—
2010 2	18	14	2	27	27	15	15	15	—	6	—	0	—	—	0	3	54	26	—	—	—	—	—
2010 3	63	2	0	10	10	2	2	2	—	0	—	2	—	—	3	2	1	0	—	—	—	—	—
2010 4	60	5	1	64	64	167	167	167	—	21	—	0	—	182	0	3	5	13	—	—	—	—	—
2011 0	1	153	172	32	32	0	0	0	—	155	—	183	—	2	158	164	121	140	—	—	—	—	—
2011 1	38	14	8	55	55	0	0	0	—	4	—	1	—	0	24	10	3	6	—	—	—	—	—
2011 2	16	11	2	23	23	10	10	10	—	7	—	0	—	0	0	5	54	25	—	—	—	—	—
2011 3	66	3	1	12	12	3	3	3	—	0	—	0	—	0	1	2	0	0	—	—	—	—	—
2011 4	63	3	1	62	62	171	171	171	—	18	—	0	—	0	1	3	6	13	—	—	—	—	—

第五章 沪深300指2003—2014年MD&A信息披露质量测评

续表

年份		总体情况 A18	前期总结 A20	B5	A4	A5	A6	A7	A8	A9	A11	B1	B3	B13	B25	C7	C8	C9	C10	A32	A33	B26	B28	B30
2012	0	0	56	181	—	—	0	0	0	—	158	—	175	—	—	—	—	125	—	29	14	154	115	181
	1	11	30	0	—	—	0	0	0	—	0	—	3	—	—	—	—	47	—	21	0	2	3	1
	2	38	55	2	—	—	8	8	8	—	11	—	4	—	—	—	—	2	—	87	39	23	15	2
	3	2	10	0	—	—	1	1	1	—	0	—	0	—	—	—	—	8	—	0	3	0	1	0
	4	133	33	1	—	—	175	175	175	—	15	—	2	—	—	—	—	2	—	47	128	5	50	0
2013	0	0	46	182	—	—	0	0	0	—	156	—	175	—	—	—	—	125	—	29	12	150	110	181
	1	6	31	0	—	—	0	0	0	—	0	—	3	—	—	—	—	46	—	16	0	3	2	1
	2	42	62	1	—	—	7	7	7	—	14	—	4	—	—	—	—	3	—	92	39	24	18	2
	3	6	6	0	—	—	0	0	0	—	0	—	0	—	—	—	—	8	—	0	3	0	1	0
	4	130	39	1	—	—	177	177	177	—	14	—	2	—	—	—	—	2	—	47	130	7	53	0
2014	0	0	29	180	—	—	0	0	0	—	80	—	177	—	183	—	—	112	—	21	8	170	99	176
	1	2	38	1	—	—	0	0	0	—	0	—	4	—	0	—	—	62	—	29	1	3	4	1
	2	69	76	2	—	—	5	5	5	—	51	—	2	—	0	—	—	3	—	81	38	8	26	7
	3	2	8	0	—	—	0	0	0	—	0	—	1	—	0	—	—	6	—	1	0	1	0	0
	4	111	33	1	—	—	179	179	179	—	53	—	0	—	1	—	—	1	—	52	137	2	55	0

注：0——未披露或不适用（一般地，NA仅适用B类项目，NA、C、D类O/NA栏主要为未披露项目数，下同）；1——简单定性披露；2——简单定量披露；3——详细定性披露；4——详细定量披露；NA——不适用；"—"均表示"该年度的准则无该项披露要求"。以下同。表中A18至B30分别对应附表2中所列示的项目，限于篇幅，此处不再重复列示，其中，A4、A5为2003—2006年的披露要求，2007—2011年则合并为A28；A6、A7、A8为2003—2006年的披露要求，2007—2011年则合并为A31，此外，C9为2005—2011年的披露要求，2012年准则修订后，则变成了强制性披露项目（A38）。

▶ 上市公司"管理层讨论与分析"信息披露问题研究

表5-9 上市公司2003—2014年年报MD&A中财务情况披露统计

单位：公司数

年份		A10	A19	A21	B11	B14	B15	B16	B17	B18	B27	B29	B31	B32	B33	B35	B36	B37	B39	D5	A15	A37	B6	B7	B8	B9	B10
									财务报表项目的重大变动及原因												投资情况						
2003	0	3	—	—	171	—	—	—	—	—	—	—	—	—	—	—	—	—	—	155	107	—	171	88	128	145	82
	1	0	—	—	0	—	—	—	—	—	—	—	—	—	—	—	—	—	—	1	1	—	1	8	19	5	3
	2	128	—	—	10	—	—	—	—	—	—	—	—	—	—	—	—	—	—	16	56	—	10	64	29	15	67
	3	0	—	—	0	—	—	—	—	—	—	—	—	—	—	—	—	—	—	0	0	—	0	0	0	1	0
	4	53	—	—	3	—	—	—	—	—	—	—	—	—	—	—	—	—	—	12	20	—	2	24	8	18	32
2004	0	2	—	—	167	142	—	—	—	—	—	—	—	—	—	—	—	—	—	155	78	—	167	93	134	148	102
	1	0	—	—	1	3	—	—	—	—	—	—	—	—	—	—	—	—	—	1	4	—	0	10	13	8	2
	2	124	—	—	11	22	—	—	—	—	—	—	—	—	—	—	—	—	—	9	83	—	15	61	33	14	49
	3	0	—	—	0	0	—	—	—	—	—	—	—	—	—	—	—	—	—	0	0	—	0	0	0	0	1
	4	58	—	—	5	17	—	—	—	—	—	—	—	—	—	—	—	—	—	19	19	—	2	20	4	14	30
2005	0	107	120	37	163	152	41	43	29	168	—	—	—	—	—	—	—	—	—	163	74	—	115	141	161	117	38
	1	1	3	1	0	2	11	10	56	6	—	—	—	—	—	—	—	—	—	0	2	—	9	11	3	2	10
	2	55	45	129	15	17	94	103	82	8	—	—	—	—	—	—	—	—	—	10	77	—	49	29	10	46	116
	3	0	0	0	0	0	0	0	1	0	—	—	—	—	—	—	—	—	—	0	2	—	0	0	1	2	0
	4	21	16	17	6	13	38	28	16	2	—	—	—	—	—	—	—	—	—	11	29	—	11	3	9	17	20

· 178 ·

第五章 沪深 300 指 2003—2014 年 MD&A 信息披露质量测评

续表

年份		A10	A19	A21	B11	B14	B15	B16	B17	B18	B27	B29	B31	B32	B33	B35	B36	B37	B39	D5	A15	A37	B6	B7	B8	B9	B10
																							投资情况				
										财务报表项目的重大变动及原因																
2006	0	113	120	39	157	156	39	49	42	161	—	—	—	—	—	—	—	—	—	159	74	—	128	144	167	129	49
	1	0	1	2	0	3	13	11	48	7	—	—	—	—	—	—	—	—	—	5	2	—	9	10	1	3	4
	2	46	46	127	19	16	99	101	80	12	—	—	—	—	—	—	—	—	—	13	71	—	37	29	12	37	113
	3	0	0	0	0	0	0	1	1	0	—	—	—	—	—	—	—	—	—	0	1	—	0	1	0	1	2
	4	25	17	16	8	9	33	22	13	4	—	—	—	—	—	—	—	—	—	7	36	—	10	0	4	14	16
2007	0	—	105	32	169	65	23	31	27	165	—	—	—	—	—	—	—	—	—	159	72	—	107	140	169	120	33
	1	—	2	0	0	11	11	12	52	4	—	—	—	—	—	—	—	—	—	2	1	—	9	7	3	4	4
	2	57	57	136	13	25	106	117	86	11	—	—	—	—	—	—	—	—	—	17	78	—	55	36	3	46	122
	3	—	0	0	0	3	3	3	3	1	—	—	—	—	—	—	—	—	—	0	0	—	0	1	0	1	1
	4	—	20	16	2	80	41	21	16	3	—	—	—	—	—	—	—	—	—	6	33	—	13	0	9	14	24
2008	0	—	8	21	161	126	13	15	28	180	—	—	—	—	—	—	—	—	—	145	62	—	100	130	161	109	37
	1	—	2	1	3	9	28	32	103	1	—	—	—	—	—	—	—	—	—	20	6	—	12	42	5	5	12
	2	—	124	79	9	12	23	43	19	0	—	—	—	—	—	—	—	—	—	16	35	—	16	11	2	21	45
	3	—	1	1	1	1	20	11	18	1	—	—	—	—	—	—	—	—	—	0	9	—	6	0	2	0	10
	4	—	49	82	10	32	100	83	16	2	—	—	—	—	—	—	—	—	—	3	72	—	50	1	14	49	80

· 179 ·

续表

年份		A10	A19	A21	B11	B14	B15	B16	B17	B18	B27	B29	B31	B32	B33	B35	B36	B37	B39	D5	A15	A37	B6	B7	B8	B9	B10
																							投资情况				
											财务报表项目的重大变动及原因																
2009	0	—	9	24	160	134	10	17	28	178	—	—	—	—	—	—	—	—	—	161	65	—	103	131	166	112	40
	1	—	1	2	5	13	26	39	111	1	—	—	—	—	—	—	—	—	—	7	8	—	10	40	3	3	9
	2	—	126	77	8	12	24	40	18	0	—	—	—	—	—	—	—	—	—	12	38	—	17	10	2	23	47
	3	—	1	1	1	5	32	13	14	3	—	—	—	—	—	—	—	—	—	0	8	—	5	1	1	2	8
	4	—	47	80	10	20	92	75	13	2	—	—	—	—	—	—	—	—	—	4	65	—	49	2	12	44	80
2010	0	—	9	23	164	146	9	14	33	178	—	—	—	—	—	—	—	—	—	163	61	—	103	133	169	112	33
	1	—	2	4	4	7	25	40	100	2	—	—	—	—	—	—	—	—	—	6	9	—	12	40	1	4	11
	2	—	130	76	7	7	25	38	15	0	—	—	—	—	—	—	—	—	—	11	37	—	14	7	1	25	44
	3	—	1	1	1	6	33	15	19	2	—	—	—	—	—	—	—	—	—	0	11	—	5	1	0	1	8
	4	—	42	80	8	18	92	77	101	2	—	—	—	—	—	—	—	—	—	4	66	—	50	3	13	42	88
2011	1	—	0	3	10	6	19	47	14	2	—	—	—	—	—	—	—	—	—	2	9	—	13	38	3	6	11
	2	—	130	78	4	5	19	35	19	0	—	—	—	—	—	—	—	—	—	8	35	—	9	6	2	22	41
	3	—	3	1	0	3	37	13	13	2	—	—	—	—	—	—	—	—	—	0	10	—	7	0	0	1	7
	4	—	44	79	13	16	97	77	15	4	—	—	—	—	—	—	—	—	—	4	69	—	49	5	7	38	88

第五章 沪深300指2003—2014年MD&A信息披露质量测评

续表

年份		A10	A19	A21	B11	B14	B15	B16	B17	B18	B27	B29	B31	B32	B33	B35	B36	B37	B39	D5	A15	A37	B6	B7	B8	B9	B10
										财务报表项目的重大变动及原因													投资情况				
	0	—	7	4	146	160	67	45	16	155	173	145	56	178	115	134	138	143	184	173	32	53	105	140	169	121	92
	1	—	2	0	2	3	16	28	33	5	1	10	2	1	0	0	0	0	0	0	1	0	1	16	0	1	0
2012	2	—	74	132	20	7	94	73	88	4	5	15	82	4	9	10	11	3	0	7	22	9	12	16	1	7	16
	3	—	0	1	1	0	0	0	0	0	0	1	2	0	0	0	0	0	0	0	1	1	0	2	0	0	0
	4	—	101	47	15	14	7	38	47	18	5	13	42	1	60	39	35	38	0	4	128	121	66	10	14	55	76
	0	—	6	5	141	145	60	57	15	150	173	147	49	176	100	127	128	138	184	172	29	48	103	143	165	121	92
	1	—	0	1	5	6	22	28	36	7	2	10	1	3	0	0	0	0	0	0	1	0	0	13	0	2	1
2013	2	—	73	130	24	10	92	62	84	6	6	15	89	4	12	10	8	6	0	7	22	10	9	13	2	5	18
	3	—	1	0	1	2	0	0	0	1	0	0	1	0	0	0	0	0	0	0	0	2	0	1	0	0	0
	4	—	104	48	13	21	10	37	48	18	3	12	44	1	72	47	48	40	0	5	132	124	72	14	17	56	73
	0	—	0	3	141	62	62	45	12	155	173	129	49	181	102	118	99	131	181	169	33	47	113	142	171	125	68
	1	—	0	4	4	20	45	116	134	15	2	45	3	2	0	0	0	1	0	0	0	1	0	0	0	1	1
2014	2	—	70	119	24	17	49	16	24	10	1	9	96	1	18	12	3	6	1	6	34	1	12	26	0	8	8
	3	—	0	1	1	1	0	0	0	1	0	0	2	0	0	0	0	0	0	1	1	1	0	5	2	0	2
	4	—	114	57	14	84	28	7	14	3	7	1	34	0	63	54	81	46	2	8	117	128	59	7	11	48	105

注：0——未披露或不适用（一般地，NA仅适用于B类项目，表中A类项目若为0，则一般为未披露）；1——简单定量披露；2——简单定量披露；3——详细定性披露；4——详细定量披露；NA——不适用，表中的"—"均表示"该年度的准则无该项披露要求"。表中A10至A37分别对应附录3中所列示的项目，限于篇幅，此处不再重复列示。

表 5—10　上市公司 2003—2014 年年报 MD&A 中重要风险和主要困难与优势披露统计

单位：公司数

年份		重要风险			主要困难与优势		
		A3	A17 (A35)	C11 (A35)	B40	A1	A2	C6 (A38)
2003	0/NA	138	—	—	—	19	22	—
	1	15	—	—	—	141	115	—
	2	19	—	—	—	10	9	—
	3	0	—	—	—	6	35	—
	4	12	—	—	—	8	3	—
2004	0/NA	149	—	—	—	23	30	—
	1	11	—	—	—	142	115	—
	2	12	—	—	—	7	4	—
	3	2	—	—	—	6	30	—
	4	10	—	—	—	6	5	—
2005	0/NA	154	51	65	—	—	—	138
	1	12	102	83	—	—	—	35
	2	7	5	5	—	—	—	3
	3	2	23	29	—	—	—	5
	4	9	3	2	—	—	—	3

续表

年份		重要风险				主要困难与优势		
		A3	A17 (A35)	C11 (A35)	B40	A1	A2	C6 (A38)
2006	0/NA	157	62	78	—	—	—	147
	1	9	94	72	—	—	—	24
	2	5	9	5	—	—	—	2
	3	4	16	26	—	—	—	8
	4	9	3	3	—	—	—	3
2007	0/NA	—	55	74	—	—	—	137
	1	—	101	78	—	—	—	27
	2	—	6	4	—	—	—	2
	3	—	18	26	—	—	—	15
	4	—	4	2	—	—	—	3
2008	0/NA	—	58	74	—	—	—	137
	1	—	81	80	—	—	—	27
	2	—	1	0	—	—	—	1
	3	—	42	30	—	—	—	18
	4	—	2	0	—	—	—	1

续表

年份		A3	重要风险 A17（A35）	C11（A35）	B40	A1	主要困难与优势 A2	C6（A38）
2009	0/NA	—	59	77	—	—	—	132
	1	—	83	78	—	—	—	29
	2	—	0	0	—	—	—	2
	3	—	42	29	—	—	—	20
	4	—	0	0	—	—	—	1
2010	0/NA	—	64	75	—	—	—	139
	1	—	76	83	—	—	—	27
	2	—	0	0	—	—	—	0
	3	—	44	26	—	—	—	16
	4	—	0	0	—	—	—	2
2011	0/NA	—	69	91	—	—	—	143
	1	—	72	69	—	—	—	22
	2	—	1	0	—	—	—	0
	3	—	42	24	—	—	—	15
	4	—	0	0	—	—	—	4

续表

年份		A3	A17（A35）	C11（A35）	B40	A1	A2	C6（A38）
			重要风险			主要困难与优势		
2012	O/NA	—	18	18	143	—	—	125
	1	—	118	118	27	—	—	47
	2	—	10	10	5	—	—	2
	3	—	37	37	8	—	—	8
	4	—	1	1	1	—	—	2
2013	O/NA	—	18	18	139	—	—	125
	1	—	120	120	29	—	—	46
	2	—	10	10	4	—	—	3
	3	—	36	36	11	—	—	8
	4	—	0	0	1	—	—	2
2014	O/NA	—	15	15	175	—	—	112
	1	—	130	130	8	—	—	62
	2	—	2	2	0	—	—	3
	3	—	33	33	0	—	—	6
	4	—	4	4	1	—	—	1

注：O/NA——未披露/不适用；1——简单定性披露；2——简单定量披露；3——详细定性披露；4——详细定量披露。表中以"—"表示。表中各项为：A3——对经营成果和财务状况有重要影响的重大事项与不确定因素的分析；A17（A35）——风险（包括宏观政策风险、市场或业务经营风险、财务风险、技术风险等）；C11——已（或拟）采取的风险对策和措施。B40——报告期新增风险的原因、影响及措施效果；A1——经营中出现的问题与困难；A2——解决方案与对策；C6（A38）——公司存在的主要优势和困难。

（4）重要非财务信息（见表5—11）。主要包括：①主要关系，共计5项（A13、A14、C12、C13、D6）。第三章的国际比较研究发现，英国和IASB特别强调主要关系的披露，要求对股东以外的可能对公司业绩与公司价值产生直接或间接重大影响的利益相关者进行说明，如客户、供应商、职工、债权人、债务人等。我国年报《内容与格式准则》要求在MD&A中披露主要供应商（A13、C12）和客户（A14、C13）情况。此外，本书还在准则外自愿披露项目D中考察了投资者关系（D6）披露情况。其中，主要供应商和客户关系各年度披露情况分别为160家（86.96%）、162家（88.04%）、151家（82.07%）、142家（77.17%）、144家（78.26%）、129家（70.11%）、127家（69.02%）、126家（68.48%）、130家（70.65%）、159家（86.41%）、159家（86.41%）、163家（88.59%）；主要客户各年度披露情况分别为173家（94.02%）、171家（92.93%）、160家（86.96%）、149家（80.98%）、148家（80.43%）、136家（73.91%）、135家（73.37%）、132家（71.74%）、141家（76.63%）、170家（92.39%）、171家（92.93%）、173家（94.02%），2003—2011年以简单定量披露为主，2012—2014年则以详细定量披露为主。2012年以来，还要求分别披露前5名客户和供应商的名称及交易额。2003—2014年披露投资者关系信息（D6）的上市公司普遍较少，总体来看，2012—2014年该项披露质量显著好于2003—2011年。②环境变化及影响，主要包括3项（B2、C4、D1），要求披露企业外部经营环境、宏观政策法规、行业环境和公司自身生产经营环境的重大变化及其对公司财务状况和经营成果的影响。表5—11显示，这三项信息披露普遍较差。③其他重要非财务信息，主要包括核心竞争力（A36），核心竞争力受到严重影响的情况及应对措施（B34），公司所在的行业地位或市场地位（C5），环境或环保信息（D2），社会责任信息（D3）以及报告期内公司开展的如管理创新与降本增效等活动（D7）等8项内容。其中，D2、D3在2003—2011年均为准则外自愿披露项目，而在2012—2014年则提升为准则内自愿披露项目（C14），这两项的披露指数呈现明显的阶段性特征，2012—2014年的披露质量显著高于2003—2011年，这再次印证上市公司信息披露实务具有明显的准则"锚定效应"，有应付政策之嫌。④2006年准则相关项目，共计4项，如执行2006年会计准则

第五章 沪深300指2003—2014年MD&A信息披露质量测评

表5-11 2003—2014年年报"管理层讨论与分析"非财务及前瞻性信息披露统计

单位：公司数

年份		主要关系			环境变化及影响			其他重要非财务信息							2006年准则相关项目								前瞻性信息					
		A13	A14	C12	C13	D6	B2	C4	D1	A36	B12	B34	C5	D2	D3	D4	D7	A27	A29	B21	B24	A16	A22	A24	A25	A26	A30	B20	B38	C1	C2	C3
2003	0	24	11	—	—	181	105	—	156	—	180	—	—	181	181	144	147	—	—	—	—	—	—	—	—	—	—	—	—	110	122	184
	1	1	4	—	—	1	44	—	15	—	0	—	—	0	0	20	20	—	—	—	—	—	—	—	—	—	—	—	—	33	24	0
	2	147	158	—	—	1	15	—	2	—	—	—	—	1	3	4	5	—	—	—	—	—	—	—	—	—	—	—	—	17	6	0
	3	0	0	—	—	1	12	—	5	—	2	—	—	0	0	9	11	—	—	—	—	—	—	—	—	—	—	—	—	16	21	0
	4	12	11	—	—	0	8	—	6	—	2	—	—	2	0	7	1	—	—	—	—	—	—	—	—	—	—	—	—	8	11	0
2004	0	22	13	—	—	173	114	—	159	—	176	—	—	179	180	134	139	—	—	—	—	—	—	—	—	—	—	—	—	108	128	184
	1	0	2	—	—	6	41	—	17	—	2	—	—	1	1	24	19	—	—	—	—	—	—	—	—	—	—	—	—	31	18	0
	2	155	163	—	—	1	13	—	2	—	2	—	—	0	2	5	9	—	—	—	—	—	—	—	—	—	—	—	—	23	6	0
	3	0	0	—	—	2	10	—	2	—	0	—	—	0	1	13	12	—	—	—	—	—	—	—	—	—	—	—	—	14	24	0
	4	7	6	—	—	2	6	—	4	—	4	—	—	4	0	8	5	—	—	—	—	—	—	—	—	—	—	—	—	8	8	0
2005	0	33	24	—	—	175	—	149	155	177	—	152	175	181	118	131	—	—	—	—	29	32	95	147	69	—	162	—	18	—	184
	1	0	2	—	—	6	—	17	15	4	—	19	3	1	32	33	—	—	—	—	78	80	25	8	101	—	9	—	41	—	0
	2	142	150	—	—	0	—	5	4	1	—	8	3	2	7	5	—	—	—	—	25	19	62	22	8	—	4	—	57	—	0
	3	0	0	—	—	2	—	11	7	1	—	4	0	0	12	9	—	—	—	—	34	45	0	0	1	—	5	—	32	—	0
	4	9	8	—	—	1	—	2	3	1	—	1	2	0	15	6	—	—	—	—	18	8	2	7	5	—	4	—	36	—	0

▶ 上市公司"管理层讨论与分析"信息披露问题研究

续表

年份		主要关系			环境变化及影响				其他重要非财务信息							2006年准则相关项目				前瞻性信息								
		A13	A14	C12	C13	D6	B2	C4	D1	A36	B12	B34	C5	D2	D3	D4	D7	A27	A29	B21	B24	A16	A22	A24	A25	A26	A30	B20	B38	C1	C2	C3
2006	0	42	35	—	—	176	—	144	157	—	183	—	151	173	178	111	133	15	—	—	—	37	30	94	151	79	—	161	—	21	—	182
	1	0	2	—	—	4	—	21	17	—	0	—	21	3	3	33	24	22	—	—	—	63	95	27	6	94	—	15	—	42	—	0
	2	134	140	—	—	1	—	7	2	—	1	—	6	5	2	10	7	44	—	—	—	25	17	58	19	7	—	0	—	58	—	2
	3	0	0	—	—	2	—	7	7	—	0	—	4	2	0	17	10	13	—	—	—	39	34	3	0	0	—	4	—	27	—	0
	4	8	7	—	—	1	—	5	1	—	0	—	2	2	1	13	10	90	—	—	—	20	8	2	8	4	—	4	—	36	—	183
2007	0	40	36	—	—	173	—	135	—	—	—	—	151	153	171	93	115	—	167	172	183	55	91	103	141	89	70	166	—	14	—	0
	1	0	1	—	—	8	—	21	—	—	—	—	23	7	4	37	25	—	4	7	1	22	11	18	8	81	35	9	—	30	—	1
	2	136	140	—	—	0	—	6	—	—	—	—	4	12	4	7	12	—	6	1	0	52	42	57	21	9	45	2	—	65	—	0
	3	0	0	—	—	2	—	11	—	—	—	—	4	7	1	26	15	—	1	0	0	25	14	1	0	1	5	4	—	28	—	0
	4	8	7	—	—	1	—	11	—	—	—	—	2	5	4	21	17	—	6	1	0	24	37	5	14	4	29	3	—	47	—	179
2008	0	55	48	—	—	178	—	92	—	—	183	—	132	127	162	97	91	—	94	—	183	98	91	180	170	113	84	154	—	19	—	0
	1	8	8	—	—	5	—	75	—	—	0	—	45	36	16	48	63	—	4	—	0	2	1	1	4	65	44	19	—	49	—	4
	2	112	116	—	—	0	—	2	—	—	0	—	1	8	1	2	8	—	41	—	1	56	53	0	5	3	38	1	—	49	—	0
	3	0	1	—	—	0	—	11	—	—	0	—	3	7	2	33	11	—	1	—	0	2	0	2	0	2	1	7	—	46	—	1
	4	9	11	—	—	1	—	4	—	—	0	—	3	6	3	4	11	—	44	—	0	4	2	2	5	1	17	3	—	21	—	1

第五章 沪深300指2003—2014年MD&A信息披露质量测评

续表

年份		主要关系			环境变化及影响			其他重要非财务信息							2006年准则相关项目									前瞻性信息				
		A13	A14	C12	C13	D6	B2	C4	D1	A36	B12	B34	C5	D2	D3	D4	D7	A27	A29	B21	B24	A16	A22	A24	A25	A26	A30	B20	B38	C1	C2	C3
2009	0	57	49	—	—	178	—	89	—	—	183	—	133	127	169	91	91	—	132	183	183	23	41	177	170	109	89	152	—	18	—	175
	1	8	8	—	—	6	—	81	—	—	0	—	42	34	9	48	58	—	3	1	0	104	88	1	3	66	40	20	—	51	—	3
	2	106	113	—	—	0	—	1	—	—	—	—	3	7	1	2	5	—	26	0	1	50	0	—	6	5	42	0	—	48	—	5
	3	0	1	—	—	0	—	9	—	—	1	—	5	10	4	37	18	—	0	0	0	6	54	4	1	3	1	9	—	48	—	0
	4	13	13	—	—	0	—	4	—	—	0	—	1	6	1	6	12	—	23	—	0	30	1	—	4	1	12	3	—	19	—	1
2010	0	58	52	—	—	180	—	92	—	—	183	—	135	128	164	84	85	—	135	—	183	93	43	178	170	108	93	154	—	20	—	178
	1	8	8	—	—	4	—	78	—	—	0	—	41	31	13	53	61	—	4	—	0	2	83	1	3	68	38	18	—	52	—	2
	2	106	111	—	—	0	—	0	—	—	0	—	1	8	2	0	6	—	25	—	1	52	2	—	5	4	39	0	—	45	—	4
	3	0	1	—	—	0	—	9	—	—	1	—	6	12	4	41	20	—	0	—	0	7	1	3	0	3	1	9	—	45	—	0
	4	12	12	—	—	0	—	5	—	—	0	—	1	5	1	6	12	—	20	—	0	29	55	1	6	1	13	3	—	22	—	0
2011	0	54	43	—	—	182	—	95	—	—	181	—	133	137	166	85	91	—	132	—	181	102	41	177	166	108	100	153	—	23	—	175
	1	7	7	—	—	2	—	71	—	—	2	—	44	26	13	52	55	—	4	—	2	4	86	3	3	66	39	18	—	49	—	3
	2	104	111	—	—	0	—	0	—	—	1	—	2	10	1	1	6	—	26	—	1	46	56	2	7	6	34	0	—	42	—	6
	3	1	3	—	—	0	—	14	—	—	0	—	4	7	2	44	20	—	0	—	0	3	0	1	2	2	1	11	—	46	—	0
	4	18	20	—	—	0	—	4	—	—	0	—	1	4	2	2	12	—	22	—	0	3	0	1	6	2	10	2	—	24	—	0

上市公司"管理层讨论与分析"信息披露问题研究

续表

年份		主要关系				环境变化及影响				其他重要非财务信息							2006年准则相关项目								前瞻性信息						
		A13	A14	C12	C13	D6	B2	C4	D1	A36	B12	B34	C5	D2	D3	D4	D7	A27	A29	B21	B24	A16	A22	A24	A25	A26	A30	B20	B38	C1	C2	C3
2012	0	25	14	110	96	117	4	4	—	18	182	184	4	21	21	46	61	—	—	179	179	4	14	70	154	105	—	166	184	5	—	132
	1	0	0	0	1	13	97	97	—	61	0	0	97	56	56	84	57	—	—	0	3	97	129	38	2	63	—	10	0	56	—	1
	2	4	4	34	34	1	15	15	—	24	0	0	15	14	14	9	20	—	—	3	2	15	5	69	23	9	—	2	0	77	—	50
	3	1	0	0	0	35	48	48	—	36	1	0	48	14	14	29	22	—	—	1	0	48	30	0	0	2	—	4	0	14	—	0
	4	154	166	39	53	18	20	20	—	45	1	0	20	79	79	16	24	—	—	1	0	20	6	7	5	5	—	2	0	32	—	1
2013	0	25	13	103	90	115	6	6	—	17	181	184	6	14	14	42	68	—	—	178	181	98	13	72	158	107	—	163	184	6	—	136
	1	0	0	1	2	17	98	98	—	66	0	0	98	62	62	75	51	—	—	1	2	15	130	38	1	61	—	11	0	52	—	1
	2	5	4	44	44	2	15	15	—	25	1	0	15	14	14	14	21	—	—	1	1	47	3	67	18	9	—	2	0	83	—	45
	3	1	0	0	0	33	47	47	—	38	1	0	47	8	8	34	20	—	—	0	0	18	32	0	7	2	—	6	0	16	—	0
	4	153	167	36	48	17	18	18	—	38	2	0	18	86	86	19	24	—	—	2	0	3	6	7	7	5	—	2	0	27	—	2
2014	0	21	11	106	96	119	3	3	—	16	179	183	3	11	11	19	57	—	—	182	182	129	7	97	150	100	—	141	184	11	—	162
	1	0	0	1	1	9	129	129	—	103	1	0	129	34	34	93	74	—	—	1	0	16	155	27	9	76	—	31	0	59	—	0
	2	6	6	39	43	0	16	16	—	21	0	0	16	1	1	26	31	—	—	0	0	30	3	56	20	5	—	3	0	85	—	12
	3	0	0	0	0	22	30	30	—	29	0	0	30	36	36	33	11	—	—	1	1	6	18	0	0	0	—	5	0	11	—	0
	4	157	167	38	45	34	6	6	—	15	3	1	6	102	102	13	11	—	—	1	1	1	1	4	5	3	—	4	0	18	—	10

注：0——表示未披露或不适用（一般地，NA仅适用B类，NA O/NA栏主要为未披露项目数，下同）；1——简单定性；2——简单定量；3——详细定性；4——详细定量；NA——不适用。表中A13至A30分别对应附录3中所列示的项目，限于篇幅，此处不再重复列示。其中，C1（新年度经营计划）在2003—2004年均为准则内自愿披露项目，2005—2014年均为强制披露内容（A23）；C4（介绍与公司业务相关的宏观经济外部经营环境的发展现状和变化趋势）以及C5（公司的行业地位或区域市场地位）在2005—2011年均为准则内自愿披露项目，2012—2014年均为准则内强制披露项目（A34）；而D2（环境或环保）、D3（社会责任）在2003—2011年均为准则外自愿披露项目，而在2012—2014年则提升为准则内自愿披露项目（C14）。

对财务状况和经营成果的影响（A27）、对公允价值计量的主要报表项目应说明其取得方式或采用的估值技术（A29）、资产计量属性发生重大变化的原因及影响（B21），特殊目的主体情况（B24）等。其中，A27仅适用于2006年披露，当年有169家（91.85%）公司作出披露，且有90家（53.25%）为详细定量披露。公允价值和特殊目的主体项目均从2007年开始被要求披露，但当年披露情况均非常不理想，前者只有17家（9.24%），而披露后者的只有1家（西飞国际，000768）公司。自2007年至2014年，这两项的披露水平一直明显偏低，尤其是B24项，只有少数几家公司披露了这一内容，这可能是由于特殊目的主体本身的复杂性所决定的。

（5）前瞻性信息。这是MD&A区别于财务报表和报表附注等其他文本信息的主要特征。目前我国上市公司年报MD&A所披露的前瞻性信息中，主要包括11个子项目，如表5—11所示。具体为行业发展趋势与市场竞争格局（A16）、未来发展机遇和挑战（A22）、新一年度经营计划（A23或C1）、未来重大资本支出计划（A25）、未来资金来源安排及资金成本等（A26）、未来资金需求及使用计划（A30）、业务发展规划（B20）、持有与公司主业关联度较小的子公司的目的和未来经营计划（B38）、新年度经营目标与策略（C2）、新一年度盈利预测（C3）等。其中，2003—2014年一直披露相对较好的项目为新年度经营计划，分别有74家（40.22%）、76家（41.3%）、166家（90.22%）、163家（88.59%）、170家（92.39%）、165家（89.67%）、166家（90.22%）、164家（89.13%）、161家（87.5%）、179家（97.28%）、178家（96.74%）、173家（94.02%）对此进行了披露，而且定量披露在2003—2004年平均占比达到37.28%，2005年显著提升至56.02%，2006—2011年新一年度经营计划的定量披露达到年均48.03%，2012—2014年则提升至年均60.74%。2005年证监会在年报《内容与格式准则》中对MD&A信息披露要求进行了第一次细化，并特别强调对公司未来前景的展望。自此，无论从披露公司数还是披露程度看，新一年度经营计划这一项的披露水平明显提高。但B38（持有与公司主业关联度较小的子公司的目的和未来经营计划）在整个前瞻性信息披露中质量最差，该项披露要求为2012年年报《内容与格式准则》修订时新增，截至2014年，没有1家公司披露；其次，披露较差的是盈利预测（C3）[①]，2003—2005年无公司披露，2006年披露的则只有2家（1.09%），2007年只有1家（0.54%）公司自愿披露了盈利预测，12年间，C3披露最佳的是2012年，即便如此，也只有52家（28.26%）公司自愿在MD&A中披露盈利预测。因此，总体上，盈利预测信息披露质量偏低，可能的原因：一是有相当一部分公司发布单独的盈利预测公告，而不是将其淹没在浩瀚的年报信息中；二是由于盈利预测具有一定的经济后果，加之目前这一内容尚属于非强制性披露内容，上市公司可能本着"多一事不如少一事"的心态，尽量回避盈利预测信息披露。

2. 准则外自愿披露内容（D8项）

本书中所列示的准则外自愿披露项目合计8项，其中，D1至D7项已在表5—9和表5—11中分别列示。本部分将专门考察D8项自愿披露内容，其结果统计如表5—12所示。

可以看出，MD&A中自愿披露的准则外项目仍以经营情况和财务状况信息为主。前者以总体经营概要居多（2003—2004年），而后者主要围绕报表项目，涉及内容十分广泛。同时不难看出，表5—12所列项目中绝大部分内容已逐渐被纳入年报《内容与格式准则》MD&A信息披露规范，如现金流量构成及分析，市场占有率，资产负债表变动及原因，会计政策、估计变更和重大会计差错原因及影响，流动资金及资本来源，行业地位或市场地位、公司战略等，这些项目均已在年报《内容与格式准则》MD&A所要求披露的内容中得以体现。由准则外公司主动披露的项目提升为准则内鼓励披露的项目甚至强制性信息披露项目，有力地说明了上市公司的自愿披露实践显著推进了MD&A披露准则的建设与完善。

[①] 根据年报《内容与格式准则》，MD&A中披露盈利预测必须经具有证券期货相关业务资格的会计师事务所审核并发表意见。本书以此为评判标准，凡未经会计师事务所审核的收入或利润等财务指标预测，不作为盈利预测。

表 5—12　　　　准则外自愿披露项目中 D8 项具体披露内容　　　　单位：公司数

项目		具体项目	2003	2004	2005	2006	2007	2008	2009	2010	2011	2012	2013	2014
披露	经营状况	总体经营概要	106	134	—	—	—	—	—	—	—	—	—	—
		主要产品产销量或市场占有率	7	5	—	—	—	—	—	—	—	—	—	—
		新产品开发	1	0	4	4	1	0	0	0	0	0	0	0
		经营计划完成情况	1	3	0	0	0	0	0	0	0	0	0	0
		子公司增减情况	0	0	0	1	1	0	0	0	0	0	0	0
		联营、合营企业业绩	0	0	0	0	0	1	0	0	1	0	0	0
		分部经营业绩	0	0	0	0	0	0	0	0	0	0	0	1
		业务情况说明	0	0	0	0	0	1	0	1	2	3	3	0
		产业基地建设	0	0	0	0	0	0	0	0	0	0	1	0
	财务状况	财务状况分析	2	1	—	—	—	—	—	—	—	—	—	—
		现金流量构成及分析	5	4	—	—	—	—	—	—	—	—	—	—
		资产负债表变动及原因	1	1	—	—	—	—	—	—	—	—	—	—
		利润表项目构成、变动及原因	1	2	—	—	—	—	—	—	—	—	—	—
		流动资金及资本来源	0	1	1	1	1	0	0	0	0	0	0	0
		银行授信及还款分析	1	1	0	0	0	0	0	0	0	0	0	0
		境内外准则差异	1	1	2	1	2	0	0	0	0	0	0	0
		会计政策、估计变更及重大会计差错原因及影响	46	—	—	—	—	—	—	—	—	—	—	—
		股利分配	1	1	1	0	1	1	0	1	1	1	2	0
		募集资金存放和使用	0	0	0	0	0	1	0	0	0	2	1	0
		合并报表范围	0	0	0	0	0	2	1	2	2	0	1	0
		委托理财及委托贷款	0	0	0	0	0	0	0	0	47	0	1	0
		债务、合约责任或有负债	2	2	1	1	0	2	3	3	3	1	2	1
		证券投资	0	0	0	0	0	1	1	3	3	0	1	14
		重组、股权分置改革	0	0	0	0	0	1	0	0	0	0	0	0
		资本支出	1	1	1	1	0	0	0	0	0	0	0	0
		资产减值	0	0	0	0	0	2	2	1	1	0	0	0
		税费情况说明												
		期后事项	1	1	1	1	2	1	1	1	0	1	0	0
		多年财务概要	0	0	0	0	0	0	0	0	0	1	0	0
	风险优势困难	汇率变动	0	0	0	0	0	0	0	0	0	0	1	0
		风险	2	3	1	1	1	0	0	0	0	0	0	0
		财务优势	0	1	—	—	—	—	—	—	—	—	—	—
		公司面临的机遇与挑战	1	1	0	0	0	0	0	0	0	0	0	0
		核心业务和综合竞争力	0	0	0	1	0	0	0	0	0	0	—	—

续表

项目		具体项目	2003	2004	2005	2006	2007	2008	2009	2010	2011	2012	2013	2014
披露	重要的非财务信息	行业地位或市场地位	10	7	—	—	—	—	—	—	—	—	—	—
		对外合作	1	1	1	1	1	0	0	0	0	0	0	0
		企业文化建设	0	0	0	0	1	0	0	0	0	0	0	0
		新准则执行情况	—	—	—	—	2	—	—	—	—	—	—	—
		内部控制	0	1	0	0	1	7	3	4	3	0	1	0
		独董意见	0	0	0	0	0	1	1	0	0	0	0	0
		内幕信息知情人管理	0	0	0	0	0	0	0	1	2	0	0	0
		安全生产	0	0	0	0	0	0	0	0	0	0	0	0
		信息披露途径	0	0	0	0	0	0	0	0	0	1	0	0
		客户关系或员工关系	1	1	3	3	0	0	0	0	0	2	2	0
		捐款	0	0	0	0	0	0	0	0	0	1	1	0
		更换法定代表人	0	0	0	0	0	0	0	0	0	0	1	0
		品牌与运营管理	0	0	0	0	0	0	0	0	0	0	1	0
	前瞻性信息	行业趋势与市场竞争格局	3	2	—	—	—	—	—	—	—	—	—	—
		公司战略	1	2	—	—	—	—	—	—	—	—	—	—
		投资计划	3	2	—	—	—	—	—	—	—	—	—	—
		业绩预告	0	0	0	0	0	0	0	0	0	0	0	7
未披露		—	—	37	43	172	172	175	165	174	169	125	175	171	164

（三）MD&A 披露的行业差异情况

MD&A 披露准则遵循情况和动态趋势的行业差异如表5—13 和表5—14 所示。

表 5—13　样本公司 2003—2014 年分行业的 DQI1 均值统计

	DQI1a（考虑 NA 项目）											
	2003	2004	2005	2006	2007	2008	2009	2010	2011	2012	2013	2014
制造业（97 家）	0.372	0.386	0.311	0.306	0.312	0.325	0.314	0.318	0.320	0.559	0.569	0.557
房地产业（18 家）	0.331	0.340	0.307	0.325	0.350	0.353	0.341	0.329	0.314	0.535	0.518	0.515
交通运输、仓储业（11 家）	0.311	0.342	0.267	0.291	0.349	0.311	0.299	0.293	0.290	0.506	0.499	0.501
综合类（11 家）	0.387	0.404	0.330	0.301	0.314	0.344	0.339	0.335	0.353	0.515	0.521	0.562
电力、煤气及水的生产和供应业（10 家）	0.382	0.404	0.320	0.328	0.358	0.357	0.355	0.338	0.348	0.569	0.579	0.566
采掘业（8 家）	0.402	0.416	0.333	0.337	0.342	0.350	0.315	0.308	0.311	0.539	0.549	0.601
信息技术业（8 家）	0.400	0.459	0.308	0.326	0.349	0.330	0.329	0.336	0.341	0.528	0.538	0.542
批发和零售贸易（8 家）	0.331	0.366	0.282	0.301	0.302	0.328	0.328	0.317	0.315	0.525	0.502	0.513
社会服务业（5 家）	0.262	0.279	0.253	0.244	0.241	0.233	0.227	0.243	0.253	0.388	0.422	0.443
建筑业（4 家）	0.313	0.356	0.256	0.251	0.227	0.364	0.345	0.366	0.357	0.546	0.548	0.514
传播与文化产业（3 家）	0.402	0.415	0.343	0.331	0.336	0.318	0.343	0.330	0.323	0.494	0.530	0.558
农林牧渔业（1 家）	0.303	0.303	0.236	0.230	0.221	0.236	0.243	0.264	0.243	0.424	0.382	0.397
	DQI1b（不考虑 NA 项目）											
	2003	2004	2005	2006	2007	2008	2009	2010	2011	2012	2013	2014
制造业（97 家）	0.276	0.270	0.245	0.240	0.221	0.255	0.247	0.248	0.250	0.318	0.328	0.326
房地产业（18 家）	0.243	0.233	0.239	0.255	0.253	0.277	0.268	0.259	0.246	0.313	0.303	0.290
交通运输、仓储业（11 家）	0.223	0.237	0.204	0.226	0.252	0.246	0.235	0.229	0.224	0.266	0.264	0.270

续表

	DQI1b（不考虑 NA 项目）										
	2003	2004	2005	2006	2007	2008	2009	2010	2011	2012	2013	2014
综合类（11家）	0.286	0.282	0.267	0.241	0.225	0.277	0.275	0.267	0.279	0.303	0.312	0.337
电力、煤气及水的生产和供应业（10家）	0.268	0.283	0.249	0.259	0.257	0.275	0.272	0.263	0.274	0.329	0.338	0.315
采掘业（8家）	0.304	0.302	0.269	0.275	0.250	0.276	0.243	0.237	0.238	0.296	0.303	0.351
信息技术业（8家）	0.291	0.312	0.238	0.258	0.253	0.259	0.259	0.263	0.267	0.317	0.327	0.313
批发和零售贸易（8家）	0.231	0.247	0.226	0.243	0.223	0.269	0.268	0.257	0.257	0.304	0.299	0.316
社会服务业（5家）	0.187	0.189	0.202	0.191	0.173	0.183	0.175	0.189	0.195	0.206	0.226	0.242
建筑业（4家）	0.231	0.254	0.204	0.200	0.163	0.300	0.299	0.305	0.293	0.316	0.317	0.329
传播与文化产业（3家）	0.325	0.305	0.290	0.286	0.252	0.243	0.265	0.255	0.247	0.254	0.286	0.332
农林牧渔业（1家）	0.192	0.180	0.175	0.172	0.147	0.162	0.172	0.186	0.176	0.242	0.206	0.246

表5—13显示，采掘业、传播与文化业和信息技术业这三个行业的上市公司，其MD&A信息披露准则遵循情况较好，三个行业的共同特点为进入壁垒高、竞争度相对较低，而MD&A信息披露表现最差的则为社会服务业和农林牧渔业，相比之下，这两个行业比较开放，进入壁垒较低、竞争程度较高。这说明，MD&A披露水平在一定程度上与行业特征有关。

表5—14　　　样本公司分行业的DQI2均值统计

	DQI2a（考虑 NA 项目）										
	2003	2004	2005	2006	2007	2008	2009	2010	2011	2012	2013	2014
制造业（97家）	0.310	0.323	0.272	0.267	0.281	0.295	0.286	0.290	0.295	0.516	0.526	0.516

续表

	DQI2a（考虑 NA 项目）											
	2003	2004	2005	2006	2007	2008	2009	2010	2011	2012	2013	2014
房地产业（18家）	0.283	0.289	0.269	0.287	0.311	0.314	0.301	0.291	0.278	0.500	0.489	0.480
交通运输、仓储业（11家）	0.251	0.286	0.230	0.253	0.318	0.285	0.271	0.265	0.266	0.462	0.456	0.460
综合类（11家）	0.319	0.332	0.285	0.262	0.276	0.302	0.299	0.297	0.311	0.474	0.480	0.517
电力、煤气及水的生产和供应业（10家）	0.308	0.331	0.275	0.282	0.308	0.313	0.315	0.303	0.317	0.519	0.532	0.519
采掘业（8家）	0.353	0.365	0.298	0.304	0.314	0.320	0.286	0.278	0.278	0.512	0.523	0.576
信息技术业（8家）	0.341	0.399	0.279	0.308	0.333	0.300	0.302	0.307	0.314	0.486	0.499	0.511
批发和零售贸易（8家）	0.287	0.305	0.247	0.261	0.260	0.290	0.292	0.286	0.287	0.475	0.454	0.477
社会服务业（5家）	0.206	0.246	0.228	0.210	0.220	0.212	0.206	0.219	0.228	0.355	0.384	0.406
建筑业（4家）	0.251	0.277	0.214	0.213	0.202	0.334	0.317	0.338	0.328	0.495	0.497	0.474
传播与文化产业（3家）	0.348	0.346	0.288	0.280	0.286	0.271	0.292	0.285	0.279	0.460	0.492	0.535
农林牧渔业（1家）	0.259	0.231	0.194	0.190	0.189	0.214	0.209	0.221	0.210	0.390	0.359	0.364
	DQI2b（不考虑 NA 项目）											
	2003	2004	2005	2006	2007	2008	2009	2010	2011	2012	2013	2014
制造业（97家）	0.247	0.245	0.222	0.218	0.209	0.239	0.232	0.235	0.239	0.311	0.321	0.319
房地产业（18家）	0.224	0.216	0.218	0.234	0.235	0.255	0.245	0.237	0.226	0.308	0.301	0.286
交通运输、仓储业（11家）	0.195	0.216	0.183	0.204	0.240	0.233	0.221	0.214	0.213	0.259	0.257	0.264
综合类（11家）	0.254	0.252	0.238	0.216	0.207	0.250	0.250	0.244	0.254	0.293	0.302	0.326

续表

	\multicolumn{12}{c}{DQI2b（不考虑 NA 项目）}
	2003	2004	2005	2006	2007	2008	2009	2010	2011	2012	2013	2014
电力、煤气及水的生产和供应业（10家）	0.236	0.251	0.222	0.231	0.232	0.250	0.251	0.244	0.258	0.316	0.327	0.306
采掘业（8家）	0.286	0.284	0.249	0.256	0.240	0.260	0.229	0.222	0.220	0.298	0.306	0.355
信息技术业（8家）	0.267	0.298	0.225	0.253	0.254	0.242	0.245	0.248	0.254	0.307	0.318	0.311
批发和零售贸易（8家）	0.219	0.227	0.206	0.217	0.200	0.244	0.245	0.238	0.240	0.290	0.284	0.308
社会服务业（5家）	0.159	0.183	0.189	0.171	0.166	0.172	0.165	0.177	0.182	0.201	0.219	0.235
建筑业（4家）	0.199	0.214	0.177	0.176	0.152	0.282	0.280	0.289	0.276	0.302	0.303	0.316
传播与文化产业（3家）	0.296	0.273	0.250	0.247	0.223	0.216	0.228	0.224	0.218	0.230	0.247	0.291
农林牧渔业（1家）	0.184	0.156	0.151	0.148	0.134	0.155	0.155	0.164	0.159	0.235	0.206	0.235

与表 5—13 一致，表 5—14 同样反映采掘业、传播与文化业、信息技术业这三大行业的 DQI2 相对较高。从年度看，所有行业在 2012—2014 年披露指数均显著提升，可见，2012 年年报《内容与格式准则》对 MD&A 披露要求的修订与强化显著提升了上市公司 MD&A 信息披露质量。

（四）MD&A 信息披露分类考察

1. 披露方式：强制性披露与自愿性披露

上市公司 2003—2014 年年报 MD&A 强制性披露与自愿性披露的数量和质量见表 5—15。

表 5—15　　2003—2014 年年报 MD&A 中强制性与自愿性信息披露数量及质量

		按项目											
		2003	2004	2005	2006	2007	2008	2009	2010	2011	2012	2013	2014
A	均值	11	11	15	15	12	13	13	12	12	17	17	18
	最小值	4	6	5	4	3	4	4	5	5	8	8	11
	最大值	14	15	24	23	19	17	17	17	17	21	21	22
	标准差	1.970	1.766	3.213	3.474	3.034	2.391	2.397	2.499	2.448	2.386	2.300	2.097
B	均值	3	4	5	5	6	6	6	6	6	8	9	9
	最小值	0	0	0	0	0	0	1	1	1	2	3	3
	最大值	8	9	12	10	12	11	11	11	11	16	17	19
	标准差	1.766	1.827	2.217	2.073	2.091	2.059	1.987	1.866	2.000	2.694	2.798	2.981
C	均值	2	2	3	2	3	4	4	3	3	2	2	2
	最小值	0	0	1	0	0	1	1	1	1	0	0	0
	最大值	3	3	7	7	7	7	7	7	7	4	4	4
	标准差	0.676	0.660	1.154	1.198	1.288	1.285	1.187	1.178	1.176	1.083	1.125	1.078
D	均值	2	2	1	1	1	2	2	2	2	2	2	2
	最小值	0	0	0	0	0	0	0	0	0	0	0	0
	最大值	13	10	7	7	7	8	8	7	5	7	7	5
	标准差	1.645	1.436	1.392	1.433	1.443	1.300	1.230	1.188	1.254	0.986	1.106	0.997
		按得分											
		2003	2004	2005	2006	2007	2008	2009	2010	2011	2012	2013	2014
A	均值	0.192	0.200	0.181	0.189	0.172	0.174	0.169	0.168	0.169	0.297	0.295	0.294
	最小值	0.075	0.086	0.063	0.064	0.060	0.070	0.076	0.076	0.082	0.121	0.118	0.163
	最大值	0.389	0.402	0.332	0.359	0.318	0.260	0.266	0.266	0.256	0.446	0.413	0.417
	标准差	0.057	0.055	0.051	0.051	0.048	0.037	0.037	0.038	0.037	0.048	0.047	0.046
B	均值	0.061	0.067	0.060	0.054	0.079	0.083	0.080	0.081	0.081	0.143	0.149	0.149
	最小值	0.000	0.000	0.000	0.000	0.000	0.000	0.011	0.005	0.022	0.028	0.043	0.021
	最大值	0.206	0.191	0.157	0.151	0.188	0.168	0.165	0.162	0.163	0.277	0.273	0.330
	标准差	0.037	0.037	0.028	0.026	0.032	0.033	0.030	0.030	0.031	0.053	0.053	0.048

续表

		按得分											
		2003	2004	2005	2006	2007	2008	2009	2010	2011	2012	2013	2014
C	均值	0.013	0.013	0.014	0.013	0.017	0.023	0.023	0.022	0.022	0.035	0.035	0.036
	最小值	0.000	0.000	0.000	0.000	0.000	0.000	0.000	0.000	0.000	0.000	0.000	0.000
	最大值	0.065	0.065	0.078	0.080	0.070	0.091	0.101	0.101	0.091	0.092	0.092	0.093
	标准差	0.014	0.014	0.012	0.013	0.015	0.015	0.015	0.015	0.015	0.023	0.023	0.022
D	均值	0.037	0.039	0.013	0.013	0.019	0.016	0.016	0.018	0.019	0.026	0.026	0.028
	最小值	0.000	0.000	0.000	0.000	0.000	0.000	0.000	0.000	0.000	0.000	0.000	0.000
	最大值	0.355	0.331	0.141	0.138	0.146	0.073	0.074	0.085	0.092	0.086	0.105	0.093
	标准差	0.044	0.048	0.022	0.021	0.025	0.015	0.015	0.015	0.016	0.019	0.020	0.019

注：A——准则强制性披露项目；B——当符合该情形时必须披露的项目；C——准则内自愿性披露项目；D——准则外自愿性披露项目。各项得分为 DQI2a 在 A、B、C、D 四项间的进一步分解。

在 A、B、C、D 四类信息中，无论是数量（项目数）还是质量（得分），A 项即准则强制性披露项目均表现最佳。参阅表 5—4，可计算出实际披露项目在所应披露项目中的占比，可以发现 2012—2014 年的 A 项披露情况最好，最高达到 81.82%，2003—2004 年次之；这与表 5—6 的结果一致，实际反映了 A 项披露的准则遵循情况。而 B 项披露也以 2012—2014 年为最佳，占比达到 40.91%，2005—2006 年次之，占比均为 29.41%。一般而言，同一公司的 B 项内容在不同年度的披露应该差异不大，2003—2014 年 B 项披露项目的增加分别在 2005 年和 2012 年最为明显，这再次印证披露要求的提高和细化极大地推动了上市公司 MD&A 信息披露实务。MD&A 中的 C 类和 D 类为自愿性披露项目，表 5—15 显示，这两类数量和质量均十分低，可以看出我国上市公司通过 MD&A 主动提供信息的意愿较弱，MD&A 自愿性信息披露质量亟待提升。

图 5—2 直观地反映了上市公司年报 MD&A 强制性披露与自愿性披露的年度变化趋势。

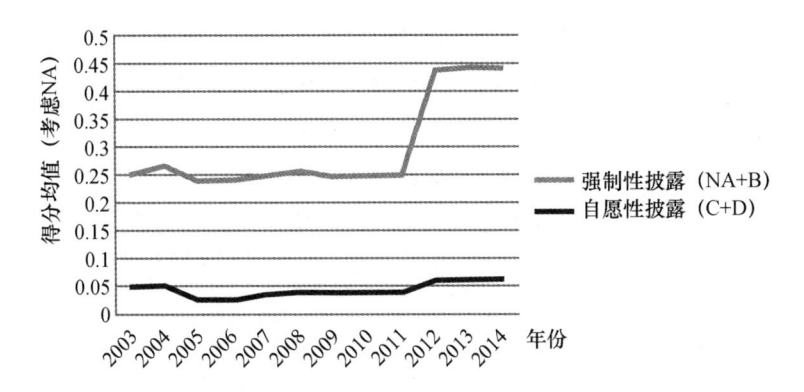

图 5—2　上市公司年报 MD&A 中强制披露与自愿披露的动态趋势

其中，强制性披露得分均值逐年增加，且以 2012 年增加幅度最大；而自愿性披露的得分均值在 2003—2014 年变化比较平缓，相对而言，2012 年准则修订后，自愿性披露指数有所上升，但远没有强制性披露指数提升幅度大。需要指出，自愿性披露的下降趋势除上市公司本身自愿性披露意愿不足外，还有可能是因为，随着准则披露要求的不断完善，以前为自愿性披露项目的内容已经逐渐提升为强制性披露内容。

2. 信息类型：财务信息与非财务信息

本书进一步计算了 MD&A 中财务信息披露指数 $DQI(F)$ 和非财务信息披露指数 $DQI(NF)$，其思路如下：首先统计 F 和 NF 的实际披露项目数，并分别计算 F 和 NF 在披露项目总数中的相对占比；然后按照 $DQI2$ 的计算思路与方法，分别计算 $DQI(F)$ 和 $DQI(NF)$，具体公式如式 5—3 和式 5—4 所示：

$$DQI(F) = \frac{\sum_{J=1}^{IN_{ni}} Score(F)_{nij}}{Max(Score2)} \qquad (式5—3)$$

$$DQI(NF) = \frac{\sum_{J=1}^{IN_{ni}} Score(NF)_{nij}}{Max(Score2)} \qquad (式5—4)$$

式 5—3 和式 5—4 中，$Score(F)_{nij}$，$Score(NF)_{nij}$ 分别表示第 n 个公司 MD&A 第 i 类第 j 项财务信息（F）披露得分和非财务信息（NF）披露得分；$n = 1, 2, 3, \cdots, 184$；$i = A, B, C, D$；分别代表 A、B、C、

D 四类披露项目。为剔除 NA 项的影响，两式中在计算 $Max(Score2)$ 时均扣减了 NA 项的最大可能得分。统计结果如表 5—16 所示。

表 5—16 2003—2014 年年报 MD&A 披露中财务及非财务信息披露数量与质量

			\multicolumn{12}{c	}{财务信息（F）}
			2003	2004	2005	2006	2007	2008	2009	2010	2011	2012	2013	2014
按项目	绝对数	均值	12	12	16	16	14	10	9	9	9	18	18	22
		最小值	4	6	5	4	3	1	1	1	1	2	8	12
		最大值	27	28	44	39	35	20	19	20	18	29	29	44
		标准差	3.091	3.016	4.311	4.364	4.026	3.055	3.064	2.994	3.055	4.000	3.881	5.226
	相对比率	均值（%）	69.97	72.16	71.33	72.14	66.04	42.34	41.08	41.27	41.71	60.23	60.68	69.68
		最小值（%）	37.50	46.15	46.15	38.46	35.00	7.14	6.67	6.67	6.67	11.11	37.50	48.15
		最大值（%）	100	100	100	97.50	94.59	69.23	69.23	70.00	66.67	81.82	81.25	100
		标准差	0.098	0.094	0.095	0.095	0.095	0.112	0.109	0.115	0.113	0.097	0.092	0.097
按得分	绝对数	均值	0.235	0.253	0.205	0.208	0.202	0.154	0.145	0.144	0.149	0.336	0.342	0.405
		最小值	0.092	0.107	0.063	0.054	0.051	0.016	0.016	0.016	0.016	0.028	0.147	0.230
		最大值	0.629	0.662	0.458	0.418	0.448	0.333	0.303	0.282	0.299	0.500	0.494	0.696
		标准差	0.076	0.078	0.062	0.060	0.058	0.057	0.055	0.054	0.055	0.070	0.067	0.084
	相对比率	均值（%）	78.09	79.58	77.13	77.76	71.35	51.75	29.96	49.60	50.53	67.39	68.16	79.71
		最小值（%）	46.15	48.98	48.28	41.67	45.76	8.33	3.23	7.50	7.50	10	38.24	53.73
		最大值（%）	100	100	100	97.62	97.22	84.13	62.64	80.95	85.71	91.67	89.83	100
		标准差	0.105	0.103	0.093	0.095	0.098	0.141	0.114	0.142	0.144	0.107	0.098	0.077
			\multicolumn{12}{c	}{非财务信息（NF）}
			2003	2004	2005	2006	2007	2008	2009	2010	2011	2012	2013	2014
按项目	绝对数	均值	5	5	7	6	7	13	13	13	13	12	12	9
		最小值	0	0	0	1	1	4	5	3	5	3	3	0
		最大值	15	15	16	20	17	23	22	22	22	19	20	17
		标准差	2	2	3	3	3	4	3	3	3	3	3	3
	相对比率	均值（%）	30.03	27.84	28.67	27.86	33.96	57.66	58.92	58.73	58.29	39.77	39.32	30.32
		最小值（%）	0	0	0	2.50	5.41	30.77	30.77	30	33.33	18.18	18.75	0
		最大值（%）	62.50	53.85	53.85	61.54	65	92.86	93.33	93.33	93.33	88.89	62.50	51.85
		标准差	0.098	0.094	0.095	0.095	0.095	0.112	0.109	0.115	0.113	0.097	0.092	0.097

续表

		非财务信息（NF）											
		2003	2004	2005	2006	2007	2008	2009	2010	2011	2012	2013	2014
按得分	绝对数	均值	0.067	0.067	0.063	0.062	0.084	0.142	0.143	0.144	0.143	0.164	0.164	0.102
		最小值	0.000	0.000	0.000	0.005	0.006	0.041	0.047	0.039	0.026	0.032	0.038	0.000
		最大值	0.306	0.355	0.229	0.229	0.245	0.292	0.299	0.276	0.294	0.378	0.426	0.209
		标准差	0.044	0.048	0.036	0.037	0.042	0.051	0.049	0.047	0.048	0.066	0.070	0.040
	相对比率	均值（%）	21.91	20.42	22.87	22.24	28.65	48.25	29.53	50.40	49.47	32.61	31.84	20.29
		最小值（%）	0	0	0	2.38	2.78	15.87	9.61	19.05	14.29	8.33	10.17	0
		最大值（%）	53.85	51.02	51.72	58.33	54.24	91.67	61.78	92.50	92.50	90	61.76	46.27
		标准差	0.105	0.103	0.093	0.095	0.098	0.141	0.100	0.142	0.144	0.107	0.098	0.077

表5—16显示，MD&A中平均约有70%为财务信息。按披露项目数的均值来看，财务信息自2005年起大幅度增加，2008—2011年未升反降，2012—2014年又显著上升；而非财务信息从2008年开始则披露项目显著增加。从得分看，财务信息披露指数 $DQI（F）$ 也明显大于非财务信息披露指数 $DQI（NF）$，这表明无论是从数量还是质量来看，MD&A中财务信息披露质量均显著高于非财务信息。非财务信息是 MD&A 信息披露的又一个软肋。

图5—3则更直观地反映出我国上市公司2003—2014年年报MD&A披露中财务信息与非财务信息构成的动态变化趋势。

图5—3十分明显地展示了MD&A中财务信息与非财务信息披露质量的对比。从年度变化趋势看，2012年财务信息与非财务信息都表现出上升趋势，但财务信息上升幅度更为显著，而值得注意的是，2014年在2013年的基础上，非财务信息披露指数下降较大，这可能是因为2014年年报《内容与格式准则》中关于MD&A信息披露内容的修订主要集中在财务信息方面，相较之下，拉低了非财务信息披露水平。

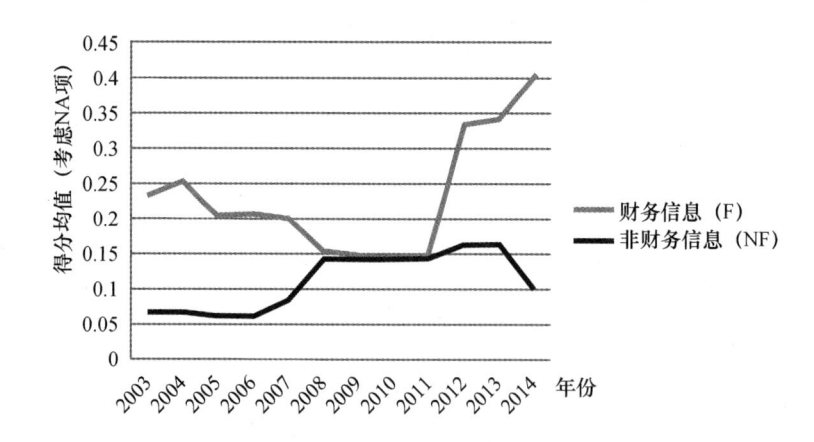

▶ 上市公司"管理层讨论与分析"信息披露问题研究

图5—3 上市公司2003—2014年年报MD&A中财务
信息与非财务信息披露指数

3. 信息导向：历史信息与前瞻性信息

同理，此处分别计算出MD&A中历史信息披露指数$DQI(H)$和前瞻性信息披露指数$DQI(FL)$，其公式如式5—5和式5—6所示：

$$DQI(H) = \frac{\sum_{j=1}^{IN_{ni}} Score(H)_{nij}}{Max(Score2)} \quad （式5—5）$$

$$DQI(FL) = \frac{\sum_{j=1}^{IN_{ni}} Score(FL)_{nij}}{Max(Score2)} \quad （式5—6）$$

式5—5和式5—6中，$Score(H)_{nij}$——第n个公司MD&A第i类第j项历史信息（H）披露质量得分；$Score(FL)_{nij}$——第n个公司MD&A第i类第j项前瞻性信息（FL）披露质量得分。$n=1,2,3,\cdots,184$；$i=$ A, B, C, D；分别代表A、B、C、D四类披露项目。

MD&A中历史信息与前瞻性信息的披露情况如表5—17所示：

第五章 沪深300指2003—2014年MD&A信息披露质量测评

表5—17　2003—2014年年报MD&A披露中历史信息及前瞻性信息披露数量与质量

			\multicolumn{12}{c}{历史信息（H）}
			2003	2004	2005	2006	2007	2008	2009	2010	2011	2012	2013	2014
按项目	绝对数	均值	15	16	18	17	16	18	18	18	18	24	24	26
		最小值	7	9	5	4	3	7	7	9	9	9	10	17
		最大值	27	28	38	33	32	33	32	31	30	35	35	37
		标准差	3.373	3.223	4.902	4.752	4.384	3.889	3.707	3.503	3.632	4.140	4.362	4.472
	相对比率	均值（%）	94.33	94.83	78.62	75.50	74.85	80.61	79.92	80.57	80.58	80.68	81.17	82.90
		最小值（%）	81.82	80.00	50.00	40.00	40.00	64.29	60.00	66.67	66.67	66.67	68.18	70.83
		最大值（%）	100	100	100	100	100	100	100	100	100	96.00	96.00	93.10
		标准差	0.048	0.047	0.084	0.092	0.094	0.063	0.063	0.063	0.061	0.051	0.050	0.041
按得分	绝对数	均值	0.286	0.303	0.221	0.213	0.224	0.253	0.245	0.245	0.249	0.439	0.447	0.456
		最小值	0.108	0.143	0.057	0.053	0.045	0.087	0.081	0.125	0.114	0.182	0.191	0.264
		最大值	0.598	0.669	0.426	0.444	0.557	0.479	0.463	0.452	0.421	0.653	0.676	0.670
		标准差	0.085	0.088	0.073	0.073	0.070	0.061	0.059	0.055	0.056	0.085	0.088	0.081
	相对比率	均值（%）	94.77	95.28	82.31	78.50	78.50	85.34	84.89	85.10	85.52	87.81	88.27	89.98
		最小值（%）	76.92	81.36	55.17	52.63	57.81	69.44	68.00	70.00	70.00	74.07	73.61	78.64
		最大值（%）	100	100	100	100	100	100	100	100	100	98.89	98.90	97.75
		标准差	0.051	0.046	0.079	0.089	0.088	0.059	0.059	0.060	0.057	0.047	0.044	0.038
			\multicolumn{12}{c}{前瞻性信息（FL）}
			2003	2004	2005	2006	2007	2008	2009	2010	2011	2012	2013	2014
按项目	绝对数	均值	1	1	5	5	5	4	4	4	4	6	6	5
		最小值	0	0	0	0	0	0	0	0	0	1	1	2
		最大值	4	4	9	11	12	8	8	8	8	8	8	9
		标准差	0.848	0.854	1.903	2.101	2.313	1.599	1.522	1.583	1.557	1.476	1.425	1.302
	相对比率	均值（%）	5.67	5.17	21.38	24.50	25.15	19.39	20.08	19.43	19.42	19.32	18.83	17.10
		最小值（%）	0	0	0	0	0	0	0	0	0	4	4	6.90
		最大值（%）	18.18	20	50	60	60	35.71	40	33.33	33.33	33.33	31.82	29.17
		标准差	0.048	0.047	0.084	0.092	0.094	0.063	0.063	0.063	0.061	0.051	0.050	0.041

续表

		前瞻性信息（FL）										
		2003	2004	2005	2006	2007	2008	2009	2010	2011	2012	2013	2014
按得分	绝对数	均值	0.017	0.016	0.047	0.057	0.062	0.044	0.043	0.043	0.042	0.061	0.059	0.051
		最小值	0	0	0	0	0	0	0	0	0.005	0.005	0.012
		最大值	0.125	0.105	0.120	0.128	0.161	0.112	0.100	0.122	0.106	0.125	0.128	0.138
		标准差	0.019	0.018	0.023	0.026	0.030	0.021	0.019	0.020	0.019	0.025	0.025	0.022
	相对比率	均值（%）	5.23	4.72	17.69	21.50	21.50	14.66	15.11	14.90	14.48	12.19	11.73	10.02
		最小值（%）	0	0	0	0	0	0	0	0	1.11	1.10	2.25
		最大值（%）	23.08	18.64	44.83	47.37	42.19	30.56	32.00	30.00	30.00	25.93	26.39	21.36
		标准差	0.051	0.046	0.079	0.089	0.088	0.059	0.059	0.060	0.057	0.047	0.044	0.038

注：项目相对比率是指公司在MD&A中披露的历史信息（或前瞻性信息）项目数（或得分指数）在该公司该年度MD&A披露总项目（或披露指数DQI2a）中所占的比率。

表5—17显示，MD&A中历史信息披露质量明显高于前瞻性信息披露质量。从数量看，2003—2004年所披露的MD&A信息中，95%左右属于历史信息，前瞻性信息所占比例特别低；2005—2014年MD&A中历史信息披露占比则一直保持在80%左右。2005年年报《内容与格式准则》细化MD&A披露要求，增加了许多前瞻性信息披露内容和要求，并被视为2005年准则最大的亮点。当年MD&A中前瞻性信息披露水平急剧上升，从原先占比5%左右大幅提升至20%以上，最高为2007年，达到25.15%。从质量看，历史信息披露指数$DQI(H)$均显著大于前瞻性信息披露指数$DQI(FL)$。因此，尽管前瞻性信息披露呈上升趋势，但相对历史信息而言，MD&A中前瞻性信息披露仍十分薄弱。

图5—4则直观地反映了我国上市公司2003—2014年年报MD&A披露中历史信息与前瞻性信息构成的年度变化趋势。

根据图5—4可以看出，2003—2014年MD&A中历史信息与前瞻性信息的变化趋势稍有不同。历史信息在2005年有小幅度下降趋势，而2012年则又大幅度上升；前瞻性信息在2003—2014年则一直是小幅度上升趋势。尽管如此，与历史信息相比，前瞻性信息披露在数量和质量方面的差距仍十分明显。然而，作为MD&A最为本质的属性和最为关键的

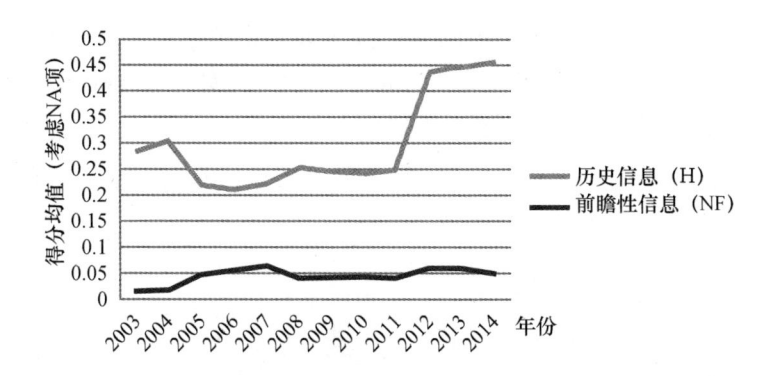

图5—4　上市公司年报 MD&A 中历史信息与前瞻性信息构成的动态趋势

特征，其前瞻性仍不够明显，这必然会大大影响 MD&A 的预测价值和信息含量。

4. 披露格式：图表与色彩的运用

表5—18 展示了上市公司在 MD&A 披露格式方面的情况，主要考察了三项：是否使用表格、是否使用图形（如折线图、直方图或饼图等）以及是否使用彩色。

表5—18　2003—2014年年报 MD&A 信息披露格式情况统计

年份		2003	2004	2005	2006	2007	2008	2009	2010	2011	2012	2013	2014
使用表格	公司数	184	184	184	184	184	184	184	184	184	184	184	184
	占比	100%	100%	100%	100%	100%	100%	100%	100%	100%	100%	100%	100%
使用图	公司数	0	6	4	7	9	8	7	8	7	5	7	14
	占比	0	3.26%	2.17%	3.80%	4.89%	4.35%	3.80%	4.35%	3.80%	2.72%	3.80%	7.61%
使用彩色	公司数	1	2	4	6	8	10	9	11	10	10	7	9
	占比	0.54%	1.09%	2.17%	3.26%	4.35%	5.43%	4.89%	5.98%	5.43%	5.43%	3.80%	4.89%

从表5—18 中数据可知，2003—2014 年全部样本公司均在 MD&A 中使用了表格，但在图形和色彩运用方面明显差很多，2003 年没有任何公司使用图形，2004—2006 年两者的使用比率仍十分低，2007 年之后情况稍有好转，即便如此，最多也只有14家（7.61%，2014年）和11

(5.98%,2010年)公司分别使用了图形和彩色。特别值得一提的是,中集集团(000039)在2005—2014年年报MD&A中披露业务收入构成情况时,都较好地运用了彩色饼状图和柱状图,而柳工(000528)则在MD&A中对其节标题、大标题和小标题分别用绿、红、蓝、黑四种不同颜色加以区分,醒目又清晰,大大增强了可读性,有助于帮助信息使用者快速获取最为重要的信息。

五 小结

综合以上统计与分析,目前我国上市公司年报MD&A信息披露主要存在以下突出问题:

第一,"照本宣科"。对照准则要求披露项目生搬硬套,从而出现张冠李戴甚至前后矛盾的情况。如,鞍钢股份(000898)在2003年和2004年"经营困难及解决方案"一项中披露的内容实际为报告期内公司开展的重要工作;百联股份(600631)在2005年标题为"报告期公司资产构成同比发生重大变化的说明"项下披露的内容却为营业费用、管理费用和财务费用及所得税的同比变化情况;新黄浦(600638)在2007年MD&A前一部分说明报告期公司无会计政策、会计估计变更或重大会计差错,而后部分却分析主要会计政策变更与会计估计变更的原因与影响。

第二,"复制粘贴"。即直接将上年度披露的MD&A内容复制到本年度MD&A中。如云南铜业(000878)2003—2007年MD&A中"经营情况讨论与分析"一项文字部分相同,只改动数字,而"经营问题与困难及对策"一项,五年的内容完全相同;威孚高科(000581)2005—2007年的"行业趋势分析""未来发展战略"和"未来发展战略所需资金、筹资及来源"项基本相同;方正科技(600601)2005年和2006年"风险因素及对策"一项完全相同;上海机电(600835)2005—2007年的"公司发展战略""资金需求与使用""风险因素分析与对策"则完全相同。

第三,"述而不析"。顾名思义,"管理层讨论与分析"关注的是讨论与分析,而且强调立足公司管理层视角进行分析。从目前我国上市公司年报MD&A披露现状看,大部分公司的MD&A披露仅限于简单叙述,或直接列示简单计算而得的财务数据变化百分比数据,空话、套话较多,而真正有价值的解释与分析较少。存在这类问题的公司不一而足。仅有少数公司如万科(000002)、中集集团(000039)、中兴通讯(000063)、包钢股份(600010)、中国石化(600028)等披露得较为全面和深入,分析性较强。

第四,"偷工减料"。如海虹控股(000503)在2003—2006年MD&A中未披露任何未来信息。而本钢板材(000761)2006年"控股子公司经营情况"一项明显披露不完整。

进一步地细分,则可以发现我国上市公司年报MD&A信息披露呈现以下特征:

第一,MD&A披露总体质量偏低,但2005年和2012年有明显提升。这表明2005年和2012年年报内容与格式准则对MD&A披露要求的细化,显著促进了上市公司MD&A信息披露实践,尤其是2012年,尤为明显。

第二,MD&A披露质量行业差异明显。MD&A各子项目披露数量和质量均与公司所在行业有密切关系。无论从准则遵循情况还是从最佳披露项目看,采掘业类上市公司MD&A披露质量较高,而社会服务业类上市公司MD&A披露质量相对偏低。

第三,从披露方式看,MD&A中强制性信息披露数量与质量比自愿性披露的信息要好,上市公司通过MD&A主动披露信息的意愿仍然较弱。同时也应该看到,每年都有部分公司主动披露准则外的相关信息,归纳起来主要集中在公司经营状况与重要财务指标方面,以及一些重要非财务信息,如投资者关系、员工关系、环境或环保及社会责任信息等。本书发现,上市公司的这种自愿披露行为已经大大推动了MD&A信息披露规范的发展与完善。可见,上市公司信息披露实务与准则建设之间是一种互动关系,二者相互影响、相互促进,从而实现信息披露理论与实务的共同发展与完善[①]。

第四,从信息类型看,MD&A披露的财务信息数量与质量均显著高

---

① 李燕媛:《"管理层讨论与分析"信息披露质量——来自沪深300指上市公司2003—2007年的证据》,《山西财经大学学报》2012年第12期。

于非财务信息。MD&A 非财务信息披露亟须重点加强。

第五，从信息导向看，MD&A 披露的历史信息数量占绝对优势，质量也显著高于前瞻性信息。MD&A 披露的前瞻性尤其薄弱。

第六，从披露格式看，我国上市公司年报 MD&A 披露中表格形式被广泛运用，而图形和色彩的运用仍十分有限，MD&A 披露的可读性尚需增强。

以上研究表明，到目前为止，被引入我国财务报告体系的 MD&A 尚未真正具备"管理层讨论与分析"所应具备的本质属性与核心特征，这种从西方直接移植而来的披露制度至今仍是"形似而神非"，这可能正是它在美国被誉为"心脏和灵魂"而在我国资本市场却悄然无声、为人漠视的根本原因。所幸的是，中国证监会、沪深交易所已经开始关注和重视 MD&A 信息披露，上市公司 MD&A 披露质量正逐步提高。

第六章

上市公司 MD&A 信息披露质量影响因素研究

第四章基于信息使用者视角的问卷调查和第五章针对上市公司 MD&A 信息披露的内容分析及描述性统计结果一致表明这样一个事实：我国上市公司年报 MD&A 披露质量总体偏低。本章将尝试从宏观、中观和微观层面建立实证模型探寻究竟有哪些主要因素影响了我国上市公司年报 MD&A 信息披露质量，以期为有针对性地提高我国上市公司 MD&A 信息披露质量提供数据支撑。

一 文献回顾与研究述评

MD&A 信息披露质量受宏观、中观和微观层面各种因素的综合影响。其中，宏观层面主要包括经济（如市场的发展）、法律（披露要求的不断完善）、科技（如 XBRL 的运用）及政治等因素；中观层面则主要包括企业所在行业及所在区域等因素；微观层面则主要包括公司治理结构、公司特征等。根据文献回顾，MD&A 信息披露质量主要受公司业绩（李常青，2005；郑艳秋，2012；李慧云、张林，2015；程新生，2015）、公司治理结构（李常青，2008）、公司规模和行业（刘家松、王惠芳，2006；郑艳秋、曹娴静，2012）以及公司融资需求（陆宇建、吴祖光，2010）等的影响。他们为本书提供了很多有益启示，但他们主要立足于微观层面，所用数据多为单年度的横截面数据，样本量普遍较少，且用以衡量

MD&A 信息披露质量的变量或指数各有不同，其研究结论也各不一致。

鉴于此，课题组认为关于中国上市公司 MD&A 披露质量影响因素的研究仍不充分，有必要进一步纳入宏观与中观因素，采用多年度数据进行综合考察。本书在现有研究的基础上进行了以下改进：

第一，增加了样本量，采用面板数据。本书采用的是连续 12 年的面板数据，共计 2208 个样本观察值。本书将既有研究所提出的影响因素重新纳入面板数据模型中，以验证已有研究结论的普适性。

第二，新增许多可能影响 MD&A 信息披露质量的因素，其中还包括部分中观和宏观因素。本书新增第一大股东持股比例、实际控制人属性、审计委员会设立、融资需求、并购重组、行业竞争度、上市所在地、市场环境与法律环境等微观、中观与宏观因素，以通过信效度检验的 MD&A 信息披露质量指数为因变量，以期能找出是哪些主要因素影响着我国上市公司 MD&A 披露质量。

第三，构建了更为全面的 MD&A 披露质量测评指数。该指数立足于上市公司 MD&A 信息披露实践，并不拘泥于准则要求本身，特别考察了公司在准则外所自愿披露的项目。而且，本书并未停留在考察"披露与否"的问题上，还进一步考察了"披露什么"的问题，将 MD&A 信息进一步细化为强制与自愿、财务与非财务、历史性与前瞻性三个方面，对 MD&A 信息披露的影响因素展开了更深入的分类研究。

二 理论分析与研究假设

限于篇幅，本章不再对国内既有研究已经提到的因素展开理论分析，相应的假设将在表 6—2 "预期符号"栏一并体现。本部分将重点对新加入的待检验因素，以及本书所选择的新的测度变量进行分析。

（一）公司微观层面

1. 公司治理与 MD&A 信息披露

公司治理是 MD&A 信息生成的制度环境，高质量 MD&A 披露建立在有效的公司治理基础之上。以往研究主要考虑了股权集中度（前十大股东持股比之和）、董事会独立性、管理层持股比例（或管理层报酬）等公司治理因素。本书新加入的因素包括：

(1) 股权集中度与实际控制人属性

在股权集中度方面，考虑到我国上市公司股权结构特色鲜明，"一股独大"现象明显。本书重点考虑第一大股东持股对 MD&A 披露水平的影响。

现有研究表明，控股股东对会计信息披露的影响可能是利益协同效应，也可能是利益侵占效应（Entrenchment Effect）。前者认为，第一大股东持股比例越高，股东越有动力关注和监督公司的经营管理，管理层也会因为股东有力的监督而更为勤勉尽责。正是基于此，施莱弗和维什尼（Shleifer & Vishny，1986）认为大股东的监督和控制发挥了积极作用。利益侵占则是指大股东对小股东的盘剥问题。这种观点得到了众多实证研究的支持，他们认为，当股权高度集中时，大股东则更有能力利用其绝对控制权来侵占中小股东的利益，因此隐瞒、粉饰会计信息的可能性更大。股权分散时的信息披露水平高于股权高度集中时的信息披露水平（Fama & Jensen，1983；Schadewitz & Blevins，1998；Fan & Wong，2002 et al.）。而我国"一股独大"现象突出，高度集中的股权结构使得大股东往往缺乏来自中小股东的制衡，可能利益侵占效应更明显。据此提出：

假设 1.1：公司第一大股东的持股比例越大，其 MD&A 信息披露指数越低。

进一步地，不同性质的股东，因其持股利益和动机有所不同，对会计信息披露质量的影响也会有差异。我国绝大部分上市公司直接由国企改制而成，国家在上市公司中占主导地位，国有控股公司对准则和披露政策更为敏感，其政策应对特征更为明显，一般在文本信息披露方面更具体和详细，也愿意披露更多的信息以防范和降低政策风险。恩和马克（Eng & Mark，2003）发现政府持股越多的公司，其自愿性会计信息披露质量越高。而在我国，也有许多学者研究发现国有控股公司的会计信息质量显著高于非国有控股公司（高明华、蔡卫星等，2010）。国有控股公司除纯商业经营目标之外，往往还负有一定的政治目标或社会目标（如履行社会责任、执行国家战略等），社会监督力度加大，公司管理层可能倾向于通过 MD&A 披露更多的信息，以解除受托责任。据此提出：

假设1.2：第一大股东实际控制人为国有股的公司，其MD&A信息披露指数越高。

（2）机构投资者持股比例

作为专业的会计信息用户，机构投资者在资金规模、信息搜集及解析等方面均具有中小散户所无法比拟的优势，他们一方面是信息使用者，另一方面又是会计信息加工和传播渠道，其占比对公司提供会计信息的数量、方式甚至时间均具有一定的影响。如果机构投资者占比较大，则其基于利益动机有更强的动力来监督公司管理层的行为，具有限制管理层逆向选择和道德风险的经济激励和专业胜任能力（Shleifer & Vishny, 1986）。支持这种观点的学者还有 Kinnon 和 Dalimunthe（1993）、Mitchell et al.（1995）、Beasly（1996）等，他们认为当机构投资者持股比例增加，将减少其干预成本、提高干预效果，能有效激励他们监督公司的财务报告。MD&A作为财务报表的有益补充，主要提供的是管理层对企业当期经营和财务报表的解释以及对公司未来前景与风险的说明。相比一般投资者而言，机构投资者更为熟知MD&A信息，也是MD&A信息的主要用户，因此，机构持股比越高的公司，越有动力和压力专注于MD&A信息披露。据此提出：

假设1.3：公司机构投资者持股比例越高，其MD&A信息披露指数越高。

（3）管理层与股东利益接近程度

尽管管理层持股是衡量管理层与股东利益接近程度的常见变量，如李康等（2005）、李常青等（2008），结果他们都没有发现管理层持股与MD&A信息披露相关的证据。可能的解释是，目前上市公司管理层持股的数量和比例都还相对较低，尚未起到应有的激励作用，而且该数据缺失比较多，对研究结论的影响很大。刘家松等（2006）在研究中采用高管报酬（前三名高管报酬之和）作为替代变量，这可能比管理层持股变量更适合。许多关于管理层激励与公司业绩关系的研究也都采用的是管理层报酬这一变量，且大多支持管理层报酬与公司业绩正相关的结论（张俊瑞等，2003；蒋航程等，2007；等）。

本书也选取管理层报酬作为管理层与股东利益接近程度的替代变量，但考虑到MD&A信息披露和董事会、监事会与高管人员关系密切，故采用董事会、监事会与高管人员年度报酬总额来衡量。据此提出：

假设1.4：董事会、监事会和高管人员年度报酬总额与 MD&A 披露指数正相关。

（4）审计委员会的设置

第三章已述及，审计委员会的首要职责就是复核会计报表与其他财务报告及公布前的盈利数据，监督财务报告的披露。

一般认为，审计委员会的存在使得公司内部控制更优，对管理层会计信息披露起到了监督作用，有助于提高会计信息质量。已有研究结果发现，审计委员会是影响财务报告可靠性的重要因素之一（Anderson & Mansi, 2004）。相对没有审计委员会的公司，设立了审计委员会的公司，其出现财务舞弊提供虚假财务信息的概率要小一些（Wild, 1996），而且审计委员会的设立还显著促进了公司的自愿性信息披露（Ho & Wong, 2001；Simon & Kar, 2001 et al.）；Felo 等（2003）还进一步研究了审计委员会的特征与会计信息披露质量的关系，从而发现审计委员会规模越大，会计信息披露质量越高，而且审计委员会中有财务会计背景的委员越多，则会计信息质量也越好。我国学者翟华云（2006）则从盈余反应系数的角度研究了 2002—2004 年度上市公司审计委员会对盈余质量的影响，结果发现上市公司设置审计委员会能够提高盈余反应系数。据此提出：

假设1.5：设立审计委员会的公司 MD&A 披露质量高于未设审计委员会的公司。

2. 公司特征

MD&A 信息披露的内容取决于各公司的具体情况，以往研究提出了许多可能影响 MD&A 信息披露的公司特征因素，主要包括公司规模、盈利能力、负债比例等。在此基础上，本书先考虑以下因素。

（1）再融资需求

我国上市公司普遍存在强烈的再融资动机。公司为获得再融资机会并提高融资目标，除了满足监管部门所规定的财务指标条件外，还会尽量加强与投资者尤其是机构投资者的交流与沟通。因此，具有融资计划的公司，可能会选择利用 MD&A 向外部信息用户传递有利于公司形象的积极信号，以更好地满足信息使用者的需求，进而为实施再融资计划创造条件,同时还可能降低融资成本(Trombetta & Gietzmann,2003;张宗新等,2005;等)。据此提出:

假设1.6:具有再融资计划的公司,其MD&A披露指数更高。

(2) 并购重组

针对并购重组对公司经营业绩和资本结构的影响,国内外学者进行过大量的实证研究。无论是正面影响还是负面影响,并购重组都会对并购公司财务状况和经营成果产生一定影响。发生并购的公司管理层应该在当年年度报告MD&A中就并购重组已经或可能产生的影响及不确定性予以说明和解释。据此提出:

假设1.7:当年发生并购重组的公司,其MD&A披露指数更高。

(3) 公司在所处行业中的市场份额

一般认为,同一行业中,公司产品市场占有率越高,其竞争优势越强。根据信号理论,管理层更愿意向市场详细传递这种积极信息,而MD&A也要求披露主要产品的市场占有率信息与公司在所处行业的地位及优势。由此推断,在所处行业市场份额越大的公司,其MD&A信息披露质量可能更高。据此提出:

假设1.8:公司在所处行业的市场份额越大,其MD&A披露指数越高。

(二) 行业中观层面

公司所在行业不同,所面临的宏观环境和竞争格局与程度均不同,进入壁垒自然有差异,因此,其竞争劣势成本也有所不同(Verrecchia,1983)。这种差别影响着公司会计信息披露的数量和类型。一般而言,进入壁垒低的行业,其专有成本可能更高,因为潜在竞争者更有可能针对公司披露的信息采取行动。如萃取行业进入壁垒高,研究发现这些行业的自愿性披露更多(Kinnon & Dalimunthe,1993;Meek et al.,1995)。就MD&A披露而言,Seah和Tarca(2006)发现,食品加工业披露的MD&A信息最多,制药业次之,零售商最少。国内学者李常青等(2005)通过描述性统计发现,不仅MD&A各项目披露与否受行业影响,各项目的信息性质（积极或消极）也受行业影响[①]。本书第五章的现状研究同样证实不同行业的公司，其 MD&A 信息披露指数存在一定差异。因而提出：

假设2：行业竞争程度与 MD&A 披露指数负相关。

（三）市场与法律环境宏观层面

影响 MD&A 信息披露的宏观环境因素有很多，以往研究主要考虑是否跨境上市。一般认为，由于美国、新加坡和中国香港等地的资本市场更为成熟，其会计信息披露制度和相关法律监管更为健全，因此，跨境上市的公司，由于受到境外资本市场监管的影响，其会计信息披露质量会更高。就 MD&A 信息披露而言，B 股市场和 H 股市场的 MD&A 制度比 A 股市场起步更早，发展时间更长，相关法律和监管制度相对更健全，且海外证券市场普遍比较重视 MD&A 信息披露。因而提出：

假设3.1：跨境上市的公司，其 MD&A 信息披露指数更高。

除将该因素纳入模型外，本书另外考虑市场环境和法规环境两个因素：首先，在上海和深圳两个不同交易所上市交易的公司其信息披露水平也可能有所不同，如上交所的上市公司在年报中披露社会责任信息的水平在总体上要高于深交所的上市公司（沈洪涛，2007）。而且，上海证券交易所最先关注并重点研究过 MD&A 信息披露问题，可见其更为重视 MD&A 信息披露，由此提出：

假设3.2：上海证券交易所公司 MD&A 披露质量高于深圳证券交易所公司。

其次，企业信息披露实践还直接受政府监管的影响，即信息披露的强制性要求程度和这些要求被一个独立执行部门强制执行的程度会影响到披露水平，且政府通过法规对公司会计信息披露行为的影响始终处于动态调整中，并非一成不变。从我国 MD&A 信息披露规范的变迁不难看出，证监会对 MD&A 信息披露的重视程度日益增强，相应的信息披露要求也逐步完善，尤其是2012年年报《内容与格式准则》的修订，十分强调 MD&A 信息披露。第五章的现状描述性统计已经证实这一点，本章将

---

① 李常青、王毅辉等：《上市公司定期报告"管理层讨论与分析"披露研究》，上海证券交易所联合研究计划第十四期课题报告，2005年，第44页。

通过实证模型再次印证这一结论。由此提出:

假设 3.3:2012—2014 年公司 MD&A 信息披露指数显著高于 2012 年之前。

三　研究变量与样本选择

(一) 样本与数据

本章所选样本与前章保持同质性,合计 2208 个样本观测值,研究期间为 2003 年至 2014 年;所需公司财务数据、公司治理数据和并购重组数据等均来源于 CCER 和 CSMAR 数据库,部分经手工搜集。数据处理主要采用 STATA 11.0 完成。

(二) 变量选择与衡量

1. 被解释变量

本章旨在识别影响中国上市公司年报 MD&A 信息披露的主要因素,被解释变量为本书第五章所计算的 DQI2a。DQI2a 为考虑不适用项目的披露指数。之所以选取 DQI2,是因为 DQI1 只反映了准则执行程度,而 DQI2 才能反映上市公司 MD&A 信息披露的实际情况;加之,B 类有许多项目涉及不适用问题,故在此采用考虑不适用项目的 DQI2a。此外,本书还将细化研究是哪些因素影响了 MD&A 中的强制性信息、自愿性信息、非财务信息及前瞻性信息的披露水平。被解释变量定义如表 6—1 所示。

表 6—1　　　　　　　　被解释变量定义表

	变量名称	经济含义	计量方法
模型 1	$DQI2a$	MD&A 总体披露指数	公式见第五章式 5—2
模型 2	$DQI(M)$	MD&A 强制披露指数	第五章 A 类和 B 类项目的披露指数和
模型 3	$DQI(V)$	MD&A 自愿披露指数	第五章 C 类和 D 类项目的披露指数和
模型 4	$DQI(NF)$	MD&A 非财务信息披露指数	公式见第五章式 5—4
模型 5	$DQI(FL)$	MD&A 前瞻性信息披露指数	公式见第五章式 5—6

2. 解释变量与控制变量

解释变量与控制变量中，公司业绩指标和行业竞争度指标需要作出特别说明：

（1）公司业绩指标

通常用来衡量公司业绩的指标有净资产报酬率（ROE）、总资产报酬率（ROA）、每股收益（EPS）和主营业务利润率等，其中 ROE 是反映资本所有者投资获利能力的国际通用指标和杜邦分析模型中的核心指标。由于我国证监会将其作为首次公开发行、配股和进行特别处理等的硬性指标，有人认为我国资本市场存在着明显的"10%""6%"现象[1]，ROE 指标已被扭曲。然而事实上至今仍然没有明显证据证明"10%""6%"现象就是由利润操纵引起的，这不过是一种主观推论，且 ROE 位于 10% 和 6% 附近的公司并非都存在利润操纵行为，没有数据支持这一观点。"利润操纵"只是一种可能的解释，并不具有一般意义[2]（汪德华、刘志彪，2004）。鉴此，本书仍然选用最具代表性、综合性最强的 ROE 指标，但采用连续三年 ROE 的平均值来弱化单一年度 ROE 指标可能存在的不足，同时，采用 ROA 进行稳健性测试。

（2）行业竞争度指标

行业市场竞争度是一个非货币化概念，最常用的替代变量有企业数目、行业进入壁垒（一般以行业平均资产近似衡量）、赫芬达尔—赫希曼指数（Herfindahl - Hirschman Index，HHI）和勒纳指数（Lerner Index）等。其中，HHI 是反映市场集中度的综合指标。一般而言，HHI 越大，表示市场集中度越高，垄断程度越高，行业间竞争水平越低。但理论界对市场集中度与行业竞争度之间的关系没有统一定论：哈佛学派认为市场集中度高就意味着市场垄断程度高，竞争程度低；而芝加哥学派则认为集中度的提高在很大程度上是有效竞争的结果。相关实证研究结论也

---

[1] 当中国证监会要求上市公司 ROE 连续三年平均 10% 时方可配股时，上市公司公布的 ROE 指标异常集中在 10%—12%，不符合正常的正态分布，称之为 10% 现象；当中国证监会要求上市公司 ROE 连续三年平均 6% 时方可配股时，上市公司公布的 ROE 指标异常集中在 6%—8%，不符合正常的正态分布，称之为 6% 现象。

[2] 汪德华、刘志彪：《再融资政策、上市公司增长冲动与业绩分布》，《世界经济》2004 年第 27 卷第 7 期。

不一致，有人认为市场集中度与竞争程度显著正相关（Claessens & Laeven，2004），有人却得出了完全相反的结论（Bikker & Haaf，2002）。而且有学者对用集中度来度量行业竞争度提出了质疑，因为市场集中不等于没有竞争（袁德磊等，2007）。

Lerner 指数则是由著名经济学家阿贝·勒纳（Abba Lerner）所提出，通过对价格与边际成本偏离程度的度量来反映市场垄断程度。其公式为：

$$L = (P - MC)/P \qquad (式6—1)$$

式6—1中，L 为勒纳指数，P 表示价格，MC 表示边际价格。$L \in [0,1]$，L 越大，表示市场垄断力量越强；反之则表示竞争程度越高。在市场完全竞争时，$L=0$。不难发现，Lerner 指数主要用以度量某个厂商垄断势力的大小，其边际成本的测算也比较困难。学术界在用它来度量行业市场竞争度时，往往用调整后的 Lerner 指数。如 Aghion（2005）将 Lerner 指数调整为：li_{it} = （利润－资本成本）/销售收入，然后用行业内各企业 Lerner 指数的平均值来衡量产品市场竞争度：

$$comp_{jt} = 1 - \frac{1}{N_{jt}} \sum_{j \in j} li_{it} \qquad (式6—2)$$

式6—2中，i 表示企业，j 表示行业，t 表示时间，N_{jt} 表示行业 j 在 t 期的企业数。

但问题是资本成本的计算同样困难，因此很少有国内学者采用 Lerner 指数来衡量我国企业的行业竞争度。

如此一来，最贴近中国经济体制和现状的行业竞争度测度指标当属民营企业的市场份额。在中国，一个行业的民营企业比重往往反映了该行业的开放程度，进而体现了该行业的竞争程度。中国目前的金融政策偏袒国有企业，而税收政策偏袒外资企业，相对而言，民营企业夹在国企和外企中不太受宠。可见，进入民营企业的体制壁垒是客观存在的，那么，一个行业中民营企业所占比例越高，则表明该行业进入壁垒越低，相应地，其竞争度自然越高。正如平新乔和周艺艺（2007）所指出的那样，在中国，行业中民营企业占比可能比行业集中度等指标更适合用来作为市场竞争程度的替代指标①。因此，本书拟采用民营企业的市场份额来测度行业竞争度，但囿于数据可得性，在计算行业总销售收入和民营企业市场份额时，采用的是上市公司数据。

其他解释变量的选取与计量将一并在表6—2中反映。

表6—2　　　　　　　　　主要变量定义与计量

变量类型	变量名称	经济含义	计量方法	预期符号
解释变量	CR1	股权集中度	第一大股东持股比例	-
	GC	实际控制人属性	哑变量。上市公司年报中披露的，截至12月31日，第一大股东的最后控股股东类别。如果当年实际控制人属性为国有，取值为1；否则，取值为0	+
	IISP	机构投资者持股比	机构投资者持股数量/总股本	+
	WAGE	管理层报酬	董事会、监事会和高管人员年度薪酬总和	+
	INDEP	董事会的独立性	独立董事比例，即独立董事数量/董事总人数	+
	AUDC	审计委员会的设立	哑变量，当公司设立审计委员会时，取值为1；否则为0	+
	BIG4	外部审计师特征	哑变量，当会计师事务所为四大之一时，取值为1；否则为0	+
	FINAN	再融资需求	哑变量，公司次年发布增发、配股或发行可转债预案时，取值为1；否则为0	+
	M&A	并购重组	哑变量，公司当年发生并购重组时，取值为1；否则为0	+
	MARKS	市场份额	市场占有率，即公司年末销售收入/所在行业总销售收入	+
	COMP	行业竞争程度	民营企业的市场份额，即民营企业销售收入/行业总销售收入	-

---

① 平新乔、周艺艺：《产品市场竞争度对企业研发的影响——基于中国制造业的实证分析》，《产业经济研究》2007年第5期。

续表

变量类型	变量名称	经济含义	计量方法	预期符号
控制变量	SIZE	公司规模	公司年末资产总额的自然对数	+
	ROE	公司业绩	近三年净资产收益率平均值（全面摊薄）	+
	DEBT	财务杠杆	年末资产负债率，即年末负债总额/年末资产总额	-
	ABRO	交叉上市状态	哑变量，公司交叉上市，取值为1；否则为0	+
	PLACE	上市地点	哑变量，当公司在上海证券交易所上市时，取值为1；否则为0	+
	YEAR	年度变量	哑变量	

（三）模型构建

模型如下：

$$DepVars = \alpha + \beta_i \sum IndepVars + \gamma_i \sum ConVars + \eta$$

式中，$DepVars$ 是被解释变量，模型1至模型5的 $DepVars$ 分别为 $DQI2a$、$DQI(M)$、$DQI(V)$、$DQI(NF)$ 和 $DQI(FL)$；$IndepVars$ 为解释变量，$ConVars$ 为所有控制变量。5个模型的被解释变量不同，解释变量与控制变量相同，具体见表6—2。α 为截距项，β_i、γ_i 是待估系数，表示各解释变量对被解释变量的影响程度，η 是随机扰动项。

四 统计结果与分析

（一）描述性统计

描述性统计结果见表6—3，包括全样本（$n=2208$）、国有控股样本（$n=1759$）和非国有控股样本（$n=449$）各主要变量的均值、中位数、标准差、最小值与最大值。为消除离群值的影响，对连续变量进行了1%水平的双向缩尾处理。结果显示，第一大股东实际控制人为国有的公司，其MD&A披露指数（$DQI2a$）、MD&A自愿披露指数 $DQI(V)$、MD&A非

财务信息披露指数 DQI（NF）和 MD&A 前瞻性信息披露指数 DQI（FL）均显著高于第一大股东实际控制人为非国有的公司，这与研究假设 1.2 吻合；第一大股东实际控制人为国有的公司，其 MD&A 强制披露指数 DQI（M）高于第一大股东实际控制人为非国有的公司，其中位数差异显著，但其均值差异不显著；第一大股东实际控制人为国有的公司，其第一大股东持股比例（CR1）、资产规模（SIZE）和资产负债率（DEBT）均显著高于非国有控股的上市公司；除机构投资者持股比（IISP）和公司业绩（ROE）外，无论在 t 检验，还是在曼-惠特尼 U 检验下，两组样本的各主要变量均存在显著差异。国有控股公司的机构投资者持股比（IISP）均值略低于非国有控股公司，国有控股公司的公司业绩（ROE）高于非国有控股公司，但差异不显著。

表 6—3　　主要变量的描述统计

	DQI2a	DQI(M)	DQI(V)	DQI(NF)	DQI(FL)	IISP	CR1	SIZE	ROE	DEBT
全样本（$n=2208$）											
均值	0.3435	0.2989	0.0446	0.1121	0.0451	0.2057	0.4229	23.1743	0.1095	0.5316
中位数	0.3125	0.2750	0.0365	0.1044	0.0438	0.1380	0.4432	23.0435	0.1078	0.5430
标准差	0.1239	0.1051	0.0364	0.0634	0.0267	0.1966	0.1741	1.1543	0.1331	0.1735
最小值	0.0745	0.0671	0.0000	0.0000	0.0000	0.0000	0.0362	19.8502	-2.4506	0.1071
最大值	0.7784	0.6705	0.4194	0.4257	0.1607	0.9070	0.8500	28.0035	0.4947	0.8704
国有控股样本（$n=1759$）											
均值	0.3471	0.3006	0.0465	0.1137	0.0458	0.2056	0.4486	23.2753	0.1106	0.5362
中位数	0.3140	0.2760	0.0375	0.1064	0.0441	0.1334	0.4901	23.1476	0.1075	0.5469
标准差	0.1240	0.1048	0.0374	0.0638	0.0269	0.2018	0.1676	1.1749	0.1164	0.1764
最小值	0.0769	0.0671	0.0000	0.0000	0.0000	0.0000	0.0362	20.5572	-2.4506	0.1071
最大值	0.7784	0.6705	0.4194	0.4257	0.1607	0.9070	0.8500	28.0035	0.4947	0.8704
非国有控股样本（$n=449$）											
均值	0.3296	0.2923	0.0373	0.1058	0.0425	0.2064	0.3221	22.7788	0.1049	0.5136
中位数	0.3019	0.2667	0.0306	0.0978	0.0417	0.1636	0.2938	22.7392	0.1092	0.5272
标准差	0.1229	0.1063	0.0312	0.0616	0.0261	0.1753	0.1624	0.9745	0.1847	0.1607

续表

	DQI2a	DQI(M)	DQI(V)	DQI(NF)	DQI(FL)	IISP	CR1	SIZE	ROE	DEBT
	非国有控股样本（$n=449$）									
最小值	0.0745	0.0745	0.0000	0.0051	0.0000	0.0000	0.0643	19.8502	-2.3204	0.1071
最大值	0.6875	0.5739	0.2661	0.2938	0.1282	0.7087	0.8147	25.5489	0.4764	0.8704
	全样本（$n=2208$）									
均值之差	0.0175	0.0083	0.0092	0.0078	0.0032	-0.0008	0.1265	0.4965	0.0058	0.0226
t 值	2.6688***	1.4948	4.7792***	2.3412**	2.2995**	-0.0777	14.3695***	8.2574***	0.8191	2.4685**
中位数之差	0.0121	0.0094	0.0069	0.0086	0.0025	-0.0301	0.1963	0.4084	-0.0017	0.0197
Z 值	2.895***	1.690*	5.344***	2.049**	2.137**	-1.1300	13.863***	7.760***	-1.0490	2.664***

注：均值比较为 T-Tests 的 t 值，中位数比较为曼-惠特尼 U（Man-Whitney U）检验的 Z 值；***、**、*分别表示在 1%、5% 和 10% 水平上显著。

（二）相关性分析

相关性分析见表 6—4。结果显示，除 DQI2a 与 IISP、CR1 以外的其他解释变量均表现为显著正相关，这与绝大多数研究假设是一致的。机构持股比（IISP）和第一大股东持股比例（CR1）的方向均与假设一致，但都不显著。行业竞争度（COMP）与 DQI2a 显著正相关，这与假设 2 刚好相反。表 6—4 表明，DQI2a 与公司规模、资产负债率显著正相关，而与公司业绩和上市地点显著负相关。其中，公司业绩和上市地点这两个因素的影响方向与预期符号不一致。但 Pearson（Spearman）相关系数进行的是单变量检验，各解释变量与 MD&A 信息披露指数的真实关系有待于多元回归的进一步验证。

第六章 上市公司 MD&A 信息披露质量影响因素研究

表 6—4　Pearson (Spearman) 相关系数

	DQI2A	IISP	CR1	GC	INDEP	AUDC	BIG4	FINAN	MARKS	COMP	M&A	WAGE	SIZE	ROE	DEBT	ABRO	PLACE
DQI2A		0.040*	-0.027	0.058**	0.104***	0.133***	0.075**	0.039**	0.062***	0.001	0.070***	0.294***	0.408***	-0.101***	0.151***	0.082***	-0.126***
IISP	0.026		-0.142***	0.002	0.073***	0.073***	0.131***	0.010	-0.034	-0.092***	0.079***	0.199***	0.059***	0.197***	-0.102***	0.151***	0.019
CR1	-0.021	-0.231***		0.293***	-0.105***	-0.066***	0.085***	-0.013	0.024	-0.147***	-0.168***	-0.207***	0.148***	0.014	-0.033	-0.085***	0.039***
GC	0.062***	-0.024	0.295***		-0.063***	0.015	0.101***	-0.005	0.055***	-0.111***	-0.06***	-0.050	0.173***	0.017	0.053	0.103***	-0.142***
INDEP	0.125***	0.107***	-0.085***	-0.021			0.158***	0.059***	0.034	-0.022	0.054**	0.170***	0.144***	0.162***	0.031	0.096***	0.065***
AUDC	0.137***	0.109***	-0.069***	0.015	0.150***		0.095***	0.041**	0.028	-0.030	0.215***	0.169***	0.251***	0.135***	0.049**	0.051**	-0.014
BIG4	0.094***	0.113***	0.083***	0.101***	0.053**	0.095***		-0.024	0.185***	-0.080***	0.007	0.264***	0.331***	0.060***	0.012	0.555***	0.127***
FINAN	0.043**	0.027	-0.016	-0.005	0.034	0.041**	-0.024		-0.011	-0.030	0.056***	0.002	0.064***	-0.007	0.130***	-0.026	-0.032
MARKS	0.039*	0.015	0.053***	0.117***	0.061***	0.030	0.185***	0.051***		0.133***	0.055***	0.125***	0.330***	-0.005	0.111***	0.197***	0.073***
COMP	0.240***	-0.073***	-0.176***	-0.152***	0.146***	0.05***	-0.060***	-0.016	-0.095***		0.033	-0.044**	-0.103***	-0.096***	0.005	-0.080***	-0.010
M&A	0.090***	0.101***	-0.169***	-0.063***	0.123***	0.215***	0.007	0.025	0.089***	0.038***		0.127***	0.194***	0.004	0.149***	0.043**	0.017
WAGE	0.368***	0.304***	-0.225***	-0.006	0.165***	0.294***	0.254***	0.056***	0.166***	0.114***	0.215***		0.441***	0.156***	0.144***	0.259***	-0.089***
SIZE	0.417***	0.077***	0.130***	0.165***	0.192***	0.272***	0.304***	0.0740***	0.380***	0.123***	0.204***	0.498***		0.097***	0.420***	0.319***	0.005
ROE	-0.104***	0.335***	0.040**	-0.022	0.045**	0.107***	0.105***	0.015	0.007	-0.171***	-0.004	0.274***	0.087***		-0.186***	0.013	0.004
DEBT	0.157***	-0.103***	-0.044**	0.057***	0.100***	0.062***	0.005	0.136***	0.179***	0.135***	0.145***	0.144***	0.440***	-0.157***		0.089***	-0.025
ABRO	0.094***	0.156***	-0.089***	0.103***	0.090***	0.051**	0.555***	-0.026	0.153***	-0.024	0.043**	0.214***	0.290***	0.032	0.076***		0.038
PLACE	-0.092***	-0.002	0.037*	-0.142***	-0.032	-0.014	0.127***	-0.030	0.087***	-0.057***	0.017	-0.039*	-0.007	-0.031	-0.025	0.038*	

注：***、**、* 分别表示在1%、5%和10%水平上显著（双尾检验）。变量的定义参见表6—2，n=2208，对角线上方是Pearson相关系数，对角线下方是Spearman相关系数。年度虚拟变量的系数未报告。

（三）多元回归结果与分析

本书采用 STATA 软件逐步回归，对原始模型中的所有解释变量与控制变量进行检验。表 6—5 报告了模型 1 至模型 5 的多元回归结果。

表 6—5　　　　　　　　　　回归结果

被解释变量	模型1 DQI2a 系数	t值	模型2 DQI（M） 系数	t值	模型3 DQI（V） 系数	t值	模型4 DQI（NF） 系数	t值	模型5 DQI（FL） 系数	t值
截距项	-0.1281	-3.07***	0.0457	1.2700	-0.1321	-7.95***	-0.2337	-9.29***	-0.1015	-8.71***
IISP	0.0156	1.80*			0.0075	2.18**				
CR1										
GC	0.0075	1.77*	0.0074	2.12**						
INDEP										
AUDC	0.0156	3.20***	0.0104	2.58***			0.0078	2.76***	0.0053	3.80***
BIG4					0.0062	3.36***				
FINAN									0.0038	2.86***
MARKS			-0.0747	-2.95***	0.0913	7.46***				
COMP			0.0107	2.42**	-0.0049	-2.28**	-0.0062	-1.95*		
M&A	0.0113	3.01***	0.0123	3.99***						
WAGE	0.0000	2.61***	5.37E-10	2.47**			0.0000	2.48**	0.0000	-4.15***
SIZE	0.0205	10.25***	0.0095	5.79***	0.0087	11.57***	0.0146	12.55***	0.0054	9.91***
ROE	-0.0629	-4.75***	-0.0485	-4.62***						
DEBT	-0.0250	-2.31**			-0.0132	-3.06***	-0.0236	-3.70***	-0.0104	-3.48***
ABRO							0.0126	3.98***		
PLACE	-0.0307	-8.99***	-0.0163	-5.79***	-0.0153	-11.11***	-0.0175	-8.48***	0.0017	1.72*
D2004										
D2005	-0.0522	-7.43***	-0.0251	-4.35***	-0.0248	-9.63***	-0.0099	-2.54**	0.0291	14.72***
D2006	-0.0551	-7.80***	-0.0252	-4.34***	-0.0270	-10.55***	-0.0142	-3.68***	0.0376	18.81***
D2007	-0.0512	-6.73***	-0.0258	-4.11***	-0.0203	-8.02***			0.0400	18.95***
D2008	-0.0456	-5.84***	-0.0217	-3.37***	-0.0181	-7.19***	0.0555	13.87***	0.0203	9.37***
D2009	-0.0590	-7.48***	-0.0331	-5.06***	-0.0198	-7.85***	0.0533	13.24***	0.0191	8.68***
D2010	-0.0634	-7.95***	-0.0356	-5.38***	-0.0210	-8.32***	0.0512	12.66***	0.0185	8.36***
D2011	-0.0643	-7.97***	-0.0367	-5.46***	-0.0205	-8.10***	0.0476	11.68***	0.0175	7.81***
D2012	0.1430	17.97***	0.1524	22.95***			0.0681	16.78***	0.0356	15.98***
D2013	0.1449	17.84***	0.1546	22.73***			0.0658	15.99***	0.0338	14.88***

续表

被解释变量	模型1 DQI2a 系数	模型1 DQI2a t值	模型2 DQI(M) 系数	模型2 DQI(M) t值	模型3 DQI(V) 系数	模型3 DQI(V) t值	模型4 DQI(NF) 系数	模型4 DQI(NF) t值	模型5 DQI(FL) 系数	模型5 DQI(FL) t值
D2014	0.1447	18.16***	0.1519	22.75***					0.0259	11.72***
调整R^2	0.6188		0.6426		0.2695		0.4546		0.3333	
F值	189.54***		209.81***		59.17***		123.62***		69.97***	
VIF	<1.6		<1.6		<1.2		<1.3		<1.6	
样本量	2208		2208		2208		2208		2208	

注：（1）原始回归模型为：$DepVar = \alpha + \beta_i \sum IndepVars + \gamma_i \sum ConVars + \eta$。其中，$DepVar$ 是被解释变量，模型1至模型5的 $DepVar$ 分别为 DQI2a、DQI（M）、DQI（V）、DQI（NF）和 DQI（FL）；$IndepVars$ 表示解释变量，$ConVars$ 则表示控制变量。模型1至模型5的解释变量与控制变量均相同，变量的经济含义与计量方法参见表6—2。α 为截距项，β_i、γ_i 是待估系数，分别表示各因素对被解释变量的影响程度；η 是随机扰动项。逐步回归所得到的新方程不再一一列示。

（2）***、**、*分别表示在1%、5%和10%水平上显著（双尾检验）。

表6—5 显示，五个方程的拟合优度较高，模型2 调整 R^2 最高，达到 64.26%，各模型的 F 值都在1% 水平显著，表明各模型的整体显著性强；方差膨胀因子（VIF）均小于2，解释变量之间不存在严重的共线性问题。下面将对各模型展开分析。

1. MD&A 披露总体指数逐步回归分析

模型1的回归结果显示：在1%水平上，公司规模（SIZE）、审计委员会的设立（AUDC）、并购重组（M&A）、管理层报酬（WAGE）以及年度哑变量（2012—2014）均与 DQI2a 显著正相关；公司业绩（ROE）、上市地点（PLACE）以及年度哑变量（2005—2011）均显著负相关，符号与预期相反；在5%水平上，资产负债率（DEBT）与 DQI2a 显著负相关；在10%水平上，第一大股东实际控制人属性（GC）和机构持股比（IISP）均与 DQI2a 显著正相关。上述因素对我国上市公司 MD&A 信息披露影响显著。

模型1的检验结果证实了李康等（2005）、刘家松等（2006）、李常青等（2008）关于公司规模与 MD&A 披露水平显著正相关的结论；同时，本书新提出的研究假设 1.2、1.3、1.4、1.5、1.7 均得到支持。由此发现：

第一，从表 6—5 中模型 1 各变量的回归系数可以发现，年度因素影响最为显著，尤其是 2012—2014 年我国上市公司 MD&A 披露水平大幅度提升，这与第五章的现状描述性统计结果一致，说明宏观环境因素（主要为法规环境）对 MD&A 披露水平影响十分显著。其次是公司业绩，有趣的是，DQI2a 与公司业绩（ROE）显著负相关，符号与预期相反，这意味着公司对 MD&A 披露存在侥幸心理，盈利好的公司提升会计信息披露质量的动力不强，而一些业绩比较差的公司反而更愿意披露更为详细的 MD&A 信息，可能是当业绩不好时，管理层则希望通过 MD&A 对业绩差的原因提供更详尽的解释，以减免自身责任。国有控股公司的 MD&A 披露水平显著高于非国有控股公司，这与研究假设 1.2 一致。而机构持股比（IISP）对 MD&A 总体披露水平具有显著促进作用，与假设 1.3 一致，可见我国机构投资者已经开始发挥出其积极作用。

第二，设有审计委员会的公司 MD&A 信息披露水平比未设立审计委员会的公司更高。这表明审计委员会已经在监督公司信息披露方面发挥重要作用。

第三，高管报酬越高，则公司 MD&A 信息披露质量越好。这说明高薪酬的公司管理层更具有通过 MD&A 披露向股东和投资者传递分析性信息的动力和意愿，MD&A 在降低管理层和股东与投资者信息不对称程度方面发挥着重要作用。尽管 WAGE 的影响系数偏小，但高管激励机制的科学设计与有效实施无疑会更大地促进我国的 MD&A 信息披露水平。

第四，当期发生并购重组（M&A），其 MD&A 披露指数明显高于未发生并购重组的公司，与假设 1.7 一致，发生并购重组的公司具有披露并购重组对公司财务状况和经营成果影响的义务，其披露内容增加，MD&A 指数理所当然提高。

第五，MD&A 披露指数与上市地点（PLACE）显著相关，但符号与预期相反，即沪市上市公司的 MD&A 披露指数显著低于深市上市公司，可能的解释是，正是由于沪市上市公司 MD&A 披露问题突出，才引起上海证券交易所对 MD&A 披露的关注和重视，但由于一直未有实质性改善措施，其 MD&A 披露水平落后于深市的格局至今仍未扭转。

2. MD&A 强制性披露指数逐步回归分析

模型 2 的回归结果显示：在 1% 水平上，公司规模（SIZE）、审计委员会的设立（AUDC）、并购重组（M&A）及年度哑变量 D2012-2014 均与 DQI（M）显著正相关，公司业绩（ROE）、行业竞争度（COMP）、上市地点（PLACE）及年度哑变量 D2005-2011 与 DQI（M）显著负相关；在 5% 水平上，实际控制人属性（GC）、管理层报酬（WAGE）、行业市场份额（MARKS）均与 DQI（M）显著正相关。上述因素显著影响着 MD&A 中准则强制披露项目（A 类）和只有在符合某种情形时才需披露的项目（B 类）的披露水平。与模型 1 结果不同的是，行业市场份额和行业竞争度均通过了逐步回归检验，且显著相关，但方向均与研究假设刚好相反。可能的原因是，在强制性信息披露方面，行业市场份额越大的公司其行业地位越高，在强制性信息披露方面并没有动力；而行业竞争度越高的公司，由于该行业越开放，进入壁垒越低，这些公司一般会考虑商业竞争优势，因此不太愿意自愿披露一些专有信息，主要都是按照准则规定来执行，因此它们的 MD&A 信息主要体现在强制性披露方面。

同样，第一大股东实际控制人为国有（GC）的公司，对 MD&A 披露的正向影响也主要体现在强制性信息披露方面，国有控股公司为达成一定的政治目标或社会目标，对国家的政策和准则更敏感，按照制度规定办事的作风也体现到了会计信息披露方面。

3. MD&A 自愿披露指数逐步回归分析

模型 3 的回归结果显示：在 1% 水平上，公司规模、国际四大（BIG4）、在行业中的市场份额均与 DQI（V）显著正相关；资产负债率（DEBT）、上市地点（PLACE）和年度哑变量 D2005-2011 与 DQI（V）显著负相关；在 5% 水平上，机构持股比与 DQI（V）显著正相关；行业竞争度与 DQI（V）显著负相关。上述因素综合影响着 MD&A 中自愿披露项目的披露水平。由此得出：

第一，国际"四大"对 MD&A 自愿性信息披露促进作用明显，这可能是因为国际"四大"的审计师对 MD&A 更为熟悉，因此在与公司管理层沟通的过程中，会传递更多的指导意见，这些意见便体现在 MD&A 的自愿性披露中，提高了其自愿性披露水平。

第二，市场份额的增加有助于促进 MD&A 自愿披露，这表明在行业中占统治地位的大公司更有意愿利用 MD&A 向市场自愿披露信息以更好地与投资者沟通。

第三，机构持股比（IISP）对上市公司 MD&A 自愿性信息披露具有显著的正向作用，这与研究假设 1.3 一致。根据安永会计师事务所（Ernst & Young）对投资分析师采用的信息排名[1]，公司战略、新产品的研发、创新能力、市场份额、社会和环境政策、与员工及客户的关系等指标排名居前，这些信息主要都是 MD&A 中自愿披露的内容。机构持股比例越大的公司，这些信息披露越好，说明我国机构投资者开始通过公司治理机制促进上市公司信息披露尤其是自愿性信息披露质量。

第四，MD&A 自愿性信息披露水平与公司资产负债率显著负相关。资产负债率越高，则财务风险越大，在这种情况下，公司可能偏向于通过封锁信息，尤其是财务信息来规避债权人和投资者的追责和监督。Myers 和 Majluf（1984）把债务人的这一倾向称作规避信用危机的败德行为。Eng 和 Mak（2003）对新加坡上市公司信息披露影响因素的实证研究也证实了这一点。

第五，年度变量 2005—2011 年与 MD&A 自愿披露指数显著负相关，这与第五章现状描述性统计结果一致，其原因已在第五章分析，不再赘述。

值得关注的是，在自愿性信息披露方面，行业市场份额（MARKS）和行业竞争度（COMP）均为显著相关，且方向均与假设相吻合，但与模型 2［强制性披露指数 DQI（M）］中的方向刚好相反。可见，行业竞争份额和行业竞争度对强制信息披露指数和自愿性信息披露指数的影响刚好是相反的。行业市场份额越大的公司作为龙头企业更愿意披露一些专有信息，自愿性披露质量更高，比较忽视准则强制性披露的一般性项目；行业竞争度越高的公司则主要专注于强制性信息披露，自愿性信息披露方面则相对较差。

4. MD&A 非财务信息披露指数逐步回归分析

模型 4 的回归结果显示，公司规模、审计委员会的设立、管理层报

---

[1] 转引自李晓龙《上市公司非财务信息披露及规范问题探析》，《财务与会计》2005 年第 3 期。

酬、跨境上市（ABRO）及年度哑变量 D2008 – 2013 均与 DQI（NF）显著正相关；而行业竞争度、资产负债率、上市地点及年度哑变量 D2005 – 2006 与 DQI（NF）显著负相关。这些因素影响着上市公司年报 MD&A 非财务信息的披露。

在 5 个模型中，跨境上市只在模型 4 中通过了逐步回归检验，证实其只对非财务信息披露具有显著正影响。可能是因为国外发达证券市场普遍更为重视非财务信息披露，因此，跨境上市的公司在 MD&A 非财务信息披露方面表现更佳。

此外，行业竞争度在 10% 水平上通过逐步回归检验，对非财务信息披露的影响是显著负向的，即行业竞争度越高，MD&A 中非财务信息披露越差。这是因为，行业竞争度高的行业，其进入壁垒一般较低，则专有成本可能更高，潜在竞争者更有可能针对公司所披露的战略、风险、宏观环境等信息采取行动，从而产生竞争劣势成本，而这些信息多为非财务信息。

5. MD&A 前瞻性披露指数逐步回归分析

模型 5 回归结果显示：在 1% 水平上，公司规模、审计委员会的设立、再融资动机及年度哑变量 D2005 – 2014 均与 DQI（FL）显著正相关，资产负债率、管理层报酬与 DQI（FL）显著负相关；在 10% 水平上，上市地点与 DQI（FL）显著正相关。这是影响 MD&A 前瞻性信息披露的主要因素。

与前 4 个模型结果不同的是：再融资动机在 1% 水平上首次通过逐步回归检验，与前瞻性披露指数显著正相关。这表明，具有再融资动机的公司，为次年再融资方案顺利获批和成功，更愿意通过 MD&A 向监管部门和投资者展示公司的发展战略与前景，从而向市场传递公司未来财务状况和经营业绩信息。

需要特别说明，5 个模型中，第一大股东持股比未通过逐步回归检验。为进一步查明"一股独大"占比对 MD&A 信息披露的影响，另行采用全回归检验，结果显示，CR1 与 DQI2a 呈正相关关系，但不显著，其方向与假设 1.1 相反。换言之，在我国现阶段，股权集中的利益协同效应比侵占效应更明显①，股权高度集中的大股东既有动力又有能力监督管理层，从而对 MD&A 信息披露产生了一定的积极作用。当然，这也间接反映了上市公司对大股东的依赖性。

（四）敏感性测试

为检验上述结论的稳健性，本书还执行了以下敏感性测试：一是在模型 1 中，分别用 DQI2a 和 DQI2b 作为被解释变量进行回归；二是在模型 1 至模型 5 中，分别用 ROA（三年平均值）替换 ROE 进行回归。回归结果与前文结论没有显著差异，见表 6—6。因此可以认为，前文结论比较稳健。

表 6—6　　　　　　　　　　　　敏感性测试

被解释变量	模型 1 DQI2b 系数	t 值	模型 2 DQI（M）系数	t 值	模型 3 DQI（V）系数	t 值	模型 4 DQI（NF）系数	t 值	模型 5 DQI（FL）系数	t 值
截距项	−0.1301	−3.82***	0.0486	1.3000	−0.1396	−8.09***	−0.2332	−9.27***	−0.1015	−8.71***
IISP					0.0090	2.56**				
CR1										
GC	0.0081	2.34**	0.0070	1.99*						
INDEP										
AUDC	0.0126	3.17***	0.0095	2.37**	0.0042	2.14**	0.0081	2.86**	0.0053	3.80***
BIG4					0.0057	3.06***				
FINAN									0.0038	2.86**
MARKS			−0.0761	−2.98***	0.0880	7.14***				
COMP	0.0078	1.84*	0.0102	2.29**	−0.0053	−2.44**	−0.0072	−2.23**		
M&A	0.0105	3.46***	0.0123	3.98***						
WAGE	0.0000	3.50***	0.0000	2.31**			0.0000	2.75***	0.0000	−4.15***
SIZE	0.0170	10.50***	0.0099	5.56***	0.0092	11.50***	0.0148	12.71***	0.0054	9.91***
ROE	−0.0458	−4.30***	−0.1125	−3.47***	−0.0342	−2.15**	−0.0470	−2.00**		

---

① 深圳交易所和上海交易所的实证研究报告均得出过类似结论，它们曾分别发现第一大股东持股比例与公司业绩呈正相关关系，即股权集中有利于业绩的增长。

续表

被解释变量	模型1 DQI2b 系数	t值	模型2 DQI (M) 系数	t值	模型3 DQI (V) 系数	t值	模型4 DQI (NF) 系数	t值	模型5 DQI (FL) 系数	t值
DEBT	-0.0225	-2.58***	-0.0188	-1.84*	-0.0186	-3.69***	-0.0315	-4.20***	-0.0104	-3.48***
ABRO							0.0132	4.15***		
PLACE	-0.0198	-7.17***	-0.0169	-5.99***	-0.0153	-11.13***	-0.0176	-8.55***	0.0017	1.72*
D2004										
D2005	-0.0289	-5.09***	-0.0245	-4.24***	-0.0255	-9.55***	-0.0096	-2.47**	0.0291	14.72***
D2006	-0.0311	-5.45***	-0.0248	-4.26***	-0.0278	-10.42***	-0.0138	-3.56***	0.0376	18.81***
D2007	-0.0479	-7.79***	-0.0258	-4.11***	-0.0224	-8.12***			0.0400	18.95***
D2008	-0.0256	-4.06***	-0.0216	-3.34***	-0.0206	-7.30***	0.0562	14.00***	0.0203	9.37***
D2009	-0.0366	-5.74***	-0.0327	-4.98***	-0.0223	-7.88***	0.0539	13.37***	0.0191	8.68***
D2010	-0.0414	-6.41***	-0.0352	-5.30***	-0.0238	-8.39***	0.0514	12.72***	0.0185	8.36***
D2011	-0.0426	-6.52***	-0.0363	-5.38***	-0.0233	-8.17***	0.0478	11.74***	0.0175	7.81***
D2012	0.0213	3.31***	0.1529	22.97***	-0.0048	-1.69*	0.0680	16.76***	0.0356	15.98***
D2013	0.0245	3.73***	0.1552	22.76***	-0.0048	-1.66*	0.0653	15.83***	0.0338	14.88***
D2014	0.0264	4.10***	0.1524	22.71***					0.0259	11.72***
调整 R^2	0.2923		0.6408		0.2719		0.4553		0.3334	
F值	48.97***		197.89***		46.78***		116.29***		70.00***	
VIF	<1.6		<1.7		<1.4		<1.4		<1.6	
样本量	2208		2208		2208		2208		2208	

五 小结

本章在现有研究的基础上，加入10个新变量探讨了影响 MD&A 总体披露水平的主要因素，而且进一步对 MD&A 各类信息披露（包括强制性披露、自愿性披露、非财务信息披露及前瞻性信息披露）的主要影响因素进行了研究。其研究结论可作如下概括：

第一，从宏观层面看，法规环境和市场环境对 MD&A 信息披露影响较大。主要体现在：一方面，总体来看，法规细化以后，MD&A 信息披露质量明显提高。2012年年报《内容与格式准则》的修订与细化显著促进了上市公司 MD&A 信息披露实务，阶段性特征十分明显；另一方面，从市场环境看，无论是总体披露指数，还是强制性披露、自愿性披露与非财务信息披露指数，沪市上市公司显著低于深市上市公司，而深市上市公司在前瞻性信息披露方面显著强于沪市上市公司。而在海外跨境上市的公司，其 MD&A 非财务信息披露水平明显更高。

第二，从中观层面看，公司所在行业竞争度对 MD&A 各类信息披露质量的影响有一定差异，竞争度越高的公司，其强制性信息披露水平越高，而自愿性信息披露和非财务信息披露越差，这表明行业竞争度对 MD&A 强制性信息披露具有一定的正向促进作用，但在一定程度上却抑制了自愿性信息披露和非财务信息披露；而外部审计机构的规模和权威性只对 MD&A 自愿性信息披露具有显著促进作用。

第三，在公司治理方面，首先，未发现"一股独大"显著影响 MD&A 信息披露质量的证据，而第一大股东实际控制人为国有的公司，其 MD&A 总体披露指数和强制性信息披露指数较高。这与深圳交易所关于上市公司治理状况调查分析的结论一致，不支持"股权分散化、民有化是当前控制权归属改革的主要趋势"的流行观点；其次，随着机构投资者股权集中度的提高，公司 MD&A 总体披露指数和自愿性信息披露指数提高，表明我国机构投资者促进了对上市公司 MD&A 信息披露尤其是其自愿性信息披露；再次，审计委员会的设置对 MD&A 总体、强制性信息、非财务信息及前瞻性信息披露水平均具有显著的积极作用。这表明，尽管我国引入审计委员会制度的时间不长，其理论和实践均不太成熟，但它对上市公司改善公司治理结构，提高财务报告质量仍然起到了较为明显的作用；最后，必须指出，未发现独立董事占比与 MD&A 总体披露指数及各项信息披露指数之间显著相关的任何证据。可见，独立董事对 MD&A 信息披露的作用尚未体现出来。

第四，在公司特征方面，MD&A 信息披露总体质量主要受公司规模、财务杠杆、公司业绩、管理层报酬和当期并购重组事件的影响，而未发现公司在所在行业中的市场份额及再融资需求对 MD&A 信息披露总体质量具有显著影响的证据。就分项信息而言，在企业微观层面，首先，管理层报酬与 MD&A 总体披露指数、强制披露指数及非财务信息披露指数均显著正相关，但其对 MD&A 前瞻性信息披露的影响则为显著负相关，这可能是因为前瞻性信息的不确定性导致管理层报酬越高，在信息披露方面越保守，更多地选择回避前瞻性信息披露以减除自身责任，因此设计"激励相容"的管理层报酬机制仍是未来公司治理改革的重要内容；其次，再融资需求仅对 MD&A 前瞻性信息披露指数具有显著促进作用，这表明具有融资需求公司更有动机通过 MD&A 披露公司前景、未来战略等前瞻性信息向外界投资者传递积极信号；最后，当期并购重组与 MD&A 总体披露指数及强制披露指数显著正相关。此外，资产负债率与 MD&A 总体披露指数、自愿披露指数、非财务信息披露指数及前瞻性披露指数均显著负相关，与以往研究一样，未发现资产负债率与 MD&A 强制性披露指数显著相关的证据；公司在行业中的市场份额与 MD&A 强制性披露指数显著正相关，却与自愿性信息披露指数显著负相关，这表明在行业所占市场份额越大的公司，主要关注的是政策规定的信息披露内容，而自愿披露其他信息的动力不足；公司业绩和 MD&A 总体披露指数与强制披露指数显著负相关，这可能是因为盈利好的公司自身已具有强大吸引力，没有动力通过 MD&A 信息披露来吸引投资者，而盈利差的公司更愿意通过详细的信息披露来提升公司形象，增强投资者信心。[1]

总而言之，MD&A 信息披露水平受宏观、中观和微观多种因素的共同影响。这些研究结论与发现为改善我国上市公司 MD&A 信息披露质量提供了更新、更全面的数据支持和分析切入点。下一章将主要结合第四章的问卷调查、第五章的现状描述和本章的实证研究结论，进一步提出改善中国上市公司 MD&A 信息披露质量的针对性建议。

---

[1] 郑艳秋：《上市公司管理层讨论与分析信息披露影响因素分析》，《财会通讯》2012 年第 7 期。

第七章

提升上市公司 MD&A 信息披露质量的建议

"管理层讨论与分析"作为一种文本信息披露载体,是财务报表数据信息必要并且有益的补充,在降低公司各科层之间的信息不对称程度、改善公司治理、促进公平披露和保护投资者利益等方面都具有重要作用。但前文的研究结果共同表明,我国上市公司 MD&A 总体披露水平偏低,存在许多突出的问题,难以发挥其积极作用。对 MD&A 这把"双刃剑",如果不及时改善和正确引导,它很可能演变成"语言游戏",成为管理层新的"信息披露管理"工具。为改善和提升我国 MD&A 信息披露的质量,本章结合前文研究结论有针对性地提出如下建议。

一 完善"管理层讨论与分析"信息披露的相关法规

(一) MD&A 信息披露法规的协调与统一

1. 积极关注和参与 MD&A 披露制度的国际协调

西方国家尤其是美国在 MD&A 披露内容、方法与格式方面积累了许多宝贵经验,这为我国制定和完善 MD&A 披露法规提供了重要借鉴。一方面,在资本市场全球化、会计准则逐步国际化的新形势下,积极借鉴国际先进经验,充实和推进我国 MD&A 信息披露的发展,其现实意义和紧迫程度是不言而喻的。但另一方面,MD&A 与一个国家或地区的外在环境、发展程度等实际情况相适应,以发达市场经济环境为基础制定的MD&A披露要求和《管理层评论讨论稿》不可能完全适合中国这样的市场经济发展还不成熟的经济转型国家。因此,必须密切结合中国的实际情况,先找出我国现行披露要求和国际披露要求与解释及IASB今后新发布的MD&A披露要求与解释的实质性差异,然后根据我国的制度环境作出理性判断和自我调整。

2. MD&A信息披露相关法规的协调

第三章的研究表明,我国现有相关法规在MD&A信息披露要求的协调方面还存在以下四个突出问题:

首先,MD&A信息披露法律地位偏低。现行《公司法》《证券法》和《会计法》均未提及MD&A披露问题,可见MD&A在我国信息披露法规层次中尚处于较低层,缺乏权威法律支持。而且公司管理层的MD&A信息披露责任也还没有被界定和落实。

其次,国务院和财政部发布的《企业会计制度》《企业财务会计报告条例》和《企业会计准则》对"财务报告"和"财务会计报告"的提法不统一,而且,尽管2006修订的《企业会计准则》在旧准则的基础上,已经取消了财务会计报告包括财务情况说明书的提法,但《企业会计制度》《企业财务会计报告条例》乃至《公司法》《会计法》仍然将财务情况说明书作为公司年报的重要构成。现行法律、法规与准则的这种矛盾不仅会使上市公司年报披露混乱,而且在我国会计法律、法规层面,MD&A还游离于财务报告之外。与以历史信息为主体的"财务情况说明书"相比,以前瞻性为本质特征的MD&A信息或多或少被忽视了,这可能也是导致上市公司MD&A前瞻性信息严重不足的重要原因之一。

再次,相关法规还存在相互矛盾的内容。比如年报、半年报内容与格式准则和《上市公司信息披露管理办法》虽然都是由证监会发布的,但内容上却相互矛盾:前者要求将MD&A纳入"董事会报告"中予以披露[①],而后者则要求单独成节以"管理层讨论与分析"为题进行披露,并且二者关于"中期报告"与"半年度报告"的提法也不统一。

[①] 对这一问题,2015年年报内容与格式准则中已经明确要求将"管理层讨论与分析"单独披露。

最后，MD&A 信息披露规范修订频率过高，上市公司疲于应对。证监会几乎每年都在修订年报或半年报内容与格式准则，MD&A 信息的相关措辞、披露位置和披露内容变来变去，披露规范的不稳定必然影响 MD&A 信息披露实务。

因此，要提高 MD&A 信息披露质量，首先必须切实协调和解决上述四个问题，明确 MD&A 披露的法律地位，保证其统一性和稳定性，为提高上市公司 MD&A 披露提供良好的法规基础。

3. 首次发行披露与持续信息披露要求的协调

我国 MD&A 披露既涉及首次发行信息披露，如首次公开发行招股说明书、发行新股招股说明书等，也涉及持续信息披露，如季报、半年度报告和年度报告。首先，首次发行披露的 MD&A 与定期报告中披露的 MD&A，其要求的侧重点应有所不同：前者侧重于对报告期的财务经营状况、现金流量、重大投融资与资本支出计划、重大风险与不确定性等方面的分析与讨论，以财务信息为主；后者则相对更全面，内容涵盖更广，非财务信息更多。其次，在持续披露层面，季报、半年报和年报都要求披露 MD&A，其内容应有简有繁，具有一定的层次性。从披露程度看，季报 MD&A 最简短，半年报次之，年报 MD&A 最为翔实。从披露内容看，季报侧重于报告期内发生或将要发生、或以前期间发生但延续到报告期的重大事项或重大变化，强调重要性原则；半年报主要围绕公司财务状况和经营成果进行分析和预测；而年报 MD&A 除了对重要财务业绩指标进行分析外，还应详细分析公司战略、行业趋势与市场竞争格局等非财务信息和未来信息，在内容上包容性更强。因此，首次发行披露与持续信息披露及持续披露的季报、半年报和年报之间，其 MD&A 披露要求应有所侧重，相互协调，层级分明。

4. 定期报告中 MD&A 披露与其他项目的内容协调

2007 年修订执行的季报规则以"重要事项"一节取代了原"管理层讨论与分析"。故此处的定期报告主要指半年度报告和年度报告。首先，2007 年修订的半年报和年报内容与格式准则中，"管理层讨论与分析"的内容和"重要事项"与"会计报表附注"的相关内容仍存在一定交叉和重复，如财务报表附注所要求披露的下列内容与 MD&A 的披露内容要求均有一定重复：财务报表表内无法说明的报表项目的明细情况；报表项目的重大变动或异常金额及原因；分地区、分行业情况；重要会计政策和会计估计变更；境内外准则差异。由此导致实务中存在同一内容披露位置不统一或重复披露的现象。一来可能影响到信息用户尤其是中小投资者等非专业用户对信息的理解，二来重复披露也会增加公司的披露成本。其次，部分上市公司（主要为同时在海外上市的公司）如中国石化、中兴通讯等，由于受国外资本市场信息披露规则的影响，其年报披露项目与年报《内容与格式准则》并不一致，它们一般将 MD&A 的内容分散在"董事长致辞（或董事长报告书、总裁问答）""经营回顾与未来展望""管理层讨论与分析"等部分予以披露，尽管它们所披露的信息比较丰富，但内容上也存在重复，而且由于其标题或格式与大部分遵照准则披露的上市公司有所差异，势必会给信息使用者造成不便。因此，在这一层面上，一是需要对半年报和年报各项目，尤其是"管理层讨论与分析"和"重要事项"与"会计报表附注"等相近项目的内容进行再分和重构，明确各项目的披露内容和披露程度与方式，尽量减少或避免重复性披露；二是应鼓励或要求同时在海外上市的公司将原来分散于不同部分披露的内容整合重组后，按照半年报和年报《内容与格式准则》规定的披露结构和标题进行披露，以提高 MD&A 信息披露的传导效率。

（二）MD&A 信息披露制度的建设与完善

本部分主要从 MD&A 信息披露指引、MD&A 信息披露范例与 MD&A 披露的相关法律责任三个层面予以分析，以期能形成一个纲目兼备、层次清晰、易于操作、保障有力的 MD&A 信息披露规范体系。

1. 制定系统的 MD&A 信息披露指引

（1）制定 MD&A 信息披露指引的必要性

我国 MD&A 信息披露理论与实践均严重滞后于发达国家。目前关于 MD&A 信息披露的规定零零散散，不成体系。实践中，尽管上市公司 MD&A 披露已有初步发展，其质量正逐步改善，但由于缺乏系统的规范指导，它们在披露内容、披露程度和披露格式上均存在比较明显的缺陷；加之监管力量薄弱，导致 MD&A 在我国资本市场未能充分发挥出应有的积极作用。可见，制定系统的易于操作的 MD&A 信息披露指引是我国资本市场信息披露理论与实践的现实选择。

(2) MD&A 信息披露指引的制定主体和适用范围

目前，我国会计核算与证券市场信息披露制度的分工与配合已基本形成了如下格局：财政部负责制定会计准则，证监会和交易所等监管部门负责制定相应的信息披露制度。由此可见，《上市公司"管理层讨论与分析"信息披露指引》宜以中国证监会部门规章的形式发布，或者以证券交易所的规范指引文件的形式发布。

应该说明，"管理层讨论与分析"并不只局限于上市公司，同样可以引入非营利组织的财务会计报告中。如，美国政府会计准则委员会（GASB）早在1999年就发布了第34号公报《州和地方政府的基本财务报表以及管理讨论与分析》，要求政府部门在政府财务会计报告 MD&A 中对政府年初预算与修正预算之间的重大差异及原因，以及发行长期债券的资金用途等财务信息提供解释和说明，以增强政府财务报表的可读性。对我国而言，将 MD&A 逐步引入政府财务会计报告和行政事业单位会计决算报告更有必要性：一是我国非营利组织的会计信息披露水平相对更低，迫切需要提高；二是我国市场经济的深化和民主和谐社会的建设也迫切需要非营利组织的信息披露不断提高和深入。加之我国当前正在加快政府会计报告及非营利组织会计的研究与相关规范的制定，现在同时考虑引入 MD&A，并由相应的监管主体制定适合政府及非营利组织特点的 MD&A 披露指引，既具有一定的前瞻性，也具备一定的现实基础。

(3) 上市公司 MD&A 信息披露指引：初步设想

根据理论分析与国际比较的相关结论，结合我国的具体国情，《上市公司"管理层讨论与分析"信息披露指引》至少应该包括以下四部分内容：

第一，是制定指引的目的和依据。目的主要在于规范上市公司 MD&A 信息披露行为，提高 MD&A 披露质量，保护投资者的合法权益；而依据则需指明为《证券法》《上市公司信息披露管理办法》等法律、法规、规章、规范性文件及《上海（或深圳）证券交易所股票上市规则》的相关规定，以保持指引与其他相关法规的协调和配合。

第二，是 MD&A 的内涵、适用范围和披露责任。主要阐述 MD&A 的内涵、作用、指引的适用范围和公司管理层的披露责任。同时指明，指引为公司信息披露的最低要求，上市公司的 MD&A 并不限于指引所规定的内容范围，鼓励自愿披露有助于信息用户经济决策的相关信息。

第三，是披露原则。结合本课题的相关研究结论，建议在制定MD&A信息披露原则时，除可靠性、相关性、重要性和可理解性等一般原则外，需特别强调两点：①MD&A必须立足管理层视角对财务报表主要项目的同比重大变动或异常金额进行深入分析，不能仅仅简单罗列或复制财务报表已有的数据；②必须具有前瞻性，从管理层视角对可能对公司未来财务状况和经营成果产生重大影响的主要趋势、事项或不确定性因素，以及公司未来战略、新年度盈利预测、未来行业发展趋势及市场竞争格局、各种重大风险与相应的风险管理对策等进行分析。

第四，是披露的主要内容。内容上，我国已基本接近国际要求，指引应进一步提炼各内容要点的标题，使之更具概括性；重点阐述各内容要点的具体要求，结构详略得当，层次分明。此外，可考虑增加和强化的内容：①近3年公司主营业务利润率、利息保障倍数、营运资本、流动比率、速动比率、存货周转天数、应收账款周转天数等关键财务分析指标，详细分析同比重大变动的深层次原因，并提出相应对策；②利益相关者关系，如员工关系（尤其是关键员工的变动）、债权关系和投资者关系等；③公司声誉、研发、专利或商标等重要的无形资产信息；④适当扩展自愿披露内容，关注股利分配、企业文化、银行授信及还款分析等信息。

2. 提供规范的MD&A信息披露范例

每个公司的MD&A信息披露必须立足于公司自身环境和业务，因此具有一定的主观性和较强的灵活性，正因如此，年报《内容与格式准则》和披露指引不可能穷尽所有MD&A披露项目，也很难对各项目的披露程度进行具体规范。在我国上市公司还不熟悉MD&A披露的情况下，可以考虑由证券交易所组织一批熟悉国内外MD&A披露规定并擅长起草MD&A的业界专家，以较为详细和可操作性强的方式公布一些高质量的MD&A披露范本供上市公司参考，并可作为监管审查的标准。

3. 建立健全证券市场信息披露的相关责任机制

制度经济学认为，判断一项制度是否有效主要看其责任机制是否健全。因而仅有披露准则、披露指引和披露范例还不够，还必须建立和健全"管理层讨论与分析"信息披露相关责任机制。就现有信息披露责任机制而言，较以前有很大改进，如引入举证责任倒置、因果关系推定法则等，但仍存在一些不足，主要有：现有责任认定普遍存在"重财务报表及附注，轻其他信息"的问题；民事赔偿责任制度不健全，尽管已出台证券市场民事赔偿的相关规定，但证券民事赔偿实务中仍然普遍存在着"立案难索赔难"问题；缺乏前瞻性信息披露的免责制度，善意的上市公司存在前瞻性信息披露障碍。结合 MD&A 信息披露，课题组提出以下建议：

（1）明确和强化文本信息披露的责任

虚假陈述包括虚假记载、误导性陈述、重大遗漏和不正当披露四种[1]，但信息披露相关法规及信息披露监管部门在处理违法违规行为时仍然普遍存在忽视财务报告非数据信息的问题，由此导致上市公司披露义务人也只注重财务报表及附注信息披露，对 MD&A 等其他信息则敷衍了事。要提高 MD&A 等其他信息的披露水平，必须进一步明确和强化公司董事、高级管理人员和监事对其他信息的披露责任和监督责任，保证 MD&A 信息的真实性、完整性和有用性。当 MD&A 存在重大问题或与财务报表存在实质性不符时，公司管理层应当根据责任大小适量返还报告期内从公司获取的奖金、红利和其他形式的激励性报酬等。这种从收益上限制管理层的报酬和股票收益，并辅之以严厉的刑事责任和民事责任的做法，可以大大加强公司管理层对非数据信息的披露责任，提高 MD&A 信息披露质量。

（2）落实证券民事赔偿制度，切实保护投资者尤其是中小投资者利益

证券民事赔偿制度的实施主要存在两大难点：一是"立案难"。法院对缺乏身份资料的案件一般不予立案[2]。显然，受害投资者要想获得违法行为人的身份资料绝非易事，因此往往不得不选择放弃诉讼权和追索权。若要解决这一问题，可能需要工商管理部门或公安部门等相关部门的协

---

[1] 《最高人民法院关于审理证券市场因虚假陈述引发的民事赔偿案件的若干规定》（法释〔2003〕2号）第十七条。

[2] 根据《民事诉讼法》第一百零八条，起诉人须提交被告的身份资料，即被告的工商登记资料、身份证或公安部门出具的相应身份资料。

助,当受害投资者提供了明确证据时,可由这些部门根据诉讼需要协助提供被诉人的工商登记资料或个人身份证等相关资料,以解决证券民事诉讼立案难的问题。二是"索赔难"。资本市场诸多违法违规事件中,受害最深、损失最重的大都是中小投资者,他们在资金、信息和力量方面均处于劣势地位,个人维权渠道不畅,且维权成本过高。建议成立中小投资者协会,选举相对专业的有能力的投资者代表,代表中小投资者来进行证券行权、维权、调解和诉讼等工作,由政府给中小投资者协会提供必要的法律咨询和法律援助,切实帮助中小投资者进行证券索赔。

(3) 借鉴安全港规则,建立前瞻性信息披露免责制度

安全港规则对促进公司主动披露前瞻性信息,提高前瞻性信息披露质量具有重要作用。为鼓励管理层更多、更好地披露前瞻性信息,可以借鉴美国和英国的经验设立安全港规则,要求上市公司基于合理的假设,诚信披露管理层已经知晓的对公司未来财务状况或经营成果可能产生重大影响的主要趋势、事项或不确定性因素,并使用充分有效的警示性声明,揭示可能导致实际结果与预测严重不符的重要因素,指出可能引发的投资风险。在这种情况下,若实际与预测信息不符,披露人不必承担责任。需要特别强调,安全港规则是一把"双刃剑",好则可以促进前瞻性信息披露,减少无谓诉讼;但若把握不好,则可能成为信息披露人妄加预测后推卸责任的挡箭牌。因此,引入安全港规则时,必须谨慎规定受规则保护的信息范围,举证责任方以及披露人在什么程度上具有更正先前陈述的义务等问题。

二 加强"管理层讨论与分析"信息披露监管

(一) 加强政府对上市公司 MD&A 披露的检查与监管

1. 政府应重视和加强对语言信息的监管

由于我国上市公司存在着较为严重的会计数据造假行为,牵制了监管机构的大部分精力,目前监管机构对资本市场信息披露的文字叙述部分无力过多顾及。尽管证监会在 2005 年修订的年报《内容与格式准则》

中初步细化了"管理层讨论与分析"的披露要求,但对其执行情况仍无暇审核。要提高我国上市公司 MD&A 披露质量,证监会和各派出机构必须高度重视文本信息,严格监管 MD&A 中可能存在的语言操纵与印象管理行为。

2. 分类监管与分行业监管相结合

根据第六章实证结果,上市公司的不同特征对 MD&A 信息披露总体质量或各分类信息的披露质量均有或多或少的影响。因此,建议监管部门根据公司规模、财务杠杆、公司业绩等特征,对 MD&A 信息披露进行分类重点监管,重点关注和监管公司规模较大、当年发生并购重组、资产负债率较高的公司。这样能够提高 MD&A 信息披露的监管效果与效率。

第六章实证结果显示,我国 MD&A 在强制性与自愿性信息披露,以及非财务信息披露质量均与行业竞争度密切相关。因此,建议我国监管部门对 MD&A 信息披露实行分行业监管:①考虑针对 MD&A 信息披露质量较差的特殊行业如社会服务业等,出台 MD&A 信息披露细则,加以重点监管;②从政府监管层面界定 MD&A 信息披露和商业秘密的关系。前者具有共享性,后者具有排他性,两者本应界限清晰,然而 MD&A 信息披露中又经常遇到与商业秘密保护的交叉区域,因而如何区分商业秘密与一般的商业信息成为解决冲突的关键。解决这一难题,可以借鉴庞德的实用主义和经验主义思想:"确定或强行设定社会利益之间的特定位序安排。"[①] 据此,政府应充分利用法律的调整功能,通过明确、具体的法律规定,对商业秘密和信息披露的界限界定清楚,尽快完善商业秘密信息披露豁免申请制度。为防止别有用心者借机浑水摸鱼,应规定凡提出豁免披露相关内容申请的公司,在上报交易所前必须由公司管理层签名,对商业秘密的真伪承担相应的责任。

3. 定期检查与不定期抽查相结合

首先,应明确证监会和交易所各自对会计信息披露监管的分工,做到各司其职,杜绝职责不明、互相推诿;其次,采用多种监管方式,定期检查、不定期抽查和专项检查相结合,多管齐下,尽早发现和查处

---

① [美] E. 博登海默:《法理学:法律哲学与法律方法》,邓正来译,中国政法大学出版社 1999 年版,第 400 页。

MD&A 信息披露实务中的各种违法违规行为，强化 MD&A 信息披露监管力度；最后，应尽快在 MD&A 信息披露中引入 XBRL，为实现 MD&A 信息披露动态监管创造条件。

（二）强化上市公司 MD&A 披露的社会与市场监督

为弥补因政府监管成本过高和政府失灵所造成的监管效率不足，应同时调动和培育会计师事务所、投资者尤其是机构投资者、评级机构及媒体等社会和市场监督力量。

1. 充分发挥注册会计师的鉴证监督作用

首先，加强注册会计师对 MD&A 等其他信息的关注和鉴证责任。前已述及，目前注册会计师对 MD&A 等其他信息只有附带阅读的责任，没有发表意见的责任。而在审计实践中，注册会计师往往把精力主要集中于财务报表，对其他信息则缺乏必要的关注，从而形成一些"审计盲点"。部分上市公司深谙此道，往往"像对年报的其他特征（如盈余）进行管理一样来操纵语言部分的内容和形式"[1]。外部审计监督的薄弱在一定程度上可能会助长 MD&A 的随意披露和故意的"披露管理"。蚁穴虽小，可以溃堤，必须提请 CPA 在财务报表审计过程中加强对 MD&A 等其他信息的关注，以降低财务报表审计风险；若因 MD&A 信息形成重大瑕疵而导致审计失败，会计师事务所及签字 CPA 应当承担相应的法律责任。

其次，将是否开展 MD&A 鉴证及如何开展的问题尽早提上议事日程，尽快发出相关征求意见并尽早出台 MD&A 签证业务操作指南。首先，应尽早查明市场主要参与者对 MD&A 信息鉴证的需求和态度，然后由财政部、证监会和中国注册会计师协会等部门依据当前实际需求尽快出台针对性更强的 MD&A 信息鉴证指南，对 MD&A 鉴证范围、鉴证责任、业务承接与业务计划、鉴证程序和鉴证报告等细节问题进行界定[2]。

再次，逐步尝试和开展 MD&A 信息鉴证业务。财务报表审计中的附

---

[1] Schipper, K, "Commentary on Earnings Management", *Accounting Horizons*, December, 1989, pp. 91–102.

[2] 李燕媛、张蝶：《我国上市公司"管理层讨论与分析"信息鉴证：三重困境及对策》，《审计研究》2012 年第 5 期。

带式阅读关注的仍然以历史信息为主,其主要职责在于识别 MD&A 等其他信息是否与财务报表存在重大不一致或对事实的重大错报,因此 MD&A 中的前瞻性信息就无法得到鉴证。换言之,即使 CPA 在报表审计过程中高度关注 MD&A 信息,也仅能做到部分鉴证。可见,目前的附带阅读式审计难以对 MD&A 信息披露尤其是其中的前瞻性信息披露起到有效的监督与促进作用。如果对 MD&A 信息实施专项鉴证,就 MD&A 信息整体发表意见,其鉴证力度和监督强度无疑更大。建议先鼓励或引导上市公司或特定信息用户在 IPO、重大并购重组或再融资等特定情况下自愿聘请 CPA 实施"管理层讨论与分析"信息鉴证,等到时机成熟(如市场需求足够大、注册会计师专项鉴证能力足够高等),再考虑全面实施。

2. 培育成熟投资者尤其是机构投资者,形成动态监督与反馈机制

根据第六章的实证研究结果,机构投资者对 MD&A 信息披露总体水平及自愿信息披露水平已有显著的促进作用。因此,今后需要坚持不懈地进一步开展以下工作:一是推进投资者教育。以培育理性、成熟、合格投资者为目标,结合投资者教育需求,借助新形式、新渠道,开展投资基础教育、投资风险教育和投资者权益保护教育等工作;二是深化投资者关系管理,加强上市公司与投资者的沟通和互动;三是鼓励、支持和引导投资者通过司法诉讼等合法途径寻求法律救济,保护自身合法权益;四是对投资者实行分类管理,加大对机构投资者的培育和扶持力度。成熟的机构投资者对公司的信息披露促进作用尤为明显,而且不同类型的机构投资者对于市场信息环境建设有着不同的作用,应借鉴新兴市场国家及地区证券市场的经验,积极引进境外养老基金、保险基金等投资者。

3. 建立权威的 MD&A 披露质量测评体系,实现市场和社会的全方位监督

大力发展信用评级等市场中介机构,引导它们对 MD&A 信息和财务报表信息进行专业的质量评价,并定期发布披露质量排名,监督和促进上市公司做好 MD&A 信息披露和财务报表列报工作,充分发挥它们的专业监督作用。另外,要调动和加强证券分析师、网络媒体和报刊媒体等各种社会力量和市场力量,实现上市公司信息披露全方位监督。

4. 建立高管诚信档案，引入不适当人选制度

MD&A 信息是基于管理层视角所作的解释与说明，因此，管理层是否诚信和有无责任心直接影响着 MD&A 信息披露的质量。因此，首先必须加强公司管理层道德教育和责任考核，提高其信息披露责任意识；其次，建议尽快搜集上市公司高管的个人背景、任职资格和违法违规情况等信息，建立上市公司高管的"经济身份证"，在此基础上建立高管诚信档案，将具有信用污点的人员列入不适当人选，即"黑名单"，对这些人，一方面应责成上市公司及时更换；另一方面，根据违规事实的严重程度，对其实行不同期限的市场禁入，特别严重构成犯罪的，不仅终身禁入，还必须依法追究其刑事责任。这种具有强有力震慑作用的做法有利于提高公司高管的违规成本，进而提高 MD&A 乃至整个财务报告的规范性和可靠性。

三 健全上市公司信息披露的内部制衡机制

前已述及，MD&A 披露不可能脱离特定的公司微观环境而单独存在。因此，上市公司信息披露内部制衡机制的建立与健全程度，直接决定着 MD&A 披露质量的高低。但上市公司信息披露内部制衡机制涵盖面广，本书第三章已结合供应链思想对 MD&A 披露相关的公司治理和内部控制机制进行了较全面的分析。本部分将重点论述以下三个问题。

（一）明确公司各科层的信息披露责任，优化管理层薪酬机制

1. 明确各科层对 MD&A 信息披露的责任

实证研究结论已表明，内部公司治理与 MD&A 信息披露密不可分，其完善程度制约着 MD&A 披露质量。为改善我国 MD&A 信息的微观环境，必须进一步完善公司的法人治理结构，真正建立起公司各科层之间的权力、责任与利益制衡关系。为此，上市公司信息披露事务管理部门应该制定专门的信息披露管理制度：首先将股东大会、董事会、监事和经理对 MD&A 信息的披露责任从制度上加以明确和强化，并建立相应的责任追究机制。董事长或总经理作为第一责任人，必须参与 MD&A 撰写过程，董事会秘书负责具体协调，监事会行使监督职能，股东大会则负责审议①，只有这样才能保障 MD&A 信息的真实、完整和权威性；其次，应梳理公司信息尤其是重大信息的内部流转和报告流程，由董事会秘书全权负责，确保董事会秘书和董事长及董事会的信息沟通畅通，提高 MD&A 信息的权威性和及时性。

2. 建立责权利相适应的管理层薪酬机制

如何优化报酬契约结构，建立激励与约束相容的报酬制度，如何在推行股权激励、合理合法激励管理层的同时避免管理层为谋取私利异化会计信息、变相敛财损害股东利益是目前必须解决的现实问题。薪酬制度设计既应考虑经营状况、业绩目标、工作能力等指标，还应考虑公司所在地域、所处行业等因素，既要有利于强化激励与约束相结合，又要符合企业实际；高管薪酬收入应坚持"有奖有罚、奖罚对等、激励与约束并重"的原则，综合采用多种激励机制，适当增加管理层风险收益。当前的股权激励计划还是以单一的财务指标为主，且在行权条件和行权价格设计上问题较多，作用有限。高管薪酬考核机制必须兼顾会计指标与市场指标、财务与非财务指标，只有这样才能有效遏制管理激励失衡导致的内生性会计行为异化。

（二）全面推广审计委员会制度，提高其治理效率

第六章的实证研究证实，设立审计委员会的公司，其 MD&A 总体披露水平、强制性披露水平、非财务披露水及前瞻性信息披露水平均显著高于未设置审计委员会的公司，可见，审计委员会在 MD&A 信息披露方面已开始发挥积极作用。应尽快在上市公司中全面推广审计委员会制度，并进一步加强对审计委员会的监督和管理。此外，有效的审计委员会既需要有制度支持的权力，也需要勤勉尽责（Kallbers & Fogarty，1993）。结合我国实际，建议重点关注以下三个问题：一是，目前审计委员会直接向董事会负责，但同时审计委员又从董事会成员中产生，因此其独立性可能会受到影响，建议考虑规定当审计委员会与董事会出现重大意见

---

① 李燕媛：《"管理层讨论与分析"信息披露——基于供应链构建与解构的多维审视》，《中南财经政法大学学报》2012 年第 4 期。

分歧时，审计委员会具有直接向股东大会报告的权力①，以防范"内部人控制"。二是真正贯彻落实证监会所要求的上市公司审计委员会履职报告，提高其信息含量。三是现有法规已明确了审计委员会对财务报告的责任②，但未明确其对 MD&A 信息的责任，建议进一步明确。

（三）完善独立董事制度，强化其监督作用

本研究未发现独立董事占比与 MD&A 信息披露总体及各分项信息披露指数显著相关的任何证据。我们认为，仅仅依靠对独立董事人数或占比的硬性规定，并不能解决内部控制人操纵董事会和影响公司信息披露的行为。建议由沪深交易所专门设立"独立董事"职业管理部门，集中管理独立董事的选拔、分派、报酬发放、履责及追责事务；由其制定独立董事报酬发放标准，定期向上市公司收取"独立董事"聘用费，然后由该部门对独立董事按标准统一发放报酬③；并建立起独立董事信用系统，严重渎职者终身禁入。只有这样，才能真正发挥出独立董事的监督作用。

四 提高上市公司 MD&A 信息的编制水平

上文就如何优化 MD&A 披露的制度环境从宏观和微观两方面提出了改进性措施。本部分将结合 MD&A 信息的本质特征，就我国上市公司如何编制有效的 MD&A 信息提出具体建议。

（一）立足管理层视角，确保 MD&A 信息的权威性

必须确保 MD&A 信息是基于管理层视角，否则便失去了其披露价值。因此，管理层应该主持并参与 MD&A 的编写，由其来识别应予披露的关

---

① 吴可夫：《公允价值内部审计机制初探》，《湖南商学院学报》2009 年第 6 期。

② 《上交所上市公司董事会审计委员会运作指引》（2013）十分明确地指出审计委员会的职责包括审阅公司的财务报告并对其真实性、完整性和准确性发表意见。

③ 李燕媛、刘晴晴：《中国独立董事制度的有效性——基于盈余管理维度的评价与建议》，《经济与管理研究》2012 年第 11 期。

键内容,并提交董事会或类似权力机构讨论,以确保最重要和最相关的信息包含其中;管理层应该保持应有的客观和中立,确保对公司财务状况和经营业绩产生重大影响的有利或不利因素与趋势都在 MD&A 中得以充分反映。MD&A 编制完成之后应送交董事会相应人员(如董事长)或部门(如审计委员会)审核。建议公司将预算编制与 MD&A 信息披露紧密结合起来,以便识别必须在 MD&A 中予以重点讨论的问题①。在起草 MD&A 草稿时,可采用编制预算的思路,先将当期与前一期的业绩进行对比,识别其重要变化,并结合国内外经济环境、市场条件及政策因素,以及公司内部环境来解释业绩发生重大变化的原因,预测其变化趋势;然后将当期业绩及管理层的预测与业绩预算对比,以找出显著影响公司未来绩效或财务状况的已知趋势、事项和不确定性因素。

(二) 加强对报表数据的分析,发挥 MD&A 的补充作用

顾名思义,"管理层讨论与分析"强调的是"讨论"和"分析",因而 MD&A 不能从财务报表直接复制数据或简单计算财务报表数据,或仅局限于简单描述与罗列,而应着重讨论和分析报表主要项目的重大变化为何发生、如何发生以及它已经产生或可能产生的重大影响。具体来讲,建议以资产负债表为主体,逐项分析该报表主要项目数据相对上年度的重大变化,同时密切结合利润表和现金流量表,利用三表的勾稽关系展开讨论。在解释原因时,必须紧扣公司所在行业及公司自身的特征,以及外部宏观环境和政策变化,具体分析产生重大变化的原因和可能导致的影响;必须仔细核查数据或信息来源,保证 MD&A 信息的来源和依据与财务报表或其他信息是一致的;MD&A 信息披露内容和语气应尽量保持平衡,即客观无偏地处理正面和负面信息,忌"报喜不报忧"或避重就轻;最后,MD&A 中的分析应有重有轻、有主有次、有先有后,忌面面俱到。一般应着重分析重要指标的重要变化、重要趋势及重要影响。

(三) 重点关注关键业绩指标,提高 MD&A 信息的有用性

英国十分强调关键业绩指标(KPI)的分析与讨论,据此对财务报表

---

① 李燕媛:《如何编好年报中的"管理层讨论与分析"》,《财会月刊》2008 年第 11 期。

数据信息作出进一步解释和说明。KPI 既包括财务指标，也包括非财务指标。目前我国上市公司 MD&A 披露内容规范对财务指标已有部分规定，对非财务指标的规定则少而杂。上市公司在披露 MD&A 时，往往也只是简单列举主要财务指标的百分比变化，或用一两句话简单说明变化的原因，增量信息含量有限。为此，下文将重点探讨 MD&A 应如何选取和披露 KPI（包括非财务指标）。

首先，MD&A 中披露的 KPI 应该包括财务、战略、组织和公司价值四方面：①财务方面主要考虑关键财务数据和常用财务指标，如销售收入、净利润、成本费用等；②战略方面主要考虑与公司战略目标一致的长期指标，如客户关系、供应商关系、投资者关系、新产品研发、智力资本等信息；③组织方面主要包括职工权益保护、公司内部控制及风险管理等；④公司价值则主要关注公司文化，以及社会公益事业、环境保护等社会责任信息。MD&A 应着重从上述四个方面选取 KPI。

其次，应重点分析 KPI 的变动及影响，提供相应的量化信息或管理层的评价，对专业性较强的 KPI，还应说明其含义与计算方法，若有必要还要说明其相关假设。具体来讲，包括：其一，是关键财务指标。如资产与负债关键指标（应收款项、存货、长期股权投资、固定资产等），利润表关键指标（主营业务收入、主营业务利润、营业费用、管理费用、财务费用、所得税、净利润等）及现金流量表关键指标（经营活动、投资活动和筹资活动的现金流量构成），以及关键财务分析指标（如流动性指标、偿债能力指标和盈利能力指标等），说明关键指标和异动指标的同比重大变动，重在详细分析发生重大变动的深层次原因及影响，这些关键财务指标虽已逐步体现在 MD&A 信息披露要求中，但就目前的披露状况来看，仍然以简单定性披露为主，信息含量有限。其二，是关键战略目标。目前，我国上市公司 MD&A 一般只对公司战略作简单描述，而未分析其执行和实现情况。就主要关系而言，应准则要求，绝大多数公司在 MD&A 中披露了前五名客户（84.19%）和前五名供应商（79.35%）情况，但其中分别只有 7.26% 和 7.7% 的公司是详细定量披露[①]，2012 年

[①] 数据为 2003—2014 年的平均值。由本书第五章表 5—11 中 A13（主要供应商）和 A14（主要客户）项计算而来。

之后，MD&A 中主要客户和供应商信息才大量以详细定量的方式披露（年均占比分别达到 97.28% 和 96.47%），而披露投资者关系和新产品研发等其他关键战略指标的公司相对较少。因此，MD&A 关于公司战略的信息披露，应该从披露公司战略"是什么"的问题上开始转向"如何执行和实现"问题上，重点关注主要关系、关键资源等核心信息的披露。其三，是关键组织指标，重在探讨公司在组织建设方面所取得的成就和所存在的问题与不足，并提出相应的改进措施。其四，是关键公司价值指标，重在分析报告期内公司在环境、环保或社会责任方面所做的工作，评价其效果，并指明下年度工作重点。总之，MD&A 必须突出对关键业绩指标的分析和解释，切忌蜻蜓点水式披露。否则就难以真正发挥出其决策有用性。

（四）强化前瞻性信息披露，突出 MD&A 信息的前瞻性

前瞻性信息披露不足是全球性问题。从 2003—2014 年上市公司 MD&A 中的前瞻性信息披露指数的动态变化来看，自 2012 年年报《内容与格式准则》修订以来这一部分已有显著改善。但就指数本身而言，MD&A 的前瞻性仍严重不足。究其原因，可能是因为：第一，前瞻性信息具有天然的不确定性，"披露到何种程度"本身就是一个难题，而若公司披露的前瞻性信息与后来的事实不相符时，又可能遭受谴责甚至引发诉讼；第二，前瞻性信息与商业秘密不可避免地存在交叉，又界域不明，因顾虑泄露商业秘密可能丧失竞争优势，公司管理层可能倾向于尽力回避前瞻性信息披露；第三，MD&A 中究竟应该提供哪些前瞻性信息，其范围仍不够清晰，判断某项前瞻性信息披露与否的标准尚不明确[①]。前两个问题此前已阐述，此处将重点分析第三个问题。

从第五章对 MD&A 的内容细分不难看出，MD&A 中既包括强制披露的未来信息，如行业发展趋势与市场竞争格局、机遇与挑战、新一年度经营计划等，也包括自愿披露的未来信息，如盈利预测。这种列举式规范方式，使上市公司很难把握究竟应该披露哪些前瞻性信息，以至于大

---

① 李燕媛：《"管理层讨论与分析"信息披露质量——来自沪深 300 指上市公司 2003—2007 年的证据》，《山西财经大学学报》2012 年第 12 期。

多数公司就选择"照本宣科",为应付准则披露要求而披露。因此有必要对未来信息的强制与自愿披露标准加以明确。本书认为,可按照预测性质或不确定程度的不同来区分。当管理层已知某些趋势、事项和不确定性因素可能对公司产生重要影响,披露义务即产生;而对未知趋势、事项或不确定因素的估计,或对已知趋势、事项或不确定因素对公司影响程度的估计,因其不确定性较高,可由管理层自主决定是否披露。

上述标准无疑有助于公司管理层对是否有义务在 MD&A 中披露某项未来信息进行初步判断。但并非所有已知趋势、事项和不确定性因素都需要披露。对这类前瞻性信息披露与否则应把握两个关键概念:一是可能性。年报《内容与格式准则》既没有明确"可能"的量化标准,也没有说明应参照企业会计准则第 13 号《或有事项》应用指南对可能性的量化,因此不能主观地将"可能"理解为"大于5%但小于或等于50%"[①]。参照 SEC 的相关规定[②],再考虑到披露成本及重要性原则,本书认为若将"可能"改为"很可能"会更为合适,并应对"很可能"的概率区间予以明确界定。二是重要性。信息必须达到重要性要求才会产生披露义务。根据年报《内容与格式准则》第一章第三条"凡对投资者投资决策有重大影响的信息,不论本准则是否有明确规定,公司均应披露",由此可见,我国年度报告是按照投资者决策标准来判断重要性的,MD&A 信息披露也不例外。

综合看,当管理层判断某项未来信息是否需要在 MD&A 中披露时,首先,应判断该事项、趋势或不确定性因素是否为管理层所知晓,如果不是则无须披露[③];其次,评估该事项、趋势或不确定性因素是否"很可能"发生,如果不是也无须披露;最后,如果管理层无法对可能性作出判断,则应在假设该已知趋势、事项或不确定性因素将要发生的前提下,客观评

---

① 我国《企业会计准则第 13 号——或有事项》应用指南将"可能性"分为基本确定、很可能、可能和极小可能四个层级。其中,"基本确定"是指大于 95% 但小于 100%;"很可能"是指大于 50% 但小于或等于 95%;"可能"是指大于 5% 但小于或等于 50%;"极小可能"是指大于 0 但小于或等于 5%。

② 根据 FRR 36,SEC 所用的"Reasonably Likely"概念与 FASB 在 FAS 109《所得税会计》中引用过"较有可能"(more likely than not) 概念更为接近,意指发生的可能性"稍高于50%"。

③ 李燕媛:《如何编好年报中的"管理层讨论与分析"》,《财会月刊》2008 年第 11 期。

价其对公司财务状况或经营结果的影响，考虑该影响对一个理性投资者的投资决策是否重要，如果是就必须披露。判断流程如图7—1所示。

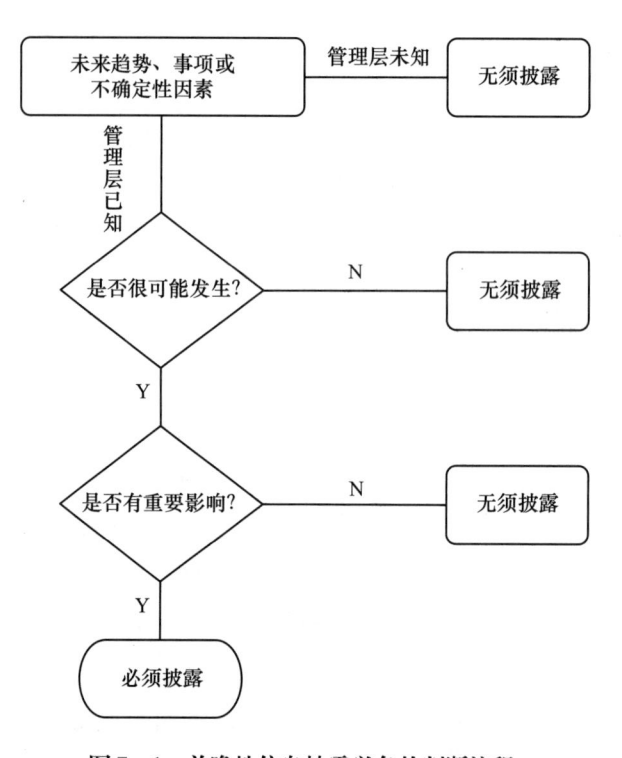

图7—1　前瞻性信息披露义务的判断流程

此外，建议上市公司借鉴 SWOT 分析思路，来披露行业地位、市场地位、公司战略、所面临的机遇及风险等信息。首先立足整体，将公司发展战略与公司内部资源、外部环境有机结合，与所处行业的主要竞争对手进行对比[①]，从而识别和列示公司的优势（Strength）、劣势（Weakness）、机会（Opportunity）和威胁（Threat）；其次对上述内容展开分析和讨论；最终对公司当期和未来的财务状况与经营发展前景作出评价。这种思路有助于提高 MD&A 中前瞻性信息披露的完整性与平衡性。

---

① 李燕媛：《如何编好年报中的"管理层讨论与分析"》，《财会月刊》2008年第11期。

第七章 提升上市公司 MD&A 信息披露质量的建议

（五）运用多种披露技术，增强 MD&A 信息的可理解性

研究发现，MD&A 披露在语言措辞和表述形式方面仍有待提高，这也印证了孙蔓莉（2005）关于上市公司年报语言难以为非专业人士所理解的结论。为此，建议如下：

首先，在语言上，应尽量采用通俗易懂的语言，对专业术语则应提供解释。证监会早在 2002 年半年报披露准则中要求对晦涩难懂的会计专业术语提供解释[①]，但至今未见年报《内容与格式准则》对此作出要求，而半年报《内容与格式准则》中也并未说明哪些专业术语应该解释以及应如何解释。对此，学者们对会计术语的分类具有一定的启发性，国外把会计专业术语分为技术性（如未实现收入）和描述性（如顾客应付款）两种（Dupree，1985）。国内学者孙蔓莉（2004）也根据理解难度将我国会计术语进行了简要分类，这对提高我国公司年报语言信息的可理解性具有一定参考价值。在此基础上，本书认为应先通过问卷调查查明我国信息使用者对会计术语的理解程度，据此把那些专业性过强且很难为一般信息使用者所理解的会计术语（如递延款项、速动比率等）挑选出来，然后在信息披露内容与格式准则（尤其是年报《内容与格式准则》）中作出明确规定，要求上市公司对这些会计术语提供易于理解的解释。此外，应尽量采用言简意赅的小标题，并可考虑不同层级的标题采用不同颜色，或按重要性程度"分级"列报，有助于信息使用者快速识别最重要的信息。

其次，在形式上，应进一步鼓励和推广图示法的运用。借助图形在一定程度上可以将抽象和复杂的内容直观地表达出来，使人一目了然。最常见的图示法如折线图、直方图、饼图等，这些简单而直观的图形对帮助投资者了解公司某一方面的财务或业绩状况（如收入构成）具有重要辅助作用，但目前只有极少数上市公司（如中集集团）在 MD&A 信息披露中运用了简单的图示。更为重要的是，在对公司财务报表进行分析的过程中，即使是专业人士也往往遇到这样的难题：目前公认的较为常

[①] 证监会：《公开发行证券的公司信息披露内容与格式准则第 3 号——半年度报告》（2002 年修订）第十九条。

用的财务比率多达上百种①，如何清楚地将多种财务指标有机结合来综合展示公司的财务状况和经营成果？随着计算机技术和多元统计方法的广泛应用，多变量数据与图形的结合已成为现实，如雷达图和脸谱图等。其中，雷达图又称为戴布拉图或蜘蛛网图，主要用于评价经营状况，主要包括公司收益性、生产性、流动性、安全性和成长性等五个方面的指标，把这些财务比率集中画在三个同心圆上，其分布组合非常像雷达的形状，故而得名。目前常见的办公软件如 Microsoft Office、Kingsoft WPS 等都可以自动生成雷达图。脸谱图则是用脸型的胖瘦和五官的大小与相对位置（如眉毛的角度与长度、嘴的大小、鼻子的长度，以及嘴与鼻子的距离等）分别代表各种主要财务指标，从而组成一张卡通画式的脸谱，投资者可以通过脸谱所表现出来的直观形象（如笑脸或愁容，丰满或猥琐等）来评价和判断公司的整体财务状况和经营业绩。上市公司可将雷达图和脸谱图引入 MD&A 信息披露，以帮助投资者尤其是非专业投资者增进对公司整体财务状况和经营成果的理解。

---

① CISMAR 数据库则提供了最常用的八大类 208 种财务比率数据。

总　　结

本书瞄准 MD&A 信息披露的国际最新动态，立足我国 MD&A 信息披露理论与实践双重匮乏的现实，坚持规范研究和实证研究相结合、宏观分析和微观分析相结合、制度理论和上市公司实践相结合的原则，综合运用规范分析、比较研究、案例研究、问卷调查和经验实证等多种研究方法，论述了 MD&A 信息披露的理论基础，揭示了 MD&A 信息披露的基本理论问题，构建了其信息供应链的系统分析框架，通过问卷调查掌握了主要信息用户审计师对 MD&A 信息披露及鉴证问题的基本态度与认识，然后基于我国资本市场 MD&A 信息披露制度，构建中国上市公司年报 MD&A 信息披露质量指数，掌握了中国上市公司年报 MD&A 信息披露总体现状和基本特征与发展趋势，查明了影响中国上市公司年报 MD&A 信息披露质量的主要因素。具体来讲，主要结论如下：

第一，MD&A 信息披露不仅仅是一个财务与会计问题，更是一个经济学与管理学问题，不仅有利于促进微观经济效率，也有利于提高宏观经济效率。从经济学角度看，MD&A 信息披露制度安排宗旨不仅在于为资本市场提供增量决策有用信息，而且在于更清楚地反映企业受托责任及其履行情况，更好地维护产权主体的权益。因而，研究 MD&A 信息披露问题不能仅囿于资本市场。从管理学角度看，MD&A 信息披露有助于改善公司治理，是公司经营管理、危机管理、投资者关系管理与声誉管理的得力工具，也是披露重要社会责任信息的有效平台。这是 MD&A 信息披露对微观经济组织的重要作用。从宏观层面看，MD&A 所提供的大量信息一方面有助于增进利益相关者尤其是投资者对企业现在和未来经营成果与财务状况的理解，从而提高经济决策的科学性，利于实现稀缺资源的优化配置；另一方面，它使力量不均衡的市场主体在市场竞争中机会均等，有助于保护利益相关者信息知情权尤其是弱势主体信息知情权，从而实现公平披露。

第二，关于MD&A的内涵、披露目标、质量要求、主要内容与信息鉴证的系统认识。明确指出MD&A信息具有"立足管理层视角""着眼于分析"和"前瞻性"三个本质特征，这决定其披露要求与以财务报表信息为基础提出的会计信息质量特征有所差异，因而有必要另行规范；MD&A信息披露的根本目标在于提供决策有用信息和全面反映受托责任，无论是从需求内容的范围还是信息需求强度看，投资者都是其主要需求主体，应重点关注投资者的信息诉求；我国半年报《内容与格式准则》和年报《内容与格式准则》对MD&A信息披露内容的最新规定已基本接近国际要求，根据2006年会计准则的要求，还纳入了公允价值和特殊目的主体等特色内容，但在财务信息、利益相关者关系、无形资产等披露方面还存在诸多不足；MD&A信息鉴证十分必要，但其理论与实践面临许多难点，这在我国资本市场表现尤为突出。

第三，MD&A信息披露质量取决于其信息生成、审批、鉴证、分析和使用等整个过程中各环节的水平，因此，这五个环节各自的发展水平及综合效率，便决定了一个国家MD&A信息披露制度的发展程度。比如，尽管美国MD&A披露的各个环节都相对成熟，但由于各环节之间缺乏配合，相互脱节，其MD&A信息披露依然问题多多。我国MD&A信息披露制度经历了从无到有、从原则到规则的发展过程，既借鉴了国际尤其是美国MD&A信息披露制度的先进经验，也结合了中国实际。目前最突出的问题则在于缺乏统一稳定的MD&A信息披露规范，而其他方面如监管、鉴证与解析等环节又十分薄弱。因此，必须以系统的观点看待MD&A披露质量问题，积极关注MD&A信息监管、鉴证、解析及相应的公司治理与内部控制等配套制度建设。

第四，我国当前MD&A鉴证存在理论薄弱、制度缺失与实践缺位的三重困境。基于审计师的问卷调查发现，当前环境下我国MD&A信息披露与鉴证存在五大主要问题：会计信息用户普遍缺乏对MD&A的必要了解；审计师在报表审计中对MD&A不够重视；MD&A信息披露有用性不足，难以激发鉴证需求；MD&A鉴证实务缺乏统一指导；多重困难妨碍

MD&A 鉴证业务的开展。

　　第五，我国上市公司年报 MD&A 信息披露质量总体偏低，但 2012 年之后呈明显上升趋势，这表明证监会对 MD&A 信息披露要求的细化和强调，显著促进了上市公司 MD&A 信息披露实务。具体而言，从披露程度看，现行 MD&A 信息披露以简单描述和简单定量披露为主，缺乏分析性；从披露方式看，强制性披露内容的准则应付式特征尤为明显，自愿披露十分匮乏；从信息类型看，财务信息数量与质量水平均显著高于非财务信息，公允价值运用和特殊目的主体等信息披露亟需重点加强；从信息导向看，历史信息数量与质量水平均显著高于未来信息，前瞻性仍严重不足；从披露格式看，表格形式被广泛运用，而图形与色彩应用十分有限。

　　第六，本书的实证研究得出了一系列有意义的结论。从宏观层面看，法规环境和市场环境对 MD&A 信息披露影响较大，尤其是 2012 年准则的修订与细化显著促进了上市公司 MD&A 信息披露实务，阶段性特征十分明显；从中观层面看，公司所在行业竞争度对 MD&A 各类信息披露质量的影响有一定差异，对 MD&A 强制性信息披露具有一定的正向促进作用，但在一定程度上抑制了自愿性信息披露和非财务信息披露；而外部审计机构的规模和权威性只对 MD&A 自愿性信息披露具有显著促进作用。从微观层面看，主要包括：①未发现"一股独大"显著影响 MD&A 信息披露质量的证据，而第一大股东实际控制人为国有的公司，其 MD&A 总体披露指数和强制性信息披露指数较高。这与深圳交易所关于上市公司治理状况调查分析的结论一致，不支持"股权分散化、民有化是当前控制权归属改革的主要趋势"的流行观点。②我国机构投资者对上市公司信息披露尤其是自愿性信息披露的正向促进作用开始发挥；审计委员会的设置显著促进了 MD&A 披露的总体质量，以及其强制性、非财务信息和前瞻性信息的披露质量；未发现独立董事与 MD&A 信息披露质量显著相关的证据。为此，应进一步推动审计委员会的设置，改革独立董事聘任与报酬机制，强化独立董事职能。③管理层报酬与 MD&A 总体披露指数、强制披露指数及非财务信息披露指数均显著正相关，但其对 MD&A 前瞻性信息披露的影响则为显著负相关，可见，设计"激励相容"的管理层报酬机制仍是未来公司治理改革的重要内容。④上市公司再融资需求对

MD&A 前瞻性信息披露具有显著的正向影响，表明上市公司为实施再融资计划和降低融资成本，已开始利用 MD&A 向市场传递信号。此外，本书还发现公司规模、公司业绩、财务杠杆、并购重组及公司在行业中的市场份额对 MD&A 信息披露及其强制披露、自愿披露、非财务信息披露与前瞻性信息披露具有一定的影响。这些结论为有的放矢地提高上市公司 MD&A 披露水平提供了数据支持和分析切入点。

本书的创新体现在以下几个方面：

第一，基础理论研究并未拘泥于资本市场讨论 MD&A 信息披露问题，而是从契约、产权和利益相关者角度提升和拓展了 MD&A 信息披露的理论意义。同时，将经济学、管理学、会计学和社会伦理学等中的多种经典理论与 MD&A 信息披露问题对接，并广泛涉猎企业核心能力、新经济社会学企业理论、投资者保护和企业社会责任等新兴理论，基于对企业认识的扩展而渐自展开，兼顾效率与公平及信息供给与需求，将多种理论整合在一定的逻辑框架下，形成了一个较为系统的理论体系。

第二，首次对 MD&A 的概念与内涵、披露目标与质量要求、信息鉴证等基本理论问题展开研究，提出了"MD&A 信息供应链"的新思路，并据此构建了 MD&A 信息披露质量的系统分析框架。从供应链角度对美国 MD&A 信息披露制度的重新解读与评价，对中国 MD&A 信息披露各环节的全面梳理，以及对德国、加拿大、澳大利亚、IASB 相关制度的国际比较研究与客观评述，不仅丰富了现有研究成果，有助于加深对 MD&A 信息披露的理解，更拓展了现有关于 MD&A 信息披露制度源流的认识。

第三，首次专门针对 MD&A 信息鉴证问题，较为系统、深入地分析了我国上市公司 MD&A 信息鉴证在理论、制度及实践三方面所面临的困境，并尝试采用问卷调查研究方法，对信息鉴证业务的实践主体——会计师事务所的执业审计师，就 MD&A 信息披露与鉴证问题进行了较为全面的调查，从而掌握了我国审计师对 MD&A 信息披露制度、我国 MD&A 信息披露现状及影响因素的真实看法，以及他们对 MD&A 信息鉴证问题的主要态度，并进一步就审计师对 MD&A 鉴证困难及鉴证准则制定的专业认识等进行了考察，从而获取了许多较有价值的第一手数据与资料，最后根据这些资料针对性地提出了具体的政策建议，既为我国相关部门今后制定 MD&A 鉴证准则或指南提供了数据支持和政策参考，也为后续进一步开展 MD&A 鉴证理论和实务研究奠定了一定的基础。

第四，充分考虑现有实证研究的不足，构建 MD&A 信息披露质量指数，基于 2208 个样本和 78 万多个手工收集的面板数据，采用 0—4 评分法，从披露数量、披露方式、披露程度、信息类型、信息导向和披露格式等多方面对中国上市公司 2003—2014 年连续 12 年 MD&A 信息披露的准则遵循情况和阶段性特征，以及 MD&A 中强制性与自愿性披露水平、财务与非财务披露水平、历史性与前瞻性披露水平的基本特征与动态趋势展开全面研究。在此基础上，新增第一大股东持股比例、实际控制人属性、审计委员会设立、融资需求、并购重组、行业竞争度、上市所在地、市场环境与法律环境等变量，从宏观、中观和微观层面综合考察 MD&A 信息披露总体质量，以及其强制披露与自愿披露质量、非财务信息与前瞻性信息披露质量的主要影响因素。既印证了现有部分研究结论，又得出许多新结论，为提升上市公司 MD&A 披露质量提供了新的切入点。

第五，本文所提出的建议针对性强，对监管者、上市公司和投资者均具有重要借鉴作用。尤其是关于上市公司 MD&A 信息披露指引的初步设想、前瞻性信息披露免责制度的建立、MD&A 信息鉴证等建议，以及如何判断前瞻性信息披露义务、如何加强 MD&A 的权威性、分析性与可理解性等具体措施，均具有一定的前瞻性和可操作性。部分建议已经体现到年报披露准则 MD&A 部分的修订中。

但是，本书对 MD&A 信息披露理论和实证研究仍然是探索性的，难免存在一些缺憾。首先，尽管本书的样本量虽突破了以往的研究，但对于整个资本市场而言，样本量仍有进一步扩大的必要，因而研究结论的普适性仍有待提高；其次，尽管本书采取了多种措施尽量控制研究中的主观性影响，但内容分析法的研究特点决定不可能完全排除主观性。对这些局限，将在后续研究中尽力改进。

主要参考文献

[1] [美] 埃里克·弗鲁博顿 (Eirik G. Furubotn)、[德] 鲁道夫·芮切特 (Rudolf Richter):《新制度经济学:一个交易费用分析范式》,罗长远译,上海人民出版社 2006 年版。

[2] [美] 斯蒂芬·A. 泽弗 (Stephen A. Zeff):《现代财务会计理论:问题与论争》,经济科学出版社 2000 年版。

[3] [美] 威廉·H. 比弗 (William H. Beaver):《财务呈报:会计革命》,薛云奎主译,东北财经大学出版社 2000 年版。

[4] [美] 约翰·罗尔斯 (John Rawls):《正义论》,何怀宏等译,中国社会科学出版社 1988 年版。

[5] 蔡传里:《会计信息透明度研究》,博士学位论文,中南财经政法大学,2008 年。

[6] 陈少华、葛家澍:《公司财务报告问题研究》,厦门大学出版社 2006 年版。

[7] 陈晓、陈小悦、刘钊:《A 股盈余报告的有用性研究》,《经济研究》1999 年第 6 期。

[8] 方红星:《公众公司财务报告的披露》,《会计研究》2005 年第 4 期。

[9] 费方域:《企业的产权分析》,上海三联书店 1998 年版。

[10] 葛家澍、杜兴强:《会计理论》,复旦大学出版社 2005 年版。

[11] 葛家澍、汤云为、张蕊:《会计要素与财务报告》(会计准则研究文库),大连出版社 2005 年版。

[12] 郭道扬:《论产权会计观与产权会计变革》,《会计研究》2004 年第 2 期。

[13] 郭道扬：《论两大法系的会计法律制度体系》，《会计研究》2002年第8、9期。

[14] 胡奕明、饶艳超、陈月根等：《中国证券分析师的信息解读能力——透视年报分析》，《会计研究》2003年第11期。

[15] 惠楠：《我国上市公司"管理层讨论与分析"信息披露现状》，《科技与管理》2008年第2期。

[16] 贺建刚、孙铮：《金字塔结构、审计质量和管理层讨论与分析——基于会计重述视角》，《审计研究》2013年第6期。

[17] 贺建刚：《管理层讨论与分析：中国的研究与发现》，《南京财经大学学报》2012年第2期。

[18] 侯增周：《上市公司"管理层评述"信息披露质量研究——基于房地产行业数据的分析》，《财会通讯》2011年第9期。

[19] 蒋艳辉等：《MD&A语言特征、管理层预期与未来财务业绩——来自中国创业板上市公司的经验证据》，《中国软科学》2014年第11期。

[20] 雷俊宇、吴敏：《美国MD&A信息披露要求及其评价》，《财会月刊》2007年第5期。

[21] 李常青、李锋森：《美国"管理层讨论与分析"的审计制度及对我国的借鉴》，《审计研究》2006年第1期。

[22] 李常青、王毅辉、张凤展：《上市公司"管理层讨论与分析"披露质量影响因素研究》，《经济管理》2008年第4期。

[23] 李常青、王毅辉、张凤展等：《上市公司定期报告"管理层讨论与分析"披露研究》，上海证券交易所联合研究计划第十四期课题报告，2005年。

[24] 李锋森、李常青：《上市公司"管理层讨论与分析"的有用性研究》，《证券市场导报》2008年第12期。

[25] 李康、杨兴君、张雷等：《上市公司定期报告"管理层讨论与分析"披露研究》，上海证券交易所联合研究计划第十四期课题报告，2005年。

[26] 李燕媛：《美国管理层讨论与分析鉴证制度的发展》，《中国注册会计师》2008年第10期。

[27] 李燕媛：《从法理学视角谈"管理层讨论与分析"披露的价值》，《财会研究》2008 年第 21 期。

[28] 李燕媛：《如何编好年报中的"管理层讨论与分析"》，《财会月刊》2008 年第 11 期。

[29] 李燕媛：《"管理层讨论与分析"研究：回顾与前瞻》，《会计论坛》2009 年第 2 期。

[30] 李燕媛、李晓东：《管理层评论信息质量原则的国际比较与启示》，《会计研究》2009 年第 1 期。

[31] 李燕媛：《"管理层讨论与分析"信息披露——基于供应链构建与解构的多维审视》，《中南财经政法大学学报》2012 年第 4 期。

[32] 李燕媛、张蝶：《我国上市公司"管理层讨论与分析"信息鉴证：三重困境及对策》，《审计研究》2012 年第 5 期。

[33] 李燕媛、刘晴晴：《中国独立董事制度的有效性：基于盈余管理维度的评价与建议》，《经济与管理研究》2012 年第 11 期。

[34] 李燕媛：《"管理层讨论与分析"信息披露质量：来自沪深 300 指上市公司 2003—2007 年的证据》，《山西财经大学学报》2012 年第 12 期。

[35] 李慧云、张林、张玥：《MD&A 信息披露、财务绩效与市场反应——来自中国沪市的经验证据》，《北京理工大学学报》（社会科学版）2015 年第 1 期。

[36] 刘家松、王惠芳：《上市公司管理层讨论与分析信息披露实证研究——来自深沪 223 家上市公司的经验证据》，《重庆工商大学学报》2006 年第 2 期。

[37] 刘昱熙：《美国管理层讨论与分析的信息披露制度》，《财会通讯》（综合版）2006 年第 12 期。

[38] 刘昱熙：《上市公司 MD&A 信息披露质量特征界定》，《商业时代》2007 年第 1 期。

[39] 陆建桥：《后安然时代的会计与审计》，《会计研究》2002 年第 10 期。

[40] 陆宇建、吴祖光：《我国上市公司管理层讨论与分析披露质量研究》，《科学经济社会》2010 年第 3 期。

[41] 孟志华、沈萍：《MD&A 信息鉴证基本问题研究》，《财会月刊》2014 年第 10 期。

[42] 潘琰、辛清泉：《解读企业信息需求——基于机构投资者的信息需求探索》，《会计研究》2004 年第 12 期。

[43] 钱文彪：《上市银行"管理层讨论与分析"披露质量分析》，《财会月刊》2011 年第 7 期。

[44] 乔旭东：《上市公司年度报告自愿披露行为的实证研究》，《当代经济科学》2003 年第 2 期。

[45] 上海证券交易所研究中心：《中国公司治理报告（2008）：透明度与信息披露》，复旦大学出版社 2008 年版。

[46] 沈洪涛：《公司特征与公司社会责任信息披露》，《会计研究》2007 年第 3 期。

[47] 沈艺峰：《会计信息披露和我国股票市场半强式有效性的实证分析》，《会计研究》1996 年第 1 期。

[48] 宋献中：《论企业核心能力信息的自愿披露》，《会计研究》2006 年第 2 期。

[49] 孙蔓莉：《论上市公司信息披露的印象管理行为》，《会计研究》2004 年第 3 期。

[50] 孙蔓莉：《上市公司年报的可理解性研究》，《会计研究》2004 年第 12 期。

[51] 汤谷良、孟丽荣：《美国 MD&A 和英国 OFR 的比较研究及其启示》，《中国注册会计师》2006 年第 7 期。

[52] 汤湘希：《企业核心竞争力会计控制研究》，中国财政经济出版社 2006 年版。

[53] 万里霜：《"管理层讨论与分析"的环境信息披露情况调查》，《生态经济》2008 年第 1 期。

[54] 汪炜、蒋高峰：《信息披露、透明度与资本成本》，《经济研究》2004 年第 7 期。

[55] 王军：《携手共进，服务资本市场健康发展：在国际财务报告准则大会上的讲话》，《中国注册会计师》2008 年第 11 期。

[56] 王立彦、刘军霞：《上市公司境内外会计信息披露规则的执行偏

差》,《经济研究》2003年第11期。

[57] 王啸:《美国"管理层讨论与分析"及对我国的借鉴》,《证券市场导报》2002年第8期。

[58] 吴世农、黄志功:《上市公司盈利信息报告、股价变动与股市效率的实证研究》,《会计研究》1997年第4期。

[59] 吴世农:《我国证券市场效率的分析》,《经济研究》1996年第4期。

[60] 谢德仁:《2005年财务报告的十大挑战》,《会计研究》2005年第1期。

[61] 谢获宝、潘黎:《产权观下我国企业会计目标构建问题研究》,《财会通讯》(学术版)2006年第9期。

[62] 徐利飞:《上市公司半年度报告的管理层讨论与分析的披露现状分析》,《山西财经大学学报》2007年第4期。

[63] 许碧:《中小板公司年报"管理层讨论与分析"改进建议》,《证券市场导报》2007年第7期。

[64] 薛爽、肖泽忠、潘妙丽:《管理层讨论与分析是否提供了有用信息?——基于亏损上市公司的实证探索》,《管理世界》2010年第5期。

[65] 杨小凯:《企业理论的新发展》,《经济研究》1994年第7期。

[66] 袁德磊、赵定涛:《试论行业竞争对银行脆弱性的影响》,《外国经济与管理》2007年第10期。

[67] 翟华云:《审计委员会和盈余质量》,《审计研究》2006年第6期。

[68] 张海霞:《上市公司年报"管理层讨论与分析"信息披露现状与对策——基于IT行业的实例》,《财会通讯》(学术版)2007年第8期。

[69] 张巧良、李洪宇:《上市公司"管理层讨论与分析"信息披露的国际比较》,《财会研究》2007年第7期。

[70] 张维迎:《企业的企业家——契约理论》,上海人民出版社1995年版。

[71] 张维迎:《所有制、治理结构及委托代理关系》,《经济研究》1996年第9期。

[72] 张晓岚等:《我国上市公司"管理层讨论与分析"披露状况的调查分析》,中国会计学会 2005 年学术年会论文集。

[73] 张宗新、郭来生、季雷:《上市公司自愿性信息披露的有效性研究》,东北证券有限责任公司研究报告,2003 年。

[74] 张宗新、张晓荣、廖士光:《上市公司自愿性信息披露行为有效吗?》,《经济学》(季刊) 2005 年第 1 期。

[75] 赵亚明:《2005 年深市"管理层讨论与分析"的执行情况》,《证券市场导报》2006 年第 7 期。

[76] 钟娟、李常青:《"管理层讨论与分析"信息的法律责任》,《财会月刊》2006 年第 11 期。

[77] 钟伟强、张天西、张燕妮:《自愿披露与公司治理——一项基于中国上市公司数据的实证分析》,《管理科学》2006 年第 3 期。

[78] 周其仁:《市场里的企业:一个人力资本与非人力资本的特别合约》,《经济研究》1996 年第 6 期。

[79] 周勤业、卢宗辉、金瑛:《上市公司信息披露与投资者信息获取的成本效益问卷调查分析》,《会计研究》2003 年第 5 期。

[80] 张丹、蒋奇:《MD&A 中年度经营计划信息披露状况及其市场效应研究》,《新会计》2012 年第 1 期。

[81] 郑艳秋、曹静娴:《上市公司管理层讨论与分析信息披露质量影响因素分析——基于食品行业上市公司 2006—2009 年经验数据的研究》,《财会通讯》2012 年第 7 期。

[82] Akerlof A. G., "The Market for 'Lemon': Quality and the Market Mechanism", *Quarterly Journal of Economics*, Vol. 84, 1970.

[83] Anderson R. C., Mansi S. A. and Reeb D. M., "Board Characteristics, Accounting Report Integrity, and the Cost of Debt", *Journal of Accounting and Economics*, Vol. 37, Issue 3, Sep. 2004.

[84] Armen A. and Demsetz H., "Production, Information Costs, and Organization." *America Economics Review*, Vol. 62, Issue 50, 1972.

[85] Bagby W. J. and Kintzeie L. P., "Management Discussion and Analysis: Discretionary Disclosures and Business Segment", *Accounting Horizons*, Vol. 3, 1987.

[86] Bagby W. J. , Kintzele R. M. and Kintzele L. P. , "Management Discussion of Business Performance: an Analytical and Empirical Evaluation", *American Business Law Journal*, Vol. 26, Issue 1, 1988.

[87] Beattie V. , MD&Alnnes B. and Feamley S. "Through the Eyes of Management: A Study of Narrative Disclosures", *London: Institute of Chartered Accountants in England & Wales*, 2002.

[88] Beaver H. W. , "What Should Be the FASB's Objectives?" *The Journal of Accountancy*, Vol. 136, Issue 2, Aug. 1973.

[89] Boesso G. and Kumar K. , "Drivers of Corporate Voluntary Disclosure: A Framework and Empirical Evidence From Italy and the United States", *Accounting, Auditing and Accountability Journal*, Vol. 20, Issue 2, 2007.

[90] Botosan A. C. , "Disclosure Level and the Cost of Equity Capital", *The Accounting Review*, Vol. 72, Issue 3, 1997.

[91] Brandon D. C. , "An Examination of the Use of Impression Management in the Management Discussion and Analysis Section of the Annual Report", Ph. D. , Purdue University, 2001.

[92] Bryan H. S. , "Incremental Information Content of Required Disclosures Contained in Management Discussion and Analysis", *Accounting Review*, Vol. 72, Apr. 1997.

[93] Callahan M. C. and Smith E. R. , "Firm Performance and Management's Discussionand Analysis Disclosures: An Industry Approach", Working Paper. Sep. 2004.

[94] Clarkson M. P. , Kao L. J. and Richardson D. G. , "The Voluntary Inclusion of Forecasts in the MD&A Section of Annual Reports. *Contemporary Accounting Research*", Vol. 11, Issue 1, 1994.

[95] Clarkson M. P. , Kao L. J. and Richardson D. G. , "Evidence that Management Discussion and Analysis (MD&A) is A Part of a Firm's Overall Disclosure Package", *Contemporary Accounting Research*, Vol. 16, Issue 1, Spring 1999.

[96] Coase, R. H. , "Accounting and the Theory of the Firm", *Journal of*

Accounting and Economics, Issue 12, 1990.

[97] Cole C. and Jones C. L., "Management Discussion and Analysis: A Review and Implications for Future Research", *Journal of Accounting Literature*, Vol. 24, 2005.

[98] Cole C. and Jones C. L., "The Usefulness of MD&A Disclosure in the Retail Industry", *Journal of Accounting, Auditing and Finance*, Vol. 19, 2004.

[99] Cole C., "MD&A Trends in Standard & Poor's Top 100 Companies", *Journal of Corporate Accounting and Finance*. Vol. 2, Issue 2, Winter 1990.

[100] Cole C. J. and Jones C. L., "The Quality of Management Forecasts of Capital Expenditures and Store Openings in MD&A", *Journal of Accounting, Auditing & Finance*, Vol. 20, Issue 8, 2014.

[101] Cole C. J., "International Best Practices for MD&A: An Update. *Published online in Wiley Online Library*", Vol. 23, Issue 6, 2012.

[102] Collins, W., Davie, E. S. and Weetman P, . "Management Discussion and Analysis: An Evaluation of Practice in UK and US Companies", *Accounting and Business Research*, Vol. 23, Issue 90, 1993.

[103] Croft S. M., "MD&A: The Tightrope of Disclosure", *South Carolina Law Review*, Rev. 477, Spr. 1994.

[104] Dieter R. and Sandefur K., "Spotlight on Management's Discussion and Analysis: What does the SEC expect this year?" *Journal of Accountancy*, Vol. 168, Issue 6, Dec. 1989.

[105] DiPiazza A. S. and Eccles G. R., "Building Public Trust: The Future of Corporate Reporting", *John Willey & Sons, Inc*, 2002.

[106] Donald, "M. H. The MD&A Challenge: the difficulty of crafting a quality disclosure" *Journal of Accountancy*, Vol. 201, Issue 1, Jan. 2006.

[107] Dupree, J. M., "Users' Preferences for Descriptive V. Technical Accounting Terms", *Accounting and Business Research*, Vol. 15, Issue

60, Autumn 1985.

[108] Edwards N. P., "The Limits of Required Forward-looking Information in MD&A", *Journal of Corporate Accounting and Finance*, Vol. 2, Issue 4, Summer 1991.

[109] Eikner A. E., Hefzi H. and Glezen G. W., "Prospective Information in Managements' Discussion and Analysis: A Test of Incremental Information Content" *The Journal of Interdisciplinary Studies*, Vol. 13, 2000.

[110] Elifoglu, H. I. and Fitzsimons, A. P., "New SEC Guidance on MD&A, LoanCommitments, and Current Report", *Bank Accounting and Finance*, Vol. 17, Issue 4, 2004.

[111] Elliott R. and Jacobson P., "Costs and Benefits of Business Information Disclosure", *Accounting Horizons*, Vol. 8, No. 4, Dec. 1994.

[112] Eng L. and Mak Y. T., "Corporate Governance and Voluntary Disclosure", *Journal of Accounting and Public Policy*, Vol. 22, Issue 4, 2003.

[113] Epstein M. J. and Pava M. L., "Shareholders' Perceptions of the Usefulness of MD&As", *Managerial Finance*, Vol. 21, 1995.

[114] Fama E. F. and Jensen M. C., "Separation of Ownership and Control", *Journal of Law and Economics*, Vol. 26, Issue 2, Jun. 1983.

[115] Federal Accounting Standards Advisory Board, "Standards for Management's Discussion and Analysis", Apr. 1999.

[116] Feldman R., Govindaraj S. and Livnat J. et al, . "The Incremental Information Content of Tone Change in Management Discussion and Analysis", SSRN: http://ssrn.com/abstract=1126962, 2008.

[117] Frazier, K. B., Ingram R. W and Tennyson B. M., "A Methodology for the Analysis of Narrative Accounting Disclosures", *Journal of Accounting Research*, Vol. 22, Mar. 1984.

[118] Haniffa R. and Cooke T., "Culture, Corporate Government and Disclosure in Malaysian Corporations", The Asian AAA World Conference Paper, Aug. 2000.

[119] Healy P., Hutton A. and Palepu K., "Information Asymmetry, Corporate Disclosure and the Capital Markets: A Review of the Empirical Disclosure Literature", *Journal of Accounting and Economics*, Vol. 31, Issue 1 – 3, Sep. 2001.

[120] Heyman A. J., "MD&A Disclosure About Deferred Taxes When Adopting FAS 109", *Journal of Corporate Accounting and Finance*, Vol. 4, Issue 3, Spr. 1993.

[121] Ho, S. S. M. and Wong K. S., "A Study of the Relationship Between Corporate Governance Structures and the Extent of Voluntary Disclosure", *Journal of International Accounting Auditing and Taxation*, Vol. 10, 2001.

[122] Holder-Webb L, "The Question of Disclosure: Providing a Tool for Evaluating Management's Discussion and Analysis", *Advances in Accounting Behavioral Research*, Vol. 10, 2007.

[123] Holtzman P. M. and Venuti K. E., "MD&A: Revealing the Soft Numbers", *Financial Executive*, Vol. 6, 2003.

[124] Hooks K. L. and Moon J. E., "A Classification Scheme to Examine Management Discussion and Analysis Compliance. *Accounting Horizons*", Vol. 7, Issue 2, 1993.

[125] Hooks K. L. and Moon J. E., "Applications in Accounting: A Checklist for Management Discussion and Analysis", *Journal of Accountancy*, Vol. 172, Dec. 1991.

[126] Hossain F. M. and Siddiquee M. M., "Readability of Management Reviews in the Annual Reports of Listed Companies of Bangladesh", Working Paper, http://ssrn.com/abstract = 1079695, 2008.

[127] International Accounting Standards Board, Management Commentary: Comment Letter Analysis (Agenda paper 11A, 11B, 11C), January 25, 2007.

[128] Investor Relations Business, "Poor MD&A Tops SEC Concern over Annuals", *Investor Relations Business*, Vol. 8, Issue 5, Mar. 2003.

[129] Jensen C. M. and Meckling H. W., "Theory of the Firm: Managerial

Behavior, Agency Costs and Ownership Structure", *Journal of Financial Economics*, Vol. 3, Issue 4, 1976.

[130] Kreps, D., *Corporate Culture and Economic Theory*, in Perspectives on Positive Political Economy, edited by James Alt and Kenneth Shepsle. 1990, Cambridge: Cambridge University Press, 1990.

[131] Krzus P. M., Graul E. L. and Lenz W. J., "Practical Tips for Writing MD&A.", *Journal of Corporate Accounting and Finance*, Vol. 7, Issue 4, Sum. 1996.

[132] Lang M. and Lundholm R., "Cross-sectional Determinants of Analyst Ratings of Corporate Disclosures", *Journal of Accounting Research*, Vol. 31, Issue 2, 1993.

[133] Lannaconi E. T. and Rouse W. R., "MD&A: When and How to Report Trends", *Journal of Corporate Accounting and Finance*, Vol. 8, Issue 1, 1996.

[134] Marston, C. L. and Shrives P. J., "The Use of Disclosure Indices in Accounting Research: a Review Article", *The British Accounting Review*, Vol. 23, Issue 3, 1991.

[135] MD&A Bride P., "Management Discussion and Analysis: An Australian Perspective", *External Centre of Reporting Excellence*, 1996.

[136] MD&A Kinnon J. L. and Dalimunthe L., "Voluntary Disclosure of Segment Information by Auatralian Diversified Companies", *Accounting and Finance*, Vol. 33, Issue 1, 1993.

[137] MD&A Mullen D. A., "Audit Committee Performance: An Investigation of the Consequences Associated With Audit Committees", *Auditing: A Journal of Practice and Theory*, Vol. 15, Issue 1, 1996.

[138] Meek G. K., Roberts C. B. and Gray S. J., "Factors Influencing Voluntary Annual Report Disclosures by U. S., U. K. and Continental European Multinational Corporations", *Journal of International Business Studies*, Vol. 26, Issue 3, 1995.

[139] Orie E. B., Kile O. C. and O'Keefe T. B., "MD&A Quality as Measured by the SEC and Analysts' Earnings Forecasts", *Contemporary Ac-*

counting Research, Vol. 16, Spring 1999.

[140] Ottilie L. J. and Abigail A., "*MD&A: Linchpin of SEC Post-Enron Disclosure Reform*", Washington DC: SEC "Hot Topics" Institute, May 2005.

[141] Owen C. K., "An Analysis of the Impact of Omitted Evaluative Information on Financial Reporting: Evidence from Disclosures to Amend Management's Discussion and Analysis", Ph. D., Washington University, 1993.

[142] Patton K. T., Kinnersley L. R. and Patton R. S., "A Primer for Writing an Effective Management's Discussion and Analysis", *Journal of Government Financial Management*, Vol. 50, Issue 4, Winter 2001.

[143] Pava, M. L. and Epstein J. M., "How Good is MD&A As An Investment Tool?" *Journal of Accountancy*, Vol. 175, Issue 3, Mar. 1993.

[144] Plunkett M. L. and Rouse W. R., "What can CFOs Learn from the SEC's MD&A Crackdown?" *Journal of Corporate Accounting and Finance*, Vol. 7, Issue 4, 1996.

[145] Reinstein A. and Lander H. G., "Comfort Letters: The New Rules for Management Discussion and Analysis in the Real Estate Industry", *Real Estate Review*, Vol. 31, Issue 2, Summer 2002.

[146] Robb, S., Single L. and Zarzeski M., "Non-financial Disclosures Across Anglo-American Countries", *International Journal of Accounting*, Vol. 10, Issue 1, 2001.

[147] Romajas J. S., "The Duty to Disclose Forward-Looking Information: A Look at the Future of MD&A", *Fordham Law Review*, Rev. 245, May 1993.

[148] Rotenberg W., "Discussion of 'The Voluntary Inclusion of Forecasts in the MD&A section of Annual Reports'", *Contemporary Accounting Research*, Vol. 11, Issue 1, 1994.

[149] Rouse W. R., Daniels B. R. and Weirich T., "Environmental MD&A and Financial Reporting: What Every Corporate Officer Should Know?" *Journal of Corporate Accounting and Finance*, Vol. 5, Issue 2, Winter

1993.

[150] Rouse W. R. , "SEC/Derivatives, MD&A Attestation, and FAS128" *Journal of Corporate Accounting and Finance*", Vol. 8, Issue 4, Summer 1997.

[151] Schroeder N. and Gibson C. , "Readability of management discussion and analysis", *Accounting Horizons*, Vol. 4, Dec. 1990.

[152] Scot D. L. and Crawford A. M. , "Common Deficiencies in Management's Discussion and Analysis", *Governmental GAAP Update Service*, Vol. 6, Issue 24, Dec. 2006.

[153] Seah S. S. and Tarca A. , "The Impact of Regulatory Framework on Management Commentary Reports", SSRN: http://ssrn.com/abstract=962628, 2006.

[154] Stephen Wheeler and Sandra J. Cereola, "Auditor scrutiny of unaudited client disclosure outlets: Recognized vs. disclosed financial statement items also appearing in the MD&A", *Advances in Accounting*, Vol. 30, Issue 2, 2015.

[155] Stephen V. Brown and Jennifer Wu Tucker, "Large-Sample Evidence on Firms' Year-over-Year MD&A Modifications", *Journal of Accounting Research*, Vol. 49, Issue 2, 2011.

[156] Seamons F. Q. and Rouse W. R. , "MD&A: How to Use Safe Harbor to Report 'soft' Information", *Journal of Corporate Accounting and Finance*, Vol. 9, Issue 1, 1997.

[157] Steven N. S. , "The Contractual Natureof the Firm", *Journal of Law and Economics*, Vol. 26, 1983.

[158] Verrecchia E. R. , "Essay on Disclosure", *Journal of Accounting and Economics*, Vol. 32, 2001.

[159] Waymire G. , "Discussion: The Usefulness of MD&A Disclosure in the RetailIndustry", *Journal of Accounting, Auditing and Finance*, Vol. 19, 2004.

[160] Yan Sun, Inventory Increases, MD&A Disclosures, and Firm Performance. AAA Financial Accounting and Reporting Section (FARS) Meet-

ing, 2007.

[161] Yan Sun, "Do MD&A Disclosures Help Users Interpret Disproportionate Inventory Increases?", *The Accounting Review*, Vol. 85, Issue 4, 2010.

[162] Zingales L., "In Search of New Foundations", *The Journal of Finance*, Vol. 8, 2000.

附录 1

调查问卷

上市公司年报中"管理层讨论与分析"(Management's Discussion and Analysis, MD&A)信息鉴证需求调查

敬启者:

您好!非常感谢您的大力支持!MD&A 在上市公司年度报告的"董事会报告"一节披露,是公司管理层对报告期内公司经营情况的回顾和对公司未来发展的展望。本调查问卷纯属学术研究之需要,既不需要签署贵单位名称,也不会对贵单位及您本人产生任何不良影响,敬请您据实回答,并在相应项目的编号前做上记号或将该项涂成红色,或在必要时惠赐几笔。对于您能在百忙之中填写此问卷再次表示感谢!

国家社科基金项目(10CGL010)课题组

1. 您所在的会计师事务所是:
1)国际"四大"
2)国内"十大"
3)都不是

2. 在您的职业生涯中:
1)一直在会计师事务所工作
2)一直从事财务会计工作,但前期不在会计师事务所

3)从事过其他相关职业,后期转到会计师事务所
4)从事过其他非相关职业,后期转到会计师事务所

3. 您在会计师事务所任职的时间为:
1)1 年以内
2)1—2 年

3) 2—3 年

4) 3—5 年

5) 5 年以上

4. 您对 MD&A 的内容：

1) 非常了解

2) 比较了解

3) 有一定了解

4) 不太了解

5) 一点也不了解

5. 您认为 MD&A 信息：

1) 非常重要

2) 比较重要

3) 一般

4) 不太重要

5) 一点也不重要

6. 据您所知，目前实务中对年报进行审计时，对 MD&A：

1) 非常重视

2) 比较重视

3) 重视

4) 不太重视

5) 一点也不重视

7. 在您的实际审计工作中，对 MD&A 的内容主要采取以下哪种方式：

1) 仔细阅读

2) 一般性阅读

3) 基本不看

4) 从来不看

8. 您对我国上市公司 MD&A 信息披露现状：

1) 非常满意

2) 比较满意

3) 满意

4) 不满意

5) 非常不满意

如果不满意，您觉得主要存在哪些问题？
（可多选）

1) 信息不完整

2) 披露不及时

3) 信息不可靠

4) 信息不相关

5) 所披露的信息不好理解

6) 存在"报喜不报忧"的现象

7) 前瞻性信息披露不足

8) 信息不可比

9) 千篇一律，没有突出公司自身个性

10) 分析性内容太少

11) 其他，如_____

9. 您认为以下哪些因素影响或制约了 MD&A 信息披露质量（可多选，并按重要性程度从高到低排序）：

1) 披露成本大于披露收益

2) 管理层不重视

3) 缺乏统一系统的披露规范

4) 缺乏判断性指导范本

5) 缺乏对 MD&A 披露质量的外部监督和约束

6）其他，如＿＿＿＿＿＿

10. 您认为有必要对 MD&A 信息进行鉴证吗？

1）非常必要

2）很必要

3）必要

4）不太必要

5）完全没必要

11. 您认为有必要将 MD&A 信息鉴证纳入会计师事务所的业务范围吗？

1）非常必要

2）很必要

3）必要

4）不太必要

5）完全没必要

12. 您认为应该采用何种方式对我国 MD&A 信息进行鉴证呢？

1）审计，合理保证（较高程度）

2）审阅，有限保证（中等程度）

3）两者的结合

13. 您认为应该以何种方式提供鉴证信息的结果呢？

1）采用标准格式，单独出具鉴证报告

2）格式自定，单独出具鉴证报告

3）整合到财务报表审计报告中

4）不出鉴证报告，仅将结果告知被鉴证方

14. 您认为应该对我国上市公司 MD&A 信息：

1）年度报告和中期报告中的 MD&A 信息都应强制要求鉴证

2）年度报告中的 MD&A 信息应强制要求鉴证，中期报告中的 MD&A 信息自愿进行鉴证

3）年度报告和中期报告中的 MD&A 信息鉴证都由公司自主决定

4）只有在特殊情况如 IPO、资产重组或购并时才需要对定期报告中的 MD&A 信息进行鉴证

15. 您认为在我国对 MD&A 信息进行鉴证最大的困难是（可多选，并按重要性程度从高到低排序）：

1）增加公司的成本

2）MD&A 属于叙述性信息，难以进行鉴证

3）MD&A 本身具有的前瞻性决定了对它难以进行鉴证

4）可能导致公司只顾逐条对照信息披露要求，而缺乏对公司具体情况的分析

5）无章可循，无法进行鉴证

6）其他，如＿＿＿＿＿＿

16. 您认为我国有必要制定 MD&A 鉴证准则吗？

1）非常必要
2）很必要
3）必要

4）不太必要
5）完全没必要

附录 2

2003—2014 年年报《内容与格式准则》要求披露的 MD&A 内容细分

附表 2—1　2003 年—2004 年年报《内容与格式准则》要求披露的 MD&A 内容细分①

项目	子项目	具体内容
A 强制披露项目	经营情况	1. 主营业务范围及经营状况： 　1.1 分别按行业、产品、地区说明主营业务收入、主营业务利润的构成情况。 　1.2 主要产品或服务及市场占有率情况。说明占公司主营业务收入或主营业务利润 10% 以上的业务活动及所属行业。对占主营业务收入或主营业务利润总额 10% 以上的主要产品，应分项列示产品销售收入、产品销售成本、毛利率。
		2. 主要控股、参股公司的经营情况及业绩。详细介绍主要控股子公司的业务性质、主要产品或服务、注册资本、资产规模、净利润。
		3. 主要供应商、客户情况。公司向前五名供应商合计的采购金额占年度采购总额的比例，前五名客户销售额合计占公司销售总额的比例。
		4. 在经营中出现的问题与困难及解决方案。
	财务状况	主要财务指标的重大变化及原因。包括（但不限于）报告期内总资产、股东权益、主营业务利润、净利润、现金及现金等价物净增加额等比上年同期或年初数相比发生的重大变化及其原因。

---

① 斜体字部分表示 2004 年年报《内容与格式准则》新增的要求。有关投资情况、环境变化及非标准审计意见说明无变化，未在附表 2—2、附表 2—3、附表 2—4 中列示。

附录2 2003—2014年年报《内容与格式准则》要求披露的MD&A内容细分

续表

项目	子项目	具体内容
B 只有在符合相应情形时才需披露的项目	经营情况	1. 主营业务范围及经营状况 　1.1 如报告期内主营业务或其结构、主营业务盈利能力较前一报告期发生较大变化的应予以说明。 　1.2 报告期内产品或服务发生变化，应介绍已推出或拟推出的新产品及服务，并说明对公司经营及业绩的影响。 2. 主要控股、参股公司经营业绩。如来源于单个参股公司的投资收益对公司净利润影响达到10%以上，应介绍该公司业务性质、主要产品或服务和净利润等情况。 3. 盈利预测、新一年度计划与实际发生额的差异及原因说明 　3.1 若公司曾公开披露过本年度盈利预测，且实际利润实现数较盈利预测数低10%以上或较利润预测数高20%以上，应详细说明造成差异的原因； 　3.2 若公司曾公开披露过本年度经营计划（如收入、成本费用计划等），且实际发生额较已披露的计划数低10%以上或高20%以上，应说明变动原因。 　3.3 若公司对该计划进行调整，应说明履行了何种内部决策程序，有关决议刊登的信息披露报纸及日期。
	投资情况	1. 募集资金 　1.1 列表说明募集资金时承诺投资项目、项目进度与实际投资项目、进度的异同。 　1.2 尚未使用的募集资金，应说明资金用途及去向。 　1.3 投资项目变更情况。如有变更，应介绍项目变更原因、变更程序及披露情况。 　1.4 项目资金的投入情况及收益情况；未达到计划进度和收益的，应当解释原因。 2. 非募集资金。说明报告期内非募集资金投资的重大项目、项目进度及收益情况。
	财务状况	1. 如利润构成发生变动，应分析变动原因。 2. 发生重大资产损失的，应披露对相关人员的责任追究及处理情况。公司对外担保承担连带责任导致重大资产损失的，应披露切实可行的解决措施以及行使追索权、落实内部追偿责任的情况。 3. 作出会计政策、会计估计变更或重大会计差错更正的，董事会应讨论、分析变更、更正的原因及影响。
	环境变化	如果生产经营环境以及宏观政策、法规发生了重大变化，已经、正在或将要对公司的财务状况和经营成果产生重要影响，公司董事会报告中应明确说明。
	审计意见	对会计师事务所出具的有解释性说明、保留意见、拒绝表示意见或否定意见的审计报告，公司董事会报告应就所涉及事项做出说明。
C 自愿项目	经营计划	包括（但不限于）收入、费用成本计划及新年度经营目标，如销售额的提升、市场份额的扩大、成本升降、研发计划等，为达到上述经营目标拟采取的策略和行动。
	盈利预测	该盈利预测必须经具有从事证券相关业务资格的注册会计师审核并发表意见。

附表2—2　　2005—2006年年报《内容与格式准则》要求披露的 MD&A内容细分①

项目	子项目	具体内容
A 强制披露项目	经营情况回顾	1. 概述总体经营情况 　1.1 列示营业收入、营业利润、净利润同比变动情况，说明变动的主要影响因素。 　1.2 总结前期已披露的公司发展战略和经营计划的实现或实施情况、调整情况。
		2. 主营业务与经营 　2.1 按行业、产品或地区说明报告期公司主营业务收入、主营业务利润构成情况。 　2.2 对占营业收入或营业利润总额10%以上的主要产品、业务活动及所属行业，分项列示其营业收入、营业成本、营业利润率，并分析其变动情况。 　2.3 主要供应商、客户情况。
		3. 现金流量构成。结合现金流量表相关数据说明经营活动、投资活动和筹资活动的现金流量构成情况。
		4. 主要子公司及参股公司经营及业绩分析。详细介绍主要子公司业务性质、主要产品或服务、注册资本、总资产、净资产、净利润，本年取得和处置子公司情况，包括取得和处置目的、方式以及对公司整体生产经营和业绩的影响。
	未来发展展望	1. 行业发展趋势及公司面临的市场竞争格局。
		2. 未来公司发展机遇和挑战，披露公司发展战略以及拟开展的新业务、拟开发的新产品、拟投资的新项目等。
		3. 新一年度经营计划。
		4. 未来发展战略所需的资金需求及使用计划，以及资金来源情况。说明维持公司当前业务并完成在建投资项目的资金需求，未来重大资本支出计划等。同时对资金来源的安排、资金成本及使用情况进行说明。应区分债务融资、表外融资、股权融资、衍生产品融资等项目对未来资金来源进行披露。
		5. 风险。遵循重要性原则披露可能对公司未来发展战略和经营目标的实现产生不利影响的所有风险因素（包括宏观政策风险、市场或业务经营风险、财务风险险、技术风险等），公司应针对自身特点进行风险揭示。

---

①　表中斜体部分表示相较于2004年，2005年年报《内容与格式准则》新增的要求。2006年年报信息披露《内容与格式准则》未作修订，与2005年要求基本相同。

附录 2　2003—2014 年年报《内容与格式准则》要求披露的 MD&A 内容细分

续表

项目	子项目	具体内容
B 只有在符合相应情形时才需披露的项目	经营情况回顾	1. 概述总体经营情况 　　1.1 若公司利润构成或利润来源发生重大变动，应详细说明具体变动情况。 　　1.2 若实际经营业绩较曾公开披露的本年度盈利预测或经营计划低（或高）20% 以上，应详细说明差异原因。 2. 分析主营业务及其经营状况。若报告期内产品或服务发生重大变化或调整，公司应介绍已推出或宣布推出的新产品及服务，并说明对公司经营及业绩的影响。 3. 若资产构成同比发生重大变动的，应当说明产生变化的主要影响因素。 4. 若营业费用、管理费用、财务费用、所得税等财务数据同比发生重大变动，应说明产生变化的主要影响因素。 5. 若现金流量构成同比发生重大变动应分析主要影响因素。若经营活动现金流量与净利润有重大差异应解释原因。 6. 如来源于单个子公司的净利润或单个参股公司的投资收益对公司净利润影响达到 10% 以上，应介绍该公司主营业务收入、主营业务利润和净利润等数据。若单个子公司或参股公司的经营业绩同比出现大幅波动，且对公司合并经营业绩造成重大影响，应对业绩波动情况及变动原因进行分析。
	未来展望	1. 若分析表明相关变化趋势已经、正在或将要对公司的财务状况和经营成果产生重大影响，公司应提供管理层对相关变化的基本判断，详细分析可能的影响程度。 2. 若公司存在多种业务的，还应当说明各项业务的发展规划。
C 自愿项目	经营情况回顾	1. 可结合公司业务规模、经营区域、产品等情况，介绍与业务相关的宏观经济或外部经营环境的发展现状和变化趋势，公司的行业地位或区域市场地位，分析公司的主要优势和困难，分析公司经营和盈利能力的连续性和稳定性。 2. 可根据实际情况对公司设备利用情况、订单获取情况、产品销售或积压情况、主要技术人员变动情况等与经营相关的重要信息进行讨论与分析。 3. 可披露主要业务的市场变化情况、主营业务成本构成的变化情况、各种主要产品的产销数量和市场占有率情况。
	未来展望	1. 可披露新一年度盈利预测，但该盈利预测必须经具有证券期货相关业务资格的会计师事务所审核并发表意见。 2. 可根据实际情况，介绍已（或拟）采取的风险对策和措施，对策和措施应当内容具体，具备可操作性。

附表 2—3　2007—2011 年年报《内容与格式准则》要求披露的 MD&A 内容细分[①]

项目	子项目	具体内容
A 强制披露项目	经营情况回顾	1. 概述总体经营情况 　　1.1 列示营业收入、营业利润、净利润同比变动情况，说明引起变动的主要影响因素。 　　1.2 总结前期已披露的公司发展战略和经营计划的实现或实施情况、调整情况。 2. 主营业务与经营 　　2.1 分析主营业务及其经营状况。 　　2.2 按行业、产品或地区说明报告公司主营业务收入、主营业务利润构成情况。 　　2.3 分项列示占公司营业收入或营业利润总额 10% 以上的业务经营活动及所属行业，以及主要产品的营业收入、营业成本、营业利润率，分析其变动情况。 　　2.4 主要供应商、客户情况。 3. *主要资产计量属性* 　　*对公允价值计量的主要报表项目，说明公允价值的取得方式或所采用的估值技术。在说明估值技术时，应说明相关假设、模型及参数设置等情况。* 4. 现金流量构成。结合现金流量表相关数据说明经营活动、投资活动和筹资活动的现金流量构成情况。 5. 主要子公司及参股公司经营及业绩分析。详细介绍主要子公司业务性质、主要产品或服务、注册资本、总资产、净资产、净利润。
	未来发展展望	1. 行业发展趋势及公司面临的市场竞争格局。 2. 未来公司发展机遇和挑战，披露公司发展战略以及拟开展的新业务、拟开发的新产品、拟投资的新项目等。 3. 新年度经营计划。 4. 未来发展战略所需的资金需求及使用计划，以及资金来源情况。说明维持公司当前业务并完成在建投资项目的资金需求，未来重大资本支出计划等。同时对资金来源的安排、资金成本及使用情况进行说明。应区分债务融资、表外融资、股权融资、衍生产品融资等项目对未来资金来源进行披露。 5. 风险。遵循重要性原则披露可能对公司未来发展战略和经营目标的实现产生不利影响的所有风险因素（包括宏观政策风险、市场或业务经营风险、财务风险、技术风险等），公司应针对自身特点进行风险揭示。

---

① 2007 年在 2005 年年报信息披露内容与格式准则的基础上，新增了三项要求，新增部分以斜体表示。

附录2 2003—2014年年报《内容与格式准则》要求披露的 MD&A 内容细分

续表

项目	子项目	具体内容
B 只有在符合相应情形时才需披露的项目	经营情况回顾	1. 概述总体经营情况 　1.1 若公司利润构成或利润来源发生重大变动,应详细说明具体变动情况。 　1.2 若实际经营业绩较曾公开披露的本年度盈利预测或经营计划低（或高）20%以上,应详细说明差异原因。 2. 分析主营业务及其经营状况。若报告期内产品或服务发生重大变化或调整,公司应介绍已推出或宣布推出的新产品及服务,并说明对公司经营及业绩的影响。 3. 若资产构成同比发生重大变动的,应当说明产生变化的主要影响因素。 4. 若营业费用、管理费用、财务费用、所得税等财务数据同比发生重大变动,应说明产生变化的主要影响因素。 5. 若现金流量构成同比发生重大变动应分析主要影响因素。若经营活动现金流量与净利润有重大差异应解释原因。 6. 若主要资产计量属性在报告期内发生重大变化,应说明原因及对公司财务状况和经营成果的影响。 7. 本年取得和处置子公司情况,包括取得和处置目的、方式以及对公司整体生产经营和业绩的影响。 8. 如来源于单个子公司的净利润或单个参股公司的投资收益对公司净利润影响达到10%以上,应介绍该公司主营业务收入、主营业务利润和净利润等数据。若单个子公司或参股公司的经营业绩同比出现大幅波动,且对公司合并经营业绩造成重大影响,应对业绩波动情况及变动原因进行分析。若主要子公司或参股公司的经营业绩未出现大幅度波动但其资产或其他主要财务指标出现显著变化并可能在将来对公司业绩造成影响,应对变化情况和原因予以说明。 9. 公司控制的特殊目的主体情况。公司存在其控制下的特殊目的主体时,应介绍公司对其控制权方式和控制权内容,并说明公司从中可以获取的利益和对其所承担的风险。另外,公司还应介绍特殊目的主体对其提供融资、商品或劳务以支持自身主要经营活动的相关情况。
	未来展望	1. 若分析表明相关变化趋势已经、正在或将要对公司的财务状况和经营成果产生重大影响,公司应提供管理层对相关变化的基本判断,详细分析可能的影响程度。 2. 若公司存在多种业务的,还应当说明各项业务的发展规划。

续表

项目	子项目	具体内容
C 自愿项目	经营情况回顾	1. 可结合公司业务规模、经营区域、产品等情况，介绍与业务相关的宏观经济或外部经营环境的发展现状和变化趋势，公司的行业地位或区域市场地位，分析公司的主要优势和困难，分析公司经营和盈利能力的连续性和稳定性。 2. 可根据实际情况对公司设备利用情况、订单获取情况、产品销售或积压情况、主要技术人员变动情况等与经营相关的重要信息进行讨论与分析。 3. 可披露主要业务的市场变化情况、主营业务成本构成的变化情况、各种主要产品的产销数量和市场占有率情况。
	未来展望	1. 可披露新一年度盈利预测，但该盈利预测必须经具有证券期货相关业务资格的会计师事务所审核并发表意见。 2. 可根据实际情况，介绍已（或拟）采取的风险对策和措施，对策和措施应当内容具体，具备可操作性。

附表 2—4　2012—2014 年年报《内容与格式准则》要求披露的 MD&A 内容细分①

项目	子项目	具体内容
A 强制披露项目	经营情况回顾	1. 概述总体经营情况 　1.1 列示营业收入、成本、费用、研发投入、现金流等项目的同比变动情况及原因。 　1.2 总结前期已披露的公司发展战略和经营计划的实现或实施情况、调整情况。 2. 主营业务与经营 　2.1 分析主营业务及其经营状况。 　*2.2 说明驱动业务收入变化的产销量、订单或劳务的结算比例等因素。* 　2.3 按行业、产品或地区说明报告期公司主营业务收入、主营业务利润构成情况。 　2.4 分项列示占公司营业收入或营业利润总额 10% 以上的业务经营活动及所属行业，以及主要产品的营业收入、营业成本、营业利润率，分析其变动情况。 　2.5 主要供应商、客户情况。 　*2.6 应当按行业或产品披露本年度成本的主要构成项目（如原材料、人工工资、折旧、能源等）占总成本的比例情况，并提供上年同口径可比数据，如无法取得可比数据，公司应当说明原因。*

① 2012 年年报信息披露内容与格式准则再次修订，根据本次修订，在附表 2—3 的基础上，本次修订或新增的内容均以斜体表示。

附录2 2003—2014年年报《内容与格式准则》要求披露的 MD&A 内容细分

续表

项目	子项目	具体内容
A 强制披露项目	经营情况回顾	3. 研发支出。说明报告期内研发项目的目的、进展和拟达到的目标，预计对未来发展的影响。说明本年度研发支出总额分别占公司最近一期经审计净资产、营业收入的比例。
		4. 现金流量构成。结合现金流量表相关数据说明经营活动、投资活动和筹资活动的现金流量构成情况。
		5. 主要子公司、参股公司分析。公司应详细说明主要子公司所处行业、主要产品或服务、注册资本、总资产、净资产、净利润。
		6. 核心竞争力（包括设备、专利、非专利技术、特许经营权、土地使用权、水面养殖权、探矿权、采矿权、独特经营方式和盈利模式、允许他人使用自己所有的资源要素或作为被许可方使用他人资源要素等）的重要变化及对公司所产生的影响。
		7. 所持有的金融企业股权情况：重点披露持有其他上市公司股权、持有商业银行、证券公司、保险公司、信托公司和期货公司等金融企业股权，包括最初投资成本、期初持股数量和比例、期末持股数量和比例、期末账面值、本期收益、会计核算科目、股份来源等情况。
		8. 主要优势与困难：应当结合主要业务的市场变化、营业成本的构成变化、市场份额的变化等因素，分析公司存在的主要优势、困难，并说明有关变化对公司未来经营业绩的影响。
	未来发展展望	1. 行业竞争格局与发展趋势。
		2. 未来公司发展机遇和挑战，披露公司发展战略以及拟开展的新业务、拟开发的新产品、拟投资的新项目等。
		3. 新一年度经营计划。
		4. 未来发展战略所需的资金需求及使用计划，以及资金来源情况。说明维持公司当前业务并完成在建投资项目的资金需求，未来重大资本支出计划等。同时对资金来源的安排、资金成本及使用情况进行说明。应区分债务融资、表外融资、股权融资、衍生产品融资等项目对未来资金来源进行披露。
		5. 可能面对的风险。遵循关联性原则和重要性原则披露可能对公司未来发展战略和经营目标的实现产生不利影响的重大风险因素（包括宏观政策风险、市场或业务经营风险、财务风险、技术风险等），应当充分、准确，采取图表结合数据的形式，简要分析各风险因素对公司当期及未来经营业绩的影响，并说明已经或计划采取的应对措施。

续表

项目	子项目	具体内容
B 只有在符合相应情形时才需披露的项目	经营情况回顾	1. 概述总体经营情况 　　1.1 若公司利润构成或利润来源发生重大变动，应详细说明具体变动情况。 　　1.2 若实际经营业绩较曾公开披露的本年度盈利预测或经营计划低（或高）20%以上，应详细说明差异原因。
		2. 分析主营业务及其经营状况。若报告期内产品或服务发生重大变化或调整，公司应介绍已推出或宣布推出的新产品及服务，并说明对公司经营及业绩的影响。
		3. 若资产构成同比变动30%以上的，应当说明产生变化的主要影响因素。
		4. 若营业费用、管理费用、财务费用、所得税等财务数据同比变动30%以上的，应说明产生变化的主要影响因素。
		5. 若现金流量构成同比变动30%以上的应分析主要影响因素。若经营活动现金流量与净利润有重大差异应解释原因。
		6. 若主要资产计量属性在报告期内发生重大变化，应说明原因及对公司财务状况和经营成果的影响。
		7. 本年取得和处置子公司情况，包括取得和处置目的、方式以及对公司整体生产经营和业绩的影响。
		8. 如来源于单个子公司的净利润或单个参股公司的投资收益对公司净利润影响达到10%以上，应介绍该公司主营业务收入、主营业务利润和净利润等数据。若单个子公司或参股公司的经营业绩同比变动30%以上且对公司合并经营业绩造成重大影响，应对业绩波动情况及变动原因进行分析。若主要子公司或参股公司的经营业绩与上年度相比变动在30%以上但其资产或其他主要财务指标出现显著变化并可能在将来对公司业绩造成影响，应对变化情况和原因予以说明。
		9. 公司控制的特殊目的主体情况。公司存在其控制下的特殊目的主体时，应介绍公司对其控制权方式和控制权内容，并说明公司从中可以获取的利益和对其所承担的风险。另外，公司还应介绍特殊目的主体对其提供融资、商品或劳务以支持自身主要经营活动的相关情况。
		10. 若收入相关数据同比发生变动30%以上的，应当说明原因。若公司的实物销售收入大于劳务收入，应当按照行业口径，披露报告期内主要产品的生产量、销售量、库存量和市场占有率（如披露，须注明数据来源）等情况。对于订单收入占比超过50%的公司，公司应当披露重大的在手订单情况，并披露前期订单在本年度进展和本年度新增订单的完成比例。对前期订单分散且数量较多的，可以按行业口径归类披露。

附录2 2003—2014年年报《内容与格式准则》要求披露的MD&A内容细分 ◀

续表

项目	子项目	具体内容
B 只有在符合相应情形时才需披露的项目		11. 合并范围变动原因说明：如果因子公司股权变动导致合并范围变化的，应当提供上年度同口径的数据；如无法取得，公司应当说明原因。
		12. 若本年度研发支出总额占公司最近一期经审计净资产、营业收入的比例同比变化达30%以上，应当说明变化原因。
		13. 报告期内公司存在以公允价值计量的资产的，应当说明报告期内购买、出售该资产以及公允价值变动情况。
		14. 如发生因设备或技术升级换代、特许经营权丧失等导致公司核心竞争力受到严重影响的，公司应当详细分析，并说明拟采取的相应措施。
		15. 期内若有买卖其他上市公司股份，则应披露用于买卖其他上市公司股份的资金数量、股份数量及产生的投资收益。
		16. 非金融类公司应披露委托理财及衍生品投资资金来源、合作方、投资份额、投资期限、产品类型、预计收益、投资盈亏、是否涉诉等。
		17. 若有委托贷款事项，应当披露委托贷款借款人、借款用途、抵押物或担保人，以及展期、逾期或诉讼事项及风险应对措施。
		18. 若持有与公司主业关联度较小的子公司，则应披露其持有目的和未来经营计划。
		19. 对报告期内投资收益占净利润达50%以上的公司，应当披露投资收益中占比在10%以上的股权投资项目。
	未来展望	1. 若分析表明相关变化趋势已经、正在或将要对公司的财务状况和经营成果产生重大影响，公司应提供管理层对相关变化的基本判断，详细分析可能的影响程度。
		2. 若公司存在多种业务的，还应当说明各项业务的发展规划。
		3. 若较上年度有新增风险因素，公司应当对其产生原因、对公司的影响以及已采取或拟采取的措施及效果进行分析。如分析表明相关变化趋势已经、正在或将要对公司的经营成果和财务状况产生重大影响的，公司应当提供管理层对相关变化的基本判断，详细分析对公司的影响程度。

续表

项目	子项目	具体内容
C 自愿项目	经营情况回顾	1. 分别披露前5名供应商名称和采购额。 2. 分别披露前5名客户名称和销售额。 3. 社会责任履行情况，包括公司在保护债权人、职工、消费者、供应商、社区等利益相关者合法权益方面所承担的社会责任；公司在防治污染，加强生态保护，维护社会安全，实现可持续发展等方面所采取的措施。
	未来展望	可披露新年度盈利预测，但该盈利预测必须经具有证券期货相关业务资格的会计师事务所审核并发表意见。

附录 3

中国上市公司年报 MD&A 信息披露质量测评体系

附表 3—1　上市公司年报 MD&A 信息披露质量测评体系——A 类

	具体项目	未披露 O/NA	披露 B/S	披露 QL/QN	披露 F/NF	披露 H/FL	年份
A 强制披露项目	1. 经营中出现的问题与困难						2003—2004
	2. 解决方案与对策						2003—2004
	3. 对公司经营成果、财务状况有重要影响的重大事项和不确定因素的分析						2003—2006
	4. 主营业务范围						2003—2006
	5. 主营业务经营状况						2003—2006
	6. 按行业说明主营业务收入、主营业务利润构成						2003—2006
	7. 按产品说明主营业务收入、主营业务利润构成						2003—2006
	8. 按地区说明主营业务收入、主营业务利润构成						2003—2006
	9. 主营业务的市场占有率情况						2003—2006
	10. 财务状况与经营成果						2003—2006
	11. 分项列示占公司营业收入或营业利润总额 10% 以上的业务经营活动及所属行业，以及主要产品的营业收入、营业成本、营业利润率，分析其变动情况						2003—2014
	12. 主要控股及参股公司的经营情况及业绩						2003—2014
	13. 主要供应商情况，向前 5 名供应商合计的采购金额占年度采购总额的比例						2003—2014
	14. 主要客户情况，前 5 名客户销售额合计占公司销售总额比例						2003—2014
	15. 报告期内投资情况						2003—2014

续表

具体项目	未披露 O/NA	披露 B/S	披露 QL/QN	披露 F/NF	披露 H/FL	年份
16. 分析所处行业发展趋势及公司面临的市场竞争格局						2005—2011
17. 对公司未来发展战略和经营目标的实现产生不利影响的所有风险因素						2005—2011
18. 概述报告期内总体经营情况						2005—2014
19. 列示营业收入、营业利润、净利润同比变动及主要影响因素						2005—2014
20. 总结前期披露的公司发展战略和经营计划的实现或实施情况、调整情况						2005—2014
21. 结合现金流量表相关数据说明经营活动、投资活动和筹资活动的现金流量构成情况						2005—2014
22. 应向投资者提示管理层所关注的未来公司发展机遇和挑战，披露公司发展战略，以及拟开展的新业务、拟开发的新产品、拟投资的新项目						2005—2014
23. 新年度经营计划						2005—2014
24. 说明维持公司当前业务并完成在建投资项目的资金需求						2005—2014
25. 未来重大资本支出计划等						2005—2014
26. 未来资金来源的安排、资金成本及使用情况						2005—2014
27. 执行新准则对公司财务状况和经营成果的影响						2006
28. 分析主营业务及其经营状况						2007—2011
29. 对公允价值计量的主要报表项目，应说明公允价值的取得方式或所采用的估值技术						2007—2011
30. 为实现未来发展战略所需的资金需求及使用计划						2007—2011

A 强制披露项目

续表

具体项目	未披露 O/NA	披露 B/S	QL/QN	F/NF	H/FL	年份
31. 按行业/地区/产品说明主营业务收入、主营业务利润构成						2007—2014
32. 收入：公司应当说明驱动业务收入变化的产销量、订单或劳务的结算比例等因素						2012—2014
33. 成本：按行业或产品披露本年成本的主要构成项目（如原材料、人工工资、折旧、能源等）占总成本的比例情况，并提供上年同口径可比数据，如无法取得可比数据，公司应说明原因						2012—2014
34. 行业竞争格局和发展趋势。公司应当结合业务规模、经营区域、产品类别以及竞争对手的情况，分析与公司业务关联的宏观环境或行业环境的发展趋势，以及公司的行业地位或区域市场地位的变动趋势						2012—2014
35. 可能面对的风险。公司应针对自身特点，遵循关联性原则和重要性原则披露可能对公司未来发展战略和经营目标产生不利影响的重大风险因素（包括政策性风险、行业风险、业务模式风险、经营风险、环保风险、汇率风险、利率风险、技术风险、产品价格风险、原材料价格及供应风险、财务风险、单一客户依赖风险、核心技术人员变动风险等），披露内容应当充分、准确，采取图表结合数据的形式，简要分析各风险因素对公司当期及未来经营业绩的影响，并说明已经或计划采取的应对措施						2012—2014

A 强制披露项目

续表

	具体项目	未披露 O/NA	披露 B/S	QL/QN	F/NF	H/FL	年份
A 强制披露项目	36. 核心竞争力（包括设备、专利、非专利技术、特许经营权、土地使用权、水面养殖权、探矿权、采矿权、独特经营方式和盈利模式、允许他人使用自己所有的资源要素或作为被许可方使用他人资源要素等）的重要变化及对公司所产生的影响						2012—2014
	37. 重点披露持有其他上市公司股权、持有商业银行、证券公司、保险公司、信托公司和期货公司等金融企业股权，包括最初投资成本、期初持股数量和比例、期末持股数量和比例、期末账面值、本期收益、会计核算科目、股份来源等情况						2012—2014
	38. 应当结合主要业务的市场变化、营业成本的构成变化、市场份额的变化等因素，分析公司存在的主要优势、困难，并说明有关变化对公司未来经营业绩的影响						2012—2014
小计	38						—

附表 3—2　上市公司年报 MD&A 信息披露质量测评体系——B 类

	具体项目	未披露 O/NA	披露 B/S	披露 QL/QN	披露 F/NF	披露 H/FL	年份
B 只有在符合相应情形时才需披露的项目	1. 主营业务及构成、主营业务盈利能力变化较大的情况说明						2003—2004
	2. 生产经营环境以及宏观政策法规的重大变化及对财务状况和经营成果的重要影响						2003—2004
	3. 若报告期内产品或服务发生重大变化或调整，公司应介绍已推出或宣布推出的新产品及服务，并说明对公司经营及业绩的影响						2003—2014
	4. 来源于单个子公司的净利润或单个参股公司的投资收益对公司净利润影响达到10%以上，应介绍该公司主营业务收入、主营业务利润和净利润等数据						2003—2014
	5. 若实际经营业绩较前期曾公开披露的盈利预测（或本年度经营计划，如收入、成本费用计划等）低（或高）20%以上，应详细说明造成差异的原因						2005—2014 *
	6. 在报告期内募集资金或报告期之前募集资金的使用延续到报告期内的，列表说明募集资金时承诺投资项目、项目进度与实际投资项目、进度的异同						2003—2014
	7. 尚未使用的募集资金，应说明资金用途及去向						2003—2014
	8. 投资项目变更情况。如有变更，应介绍项目变更原因、变更程序及披露情况、项目资金的投入情况，项目的进度及预计收益；若项目已产生收益，应说明收益情况；未达到计划进度和收益的，应说明原因。同时还需说明原项目的预计收益情况						2003—2014

　*　2003—2004 年年报《内容与格式》准则要求，若公司曾公开披露过本年度盈利预测，且实际利润实现数较盈利预测数低 10% 以上或较利润预测数高 20% 以上，应详细说明造成差异的原因。

续表

	具体项目	未披露 O/NA	披露 B/S	披露 QL/QN	披露 F/NF	披露 H/FL	年份
B 只有在符合相应情形时才披露的项目	9. 实际投资项目没有变更，公司应介绍项目资金的投入情况、项目的进度及预计收益；若项目已产生收益，应说明收益情况；未达到计划进度和收益的，应解释原因						2003—2014
	10. 说明报告期内非募集资金投资的重大项目、项目进度及收益情况						2003—2014
	11. 若公司利润构成或利润来源发生重大变动，应详细说明具体变动						2003—2014
	12. 对非标准审计意见所涉及的事项进行说明						2003—2014
	13. 重大资产损失的责任追究及处理情况						2004—2004
	14. 讨论、分析会计政策、会计估计变更或重大会计差错更正事项、变更原因及影响（若此部分标有参见附注，则视同披露，若未曾提及，则参考附注，判断 O 或 NA）						2004—2014
	15. 资产构成（应收款项、存货、长期股权投资、固定资产、在建工程、短期借款、长期借款等占总资产的比重）同比发生重大变动的，应说明主要影响因素						2005—2014
	16. 销售费用、管理费用、财务费用、所得税等财务数据同比发生重大变动的，应说明主要影响因素						2005—2014
	17. 现金流量构成同比发生重大变动的，应说明主要影响因素						2005—2014
	18. 经营活动现金流量与净利润有重大差异的，应说明原因						2005—2014

续表

	具体项目	未披露 O/NA	披露 B/S	披露 QL/QN	披露 F/NF	披露 H/FL	年份
B 只有在符合相应情形时才披露的项目	19. 若单个子公司或参股公司的经营业绩同比出现大幅度波动，且对公司合并经营业绩造成重大影响的，应对业绩波动情况及变动原因进行分析						2005—2014
	20. 公司存在多种业务的，应说明各项业务的发展规划						2005—2014
	21. 若主要资产计量属性在报告期内发生重大变化，应说明原因及对公司财务状况和经营成果的影响						2007—2014
	22. 本年取得和处置子公司的情况，包括取得和处置目的、方式以及对公司整体生产经营和业绩的影响						2007—2014
	23. 若主要子公司或参股公司的经营业绩未出现大幅度波动但其资产或其他主要财务指标出现显著变化并可能在将来对公司业绩造成影响，应说明变化情况和原因						2007—2014
	24. 公司存在其控制下的特殊目的主体时，应介绍公司对其控制权方式和控制权内容，并说明公司从中可以获取的利益和对其所承担的风险。以及特殊目的主体对其提供融资、商品或劳务以支持自身主要经营活动的相关情况						2007—2014
	25. 适用境内外会计准则的，应说明产生差异的情况（参考公司基本情况，判断 O 或 NA）						2007—2014
	26. 公司招股说明书、募集说明书和资产重组报告书等公开披露文件中披露的未来发展与规划延续至报告期内的，公司应当对规划目标的实施进度进行分析；实施进度与规划不符的，应当详细说明原因						2012—2014

续表

	具体项目	未披露 O/NA	披露 B/S	披露 QL/QN	披露 F/NF	披露 H/FL	年份
B 只有在符合相应情形时才披露的项目	27. 收入变动原因说明：如果因子公司股权变动导致合并范围变化的，应当提供上年度同口径的数据；如无法取得，公司应当说明原因						2012—2014
	28. 若公司的实物销售收入大于劳务收入，应当按照行业口径，披露报告期内主要产品的生产量、销售量、库存量和市场占有率（如披露，须注明数据来源）等情况						2012—2014
	29. 若收入相关数据同比发生变动30%以上的，应当说明原因						2012—2014
	30. 对于订单收入占比超过50%的公司，公司应当披露重大的在手订单情况，并披露前期订单在本年度进展和本年度新增订单的完成比例。对前期订单分散且数量较多的，可以按行业口径归类披露						2012—2014
	31. 研发支出：应当说明报告期内研发项目的目的、进展和拟达到的目标，预计对未来发展的影响。说明本年度研发支出总额分别占公司最近一期经审计净资产、营业收入的比例（同时判断B29项）						2012—2014
	32. 若本年度研发支出总额占公司最近一期经审计净资产、营业收入的比例，同比变化达30%以上，应当说明变化原因						2012—2014
	33. 报告期内公司存在以公允价值计量资产的，应当说明报告期内购买、出售该资产以及公允价值变动情况						2012—2014

附录3 中国上市公司年报 MD&A 信息披露质量测评体系

续表

具体项目		未披露 O/NA	披露				年份
			B/S	QL/QN	F/NF	H/FL	
B 只有在符合相应情形时才披露的项目	34. 如发生因设备或技术升级换代、特许经营权丧失等导致公司核心竞争力受到严重影响的，公司应当详细分析，并说明拟采取的相应措施						2012—2014
	35. 报告期内若有买卖其他上市公司股份，则应披露用于买卖其他上市公司股份的资金数量、股份数量及投资收益						2012—2014
	36. 非金融类公司应披露委托理财及衍生品投资资金来源、合作方、投资份额、投资期限、产品类型、预计收益、投资盈亏、是否涉诉等						2012—2014
	37. 若有委托贷款事项，应当披露委托贷款借款人、借款用途、抵押物或担保人，以及展期、逾期或诉讼事项及风险应对措施						2012—2014
	38. 与公司主业关联较小的子公司，应披露持有目的和未来经营计划						2012—2014
	39. 对报告期内投资收益占净利润达50%以上的公司，应当披露投资收益中占比在10%以上的股权投资项目						2012—2014
	40. 若较上年有新增风险因素，公司应对其产生原因、影响以及已采取或拟采取的措施及效果进行分析。如分析表明相关变化趋势已经、正在或将要对公司的经营成果和财务状况产生重大影响的，公司应当提供管理层对相关变化的基本判断，详细分析对公司的影响程度						2012—2014
小计		40					—

附表 3—3　　上市公司年报 MD&A 信息披露质量测评体系——C 类和 D 类

具体项目		未披露 O/NA	披露 B/S	披露 QL/QN	披露 F/NF	披露 H/FL	年份
C 准则内自愿披露项目	1. 新一年度经营计划，如收入、费用成本计划等						2003—2004
	2. 新一年度经营目标及采取的策略和行动						2003—2004
	3. 新一年度的盈利预测						2003—2014
	4. 结合公司业务发展规模、经营区域、产品等情况，介绍与其业务相关的宏观经济层面或外部经营环境的发展现状和变化趋势						2005—2011
	5. 公司的行业地位或区域市场地位						2005—2011
	6. 公司存在的主要优势和困难						2005—2011
	7. 公司经营和盈利能力的连续性和稳定性						2005—2011
	8. 根据实际情况分析公司设备利用情况、订单获取情况、产品销售或积压情况、主要技术人员变动情况等与经营相关的重要信息						2005—2011
	9. 主要业务的市场变化情况、营业成本构成的变化情况，若存在显著变化，应说明原因						2005—2011
	10. 各种主要产品的产销数量和市场占有率情况，若存在显著变化，应说明原因						2005—2011
	11. 已（或拟）采取的风险对策和措施						2005—2011
	12. 分别披露前 5 名供应商名称和采购额						2012—2014
	13. 分别披露前 5 名客户名称和销售额						2012—2014
	14. 社会责任履行情况，包括公司在保护债权人、职工、消费者、供应商、社区等利益相关者合法权益方面所承担的社会责任；公司在防治污染、加强生态保护、实现可持续发展等所采取的措施						2012—2014
小计	14						—

附录 3　中国上市公司年报 MD&A 信息披露质量测评体系

续表

	具体项目	未披露 O/NA	披露 B/S	披露 QL/QN	披露 F/NF	披露 H/FL	年份
D 准则外自愿披露项目	1. 外部环境分析						2003—2006
	2. 环境或环保						2003—2011
	3. 社会责任						2003—2011
	4. 报告期内开展的重要工作，如管理创新、降本增效等						2003—2014
	5. 准则要求外的重要财务指标或比率分析						2003—2014
	6. 投资者关系						2003—2014
	7. 声誉、研究与开发、智力资本、专利、商标等无形资产						2003—2014
	8. 其他						2003—2014
小计		8					—